Rosi Gollmann
Einfach Mensch

Rosi Gollmann

mit Beate Rygiert

# Einfach Mensch

## Das Unmögliche wagen für unsere Welt

KAILASH

MIX
Papier aus verantwortungsvollen Quellen
FSC® C014496
FSC
www.fsc.org

Verlagsgruppe Random House FSC-DEU-0100
Das für dieses Buch verwendete FSC®-zertifizierte Papier
*Munken Premium Cream* liefert Arctic Paper Munkedals AB, Schweden.

1. Auflage
Originalausgabe

Umschlaggestaltung: Weiss Werkstatt München
Umschlagfotos: © Markus Lanz (Rosi Gollmann), © Andheri-Hilfe (indische Kinder)
Fotos im Innenteil: siehe Bildnachweis auf Seite 383
Satz: EDV-Fotosatz Huber/Verlagsservice G. Pfeifer, Germering
Druck und Bindung: GGP Media GmbH, Pößneck
Printed in Germany
ISBN 978-3-424-63060-2
www.kailash-verlag.de

Mein Buch –
Meine Liebe –
Mein Leben

widme ich euch,
den an den Rand gedrängten Menschen
in unserer einen Welt

# Inhalt

*Verehrte, liebe Frau Gollmann,*

*mir sind die Erlebnisse mit Ihrer Initiative stets ganz unvergesslich. Die tiefe Dankbarkeit der Menschen, die dank Ihres Einsatzes zu einem neuen Leben gefunden haben, nicht nur durch die Wiederherstellung der Gesundheit, sondern auch durch diese bewegende Erfahrung des Mitempfindens, hat sich mir fest eingeprägt.*

*Dass Sie nun Ihr reiches Leben in einem Buch niederlegen wollen, das uns Lesern Anregung zu eigenem Engagement sein wird, empfinde ich als gut und sinnvoll.*

*Ich grüße Sie voller Respekt und Dankbarkeit und mit den herzlichsten Wünschen*

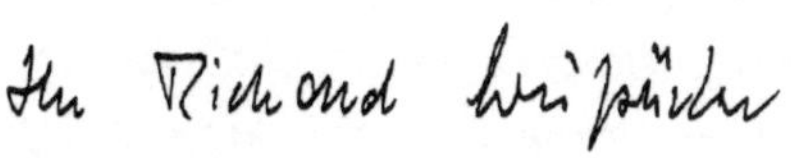

*Richard von Weizsäcker*

*Liebe Rosi,*

*immer wieder hatte ich dich im Fernsehen gesehen, über dich gelesen. Doch als du dann tatsächlich vor mir standest, war es um so viel beeindruckender: was für ein Gesicht! Ich kenne niemanden – außer Heiner Geißler vielleicht –, dem das Leben so eindrucksvolle Linien gemalt hat wie dir. Irgendwann habe ich begonnen, dich mit meiner alten Leica zu porträtieren. Bin dir damit auf die Nerven gegangen, immer wieder. Habe versucht, dein Gesicht mit der Kamera zu ergründen, so wie Reisende eine uralte Landschaft erkunden: Schritt für Schritt, Tal für Tal. Ich glaube, es ist ein Spiel, das die Natur mit uns treibt: Nur wer wahrhaft geduldig ist, erfährt manchmal etwas von den Geheimnissen, die sich in solchen Landschaften verbergen.*

*Wann immer ich in solchen Welten unterwegs war, ob in Ostafrika oder in den Weiten der Mongolei, habe ich Menschen getroffen mit ähnlich faszinierenden Gesichtern. Feine, kluge Gesichter, durchzogen von tiefen Furchen, in die sich eine Art von Lebensweisheit eingegraben hatte, die es nur noch selten gibt.*

*Einer dieser Menschen ist ein äthiopischer Mönch. Seit Jahrzehnten lebt er in einem schwer zugänglichen Kloster, auf einer einsamen Insel mitten im Tanasee gelegen. »Ich bin tot für die Welt, und die Welt ist tot für mich«, sagte er mir, als ich ihn nach seinem Leben fragte. Er isst nur einmal am Tag: ein paar Scheiben Brot, nach Sonnenuntergang, gebacken mit dem brackigen Wasser aus dem See. Er hat keinen Fernseher, keine Zeitungen, er hatte nicht einmal mitbekommen, dass Barack Obama der neue amerikanische Präsident war. Er hat sich ganz und gar aufgegeben, um, versunken in Gebete und lange Meditationen, von einer besseren Welt zu träumen. Er ist zutiefst davon überzeugt, dass wir spüren, wenn der Mann im fernen Äthiopien für uns betet.*

*Ein anderer ist Mönch in einem der letzten Klöster der Mongolei, noch jung, ein buddhistischer Gelehrter und ebenso weise wie gelassen. Seine Schüler nennen ihn »Lama«. Geld, Macht, Einfluss: Wer Menschen wie ihn danach fragt, merkt schnell, dass er sich lächerlich macht. Es sind Begriffe aus unserer Welt, in seiner sind sie ohne jede Bedeutung. »Euer Problem sind die Gedanken. Warum lasst ihr so viele Ängste in euer Leben?«, fragte er mich. Dann nahm er mich mit auf einen einsamen Berg, um zu meditieren. Manchmal verbringt er dort Wochen, manchmal sogar Monate. Ganz allein. Zum Abschied sagte er mir: »Du musst dich besser konzentrieren. Auf das, was wichtig ist.« Ich entgegnete: »Ich versuche es doch.« Und er: »Nein, du bist nicht einmal in der Lage, dich für zehn Sekunden auf einen roten Apfel zu konzentrieren.«*

*Du hast dich konzentriert, Rosi, hast deinem Herzen vertraut. Ich habe es erlebt auf unserer gemeinsamen Reise durch den Süden Indiens. Habe gesehen, wie unerschrocken du dich mit deinen 85 Jahren durch Staub und glühende Hitze kämpftest, wie angstfrei du sterbende Aidskranke in den Arm nahmst, wie hartnäckig du Fragen stelltest, um deine Projekte voranzutreiben. Jede einzelne Furche deines faszinierenden Gesichts erzählt eine solche Geschichte, dieses Buch ist voll davon. Und wer genau hinschaut, der wird noch etwas entdecken. Nur ganz besondere Menschen haben es. Der Mönch vom Tanasee, der Gelehrte aus der Mongolei, auch du. Es ist das, was Enkel manchmal in den Augen ihrer Großeltern entdecken: Güte.*

*Herzlichst, Dein*

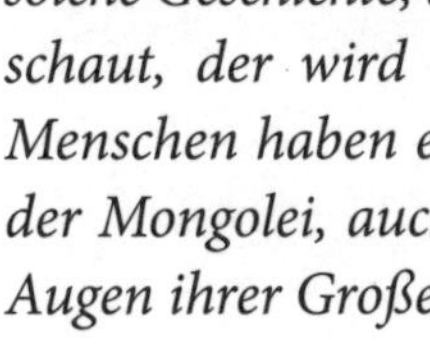

Markus Lanz

# Prolog

»Was haben Sie eigentlich davon, dass Sie sich ein Leben lang für andere Menschen eingesetzt haben?«

Es war am 5. November 2011. Soeben war ich, am selben Tag wie Hans-Dietrich Genscher, vom Senat der Wirtschaft zur Ehrensenatorin ernannt worden. Während der abendlichen Feierstunde suchte ein junger, dynamischer Unternehmer, der durch die Laudatio von meiner Lebensgeschichte erfahren hatte, das Gespräch mit mir. Und jetzt stellte er mir diese überraschende Frage.

Ja, was habe ich davon, dass ich im Alter von achtzehn Jahren die Entscheidung traf, nicht zu heiraten, um für eine andere, eine soziale Aufgabe frei zu sein? Als sich mir Jahre später tatsächlich eine solche Aufgabe in den Weg legte, verlangte sie bald meinen vollen Einsatz. Ein Berufsleben hatte daneben keinen Raum mehr, und ich verzichtete auf mein Gehalt und finanzielle Absicherung. Heute bin ich 85 Jahre alt und lebe zusammen mit meiner indischen Adoptivtochter von einer kleinen Rente. Doch das macht mir nichts aus. Schließlich hatte ich nie das Ziel, etwas Besonderes zu sein oder viel zu besitzen. Was habe ich also von meinem Leben?

»Ich bin ein zutiefst glücklicher Mensch«, gab ich zur Antwort, »glücklicher könnte ich gar nicht sein.«

Der junge Mann, der sein Ziel als Unternehmer vermutlich im Ausbau seines Betriebes und der Maximierung seiner Erträge sah, blickte mich überrascht an.

»Wissen Sie«, fuhr ich fort, »nicht viel zu besitzen, das schafft mir eine ungeheure Beweglichkeit. Wäre ich vermögend, dann lebte ich ständig in der Sorge, meinen Besitz zu erhalten und zu verwalten. Das würde mir viel von meiner Freiheit nehmen, würde meine Zeit und meine Energie binden. Die setze ich lieber für Aufgaben ein, die mir wichtiger sind und mich außerdem wirklich glücklich machen. Wenn zum Beispiel ein Mensch, der in Blindheit leben musste, endlich sehen kann! In diese Augen zu blicken, in die das Licht zurückgekehrt ist – das ist das Schönste, was Sie erleben können. Ja, das ist es, was ich davon habe: ein wirklich unbeschreibliches Glück!«

Mein Gegenüber wirkte nun recht nachdenklich.

»Aber«, so wandte er ein, »Sie können doch nicht allen armen Menschen auf der Welt helfen.«

»Da haben Sie Recht«, antwortete ich, »unser Vorstand hatte die gleichen Bedenken, als ich vor vielen Jahren den Kampf gegen die Blindheit in Bangladesch aufnehmen wollte. ›Was willst du mit deiner kleinen Schar von Mitstreitern gegen diese millionenfache Not ausrichten? Wo willst du denn da anfangen?‹, fragten sie mich. ›Beim Ersten‹, war meine Antwort. Inzwischen konnten wir mehr als 1,25 Millionen blinden Menschen zum Glück des Sehens verhelfen.«

»Wie hat das eigentlich alles angefangen?«, wollte der junge Unternehmer nun wissen.

»Ach«, sagte ich und lachte, »das ist eine lange Geschichte.«

»Warum halten Sie es dann nicht einmal in einem Buch fest?«

Er war nicht der Erste, der mir diese Frage stellte. Seit Jahren hörte ich immer wieder: »Sie sollten das alles aufschreiben. Das ist so spannend!« Ebenso lange schon drückte ich mich vor dieser Herausforderung. Zunächst aus Zeitmangel und weil ich meinte, die Zeit effektiver einsetzen zu können. Vor allem aber, weil ich mich nicht als jemand Besonderen sehe und präsentieren möchte. Sicher: Aus der Andheri-Hilfe Bonn, die ich 1967 als kleinen Verein ins Leben rief, ist im Laufe des vergangenen halben Jahrhunderts eine anerkannte und effektive Bewegung geworden, die in Tausenden von Projekten Menschen auf der Schattenseite des Lebens zu einem menschenwürdigeren Leben verholfen hat. Schon immer trieb mich das Unrecht einer Politik um, in der von einer »Ersten«, »Zweiten« und einer »Dritten« Welt die Rede ist und in der die Allerärmsten sogar in eine »Vierte« Welt abgeschoben werden. Leben wir nicht alle in der *einen* Welt für alle und tragen Verantwortung für sie?

In dem Wort »Verantwortung« steckt »Antwort«. So habe ich mein Leben lang einfach nur versucht, eine Antwort auf das zu geben, was mir in den Weg gelegt wurde. Und nie war ich dabei allein. Wann immer ich eine Auszeichnung entgegennehmen durfte – seien es die verschiedenen Bundesverdienstkreuze, das »Goldene Herz« oder der Päpstliche Orden »Pro Ecclesia et Pontifice« –, habe ich betont, dass ich die Ehrung stellvertretend für meine vielen Mitstreiter hier in Deutschland wie auch in Indien und Bangladesch entgegennahm: Dass Zigtausende von Heimkindern in ihre Familien zurückkehren konnten, dass ganze Dörfer durch sinnvolle Projekte der dörflichen Entwicklung zum Erblühen kamen, dass ausgegrenzten Menschen wie Leprakranken und Behinderten, aber auch Ureinwohnern und Kastenlosen die ihnen angestammten Rechte zugesprochen wurden, dass unzählige Kinder von der Arbeit in Steinbrüchen und Fabriken befreit wurden und eine Schul- oder Berufsausbildung erhielten, dass unterprivilegierten Frauen wieder Würde und Respekt entgegengebracht werden – das sind nur einige Beispiele dafür, was eine fruchtbare Zusammenarbeit bewirken kann.

Die von mir gegründete Andheri-Hilfe Bonn steht im Mittelpunkt all meines Handelns, sie ist mein Leben. Meine persönliche Geschichte betrachtete ich lange als meine Privatangelegenheit. Doch nun gab die Frage »Rosi Gollmann, was haben

Sie eigentlich von dem Ganzen?« den letzten Anstoß, meine Geschichte endlich einmal aufzuschreiben.

Und so möchte ich kein Fachbuch schreiben, sondern dem Leser erzählend begegnen, auf gleicher Augenhöhe, so wie ich den Menschen stets begegne: sei es den Vertretern von Wirtschaft und Politik in Deutschland oder den Hilfsbedürftigen armseliger Slums in Indien und Bangladesch, sei es auf internationalen Veranstaltungen und Kongressen oder bei Besuchen in Schulen, Vereinen und Gemeinden in Deutschland – gleich welchen Alters, welchen Geschlechts, welcher Hautfarbe mein Gegenüber auch sein mag, welcher Glaubensgemeinschaft er angehört oder auf welche Sprosse der sozialen Leiter die Gesellschaft ihn platziert hat. Denn was für mich zählt, ist der Mensch, so wie er von seiner Mutter geboren wurde; und da ist jeder gleich. Einfach Mensch – genauso sehe ich mich, als einen Menschen, der grenzenlos neugierig und offen für andere ist. Und der sich nichts Schöneres vorstellen kann, als anderen Menschen zu begegnen und sie in ihrer ganz besonderen Wesensart kennenzulernen.

Kapitel Eins

# Vom Glück, zu den Menschen zu gelangen

Wege entstehen dadurch,
dass man sie geht.
*Franz Kafka*

»Liebe Tante Rosi, bist Du gut aus Indien zurückgekommen, oder bist Du an der Pest gestorben?«

Diese Zeilen meines neunjährigen Patenkindes fand ich vor, als ich 1994 von einer Projektreise durch Indien heimkehrte. Das Mädchen brachte auf den Punkt, was wohl viele besorgte Freunde und Verwandte damals bewegte. Was war geschehen?

Gemeinsam mit Dr. Antonius Nienhaus, dem Zweiten Vorsitzenden unserer Andheri-Hilfe, hatte ich in jenem Jahr eine Reise nach Indien und Bangladesch geplant. Der Flug war gebucht, die Reiseroute festgelegt, unsere Projektpartner erwarteten uns, alles war bis ins letzte Detail vorbereitet. Dann, zwei Tage vor der Abreise, die alarmierende Nachricht in den Medien: »Pest in Indien! Deutsche Gesundheitsbehörden warnen.« Auch das Auswärtige Amt riet dringend von einer Reise nach Indien ab.

Was sollten wir tun? Wohin ich mich auch wandte, alle versuchten, mich von der Reise abzubringen. Die Pest, diese längst ausgerottet geglaubte »Geißel der Menschheit«, verbreitete immer noch Angst und Schrecken. Doch so vernünftig die Argumente auch klangen, in mir sträubte sich alles dagegen, die Reise abzusagen. Ich dachte an unsere Freunde und Partner, die in dem jetzt von der Seuche bedrohten Land leben mussten, die keine Möglichkeit hatten, der Krankheit auszuweichen.

Mein Reisebegleiter und ich, wir waren es, die nun entscheiden mussten. Wir berieten uns, holten detailliertere Informationen ein. Indien ist groß, vielleicht lauerte die ärgste Gefahr nicht gerade dort, wo wir erwartet wurden? Tatsächlich schien es so. Die ersten Pestfälle waren in der Stadt Surat aufgetreten, viele Hundert Kilometer vom Bundesstaat Orissa entfernt, wo wir erwartet wurden. Natürlich war das keine Garantie. Eine Epidemie kann sich rasend schnell ausbreiten, was sind da schon einige hundert Kilometer?

Die Zeit drängte und damit die Entscheidung. Wir trafen sie – und zwar für die Reise.

»Wir sprechen so viel von Partnerschaft und davon, dass die Partner unsere Freunde sind«, gab ich denen zur Antwort, die mich entsetzt fragten, warum um alles in der Welt wir dieses Wagnis auf uns nehmen wollten. »Wir sagen immer, dass wir Freud und Leid mit ihnen teilen wollen. Jetzt können wir zeigen, ob das nur schöne Worte sind oder ob es uns wirklich ernst damit ist. Freunde lässt man nicht allein.« Und so traten wir die Reise an.

Zunächst schien alles gut zu gehen. Doch bereits an unserem zweiten Tag in Indien wurden wir Zeugen der ernsten Realität: Ein Kind wurde auf einer Trage in Windeseile aus der Schule direkt ins Krankenhaus gebracht – Pestverdacht! Ob er sich bestätigte, erfuhren wir nicht. Und dann sahen wir sie: die vielen tausend Menschen, die aus Surat, wo sie Arbeit in der berühmten Schmuckindustrie gefunden hatten, vor der Krankheit zurück in ihre Dörfer in Orissa flohen. Niemand konnte sagen, ob nicht einige von ihnen, ohne es zu wissen, die Krankheitserreger in sich trugen?

Wir befanden uns also mitten in der Gefahrenzone.

Aber wir ließen uns nicht beirren. Schließlich waren wir nicht auf Urlaubsreise, sondern unser Aufenthalt, der ein straffes Programm vorsah, galt den ohnehin hart Getroffenen, den Leprakranken. Mit ihnen und unseren Projektpartnern standen wichtige Gespräche und weitreichende Entscheidungen an, um diesen von der Gesellschaft »ausgesetzten« Menschen zu einem menschenwürdigen Leben zu verhelfen. Darum waren wir hier und nicht, um in Panik zu verfallen.

Unsere indischen Partner und Freunde waren ganz offensichtlich erleichtert, dass wir die Dinge so pragmatisch sahen und die Reise wie geplant fortsetzten.

Es war also richtig zu reisen.

Was ihnen unser Kommen in jener schweren Zeit bedeutet hat, brachten sie nach unserer glücklichen Rückkehr nach Deutschland in einem Brief zum Ausdruck. »Lassen Sie uns Ihnen ganz herzlich danken, dass Sie zu uns gekommen sind, ungeachtet der gefährlichen Situation in unserem Land durch die Pest. Wir bewundern Ihren Mut und Ihre Bereitschaft, bei uns zu sein in einer Zeit, da die ganze Welt den Bann über uns ausgesprochen hat. Dass Sie trotzdem zu uns kamen, zeigt uns erneut Ihren unbeirrbaren Einsatz für die Sache der Ärmsten …«

Und meinem Patenkind konnte ich antworten: »Ja, meine Liebe! Deine Tante Rosi ist gesund und munter wieder zurück.«

~~~~~~~~

Ich fühle mich einfach zu den Menschen hingezogen, egal, welche Hindernisse zwischen uns zu stehen scheinen. Schon die früheste Erinnerung, die ich habe, führt mich zurück in eine solche Situation. Obwohl ich damals noch ein ganz kleines Mädchen war, ist die Begebenheit in meiner Erinnerung immer noch so frisch und lebendig, als sei es gestern erst gewesen:
~~~~~~~~

Wie so oft gehe ich an der Hand meiner älteren Cousine am Rheinufer spazieren. Es ist ein bitterkalter Wintertag. Aber warum ist heute alles so anders? Kein strömender Fluss, keine Schiffe. Stattdessen sehe ich Menschen – sonst weit von uns entfernt auf der anderen Uferseite – mitten auf dem Rhein. Sie lachen und rufen, sie kommen auf uns zu! Wie ist denn das möglich?

Ein seltenes Ereignis, der Rhein ist zugefroren. Das breite Wasserband, das das westliche Ufer Bonns von der gegenüberliegenden Stadt Beuel trennt, ist auf einmal begehbar. Der Fluss, sonst eine unüberwindliche Grenze, ist zu einer grünlich schimmernden, unwirklich im Eis erstarrten Landschaft geworden. Und ich mitten darin, erfüllt von dem Wunsch, hinüber zu gelangen, auf die andere Seite. Entschlossen reiße ich mich los und laufe aufs Eis.

»Rosi!«, ruft meine Cousine erschrocken hinter mir her, »bleib stehen, das ist viel zu gefährlich.«

Aber ich höre nicht auf sie. Ich sehe keine Gefahr, fühle keine Angst. Nur den Wunsch: hin zu den Menschen …

Ein Zeitungsartikel vom 12. Februar des Jahres 1929 – von einem Andheri-Freund im Bonner Stadtarchiv ausfindig gemacht – beschreibt, wie »sich der Rhein bis über beide Ohren in einen prunkvollen schneeverbrämten Eismantel gehüllt hat und sich wie ein müder Alter durch die stille Wintereinsamkeit schleppt … ein grandioses Schauspiel … immer weiter schiebt sich das Randeis in den Strom hinein. Immer weiter wagt sich unbedachte Jugend zur Strommitte vor. Besonders am ›Schänzchen‹ herrscht ein buntes, frohes Treiben. In dicke Schals und wollene Mützen gehüllt tummelt sich ein spielfreudiges Völkchen auf der blau-grünen Eisfläche …«

Unter ihnen das kleine Mädchen Rosi – nicht einmal zwei Jahre alt.

Hin zu den Menschen – das lebte mir auch meine Mutter vor. Ich hatte das Glück, in einer liebevollen Familienatmo-

Die kleine Rosi mit Mutter und Bruder Ernst

sphäre aufzuwachsen. Nach zwei Söhnen hatte sich meine Mutter eine Tochter gewünscht. Obwohl meine Eltern in einfachen Verhältnissen lebten und abwägen mussten, ob ein drittes Kind zu verantworten war, entschieden sie sich dafür.

»Du bist im Rosenmonat Juni geboren«, erzählte mir meine Mutter oft. Und so passte es ausgezeichnet, dass ich den Namen meiner Mutter erhielt: Rosi.

Zu meinen Brüdern, die vier und sechs Jahre älter waren, hatte ich ein herzliches Verhältnis, wenn es auch hin und wieder hieß: »Was will denn die Kleine!« In meiner Erinnerung war mein ältester Bruder Karl-Heinz fast ständig krank, das Sorgenkind meiner Eltern. Weil er so schwach war, wurde er von meiner Mutter besonders umsorgt, und er bekam immer das beste Essen. Das zu verstehen war für uns jüngere Geschwister nicht immer ganz einfach. Mein Vater war Handelsvertreter, ein einfacher Mann, aber überaus intelligent. Ich besitze noch heute seine hervorragenden Schulzeugnisse. Doch was er verdienen konnte, war nicht viel für eine fünfköpfige Familie.

So war mein Elternhaus auch eine Schule der Einfachheit. Meist trug ich gebrauchte Kleidung auf, die Verwandte oder Freunde an uns weitergaben – so war es damals weithin üblich. Und eine Scheibe Brot mit Margarine und Rübenkraut war ein Hochgenuss für uns Kinder. Aber ich empfand das alles nie als Mangel.

Meine Mutter kam aus einer großen Familie mit sechzehn Kindern. Ihre Eltern unterhielten in Bonn-Endenich eine »Restauration mit Ball- und Conzertsaal: Gasthaus zur Deutschen Reichshalle von Wilh. Schurz«, wie auf einer alten Ansichtskarte aus dem Jahr 1900 zu lesen ist. Ich finde es bemerkenswert, dass meine Großeltern all ihren Kindern – darunter fünfzehn Mädchen – eine Ausbildung ermöglichten, schließlich war das damals keine Selbstverständlichkeit. Meine Mutter lernte Hutmacherin, und tatsächlich sah man sie sonntags selten ohne einen eleganten, selbstgefertigten Hut.

Eine meiner Tanten hatte eine sogenannte »gute Partie« gemacht, und bei ihr verdiente sich meine Mutter als Putzhilfe etwas dazu. Bevor ich eingeschult wurde, begleitete ich sie oft. Und obwohl ich damals erst fünf Jahre alt war, erinnere ich mich gut daran, dass mich eine Frage sehr beschäftigte: Warum kann sich die Tante eine Putzhilfe nehmen, und meine Mutter muss als Putzhilfe dienen?

Ich half gern mit und erhielt für das Staubwischen hin und wieder ein paar Pfennige. Dieses erste selbstverdiente Geld sparte ich so lange an, bis es für ein Tütchen echten Bohnenkaffees reichte, gerade genug für eine Tasse, samt einer kleinen Portion Milch. Das schenkte ich meiner Mutter, die sich selbst einen solchen Luxus niemals gegönnt hätte, sondern sich mit sogenanntem »Muckefuck«-Malzkaffee zufrieden gab. Im

Haushalt ihrer Schwester Käthchen war dagegen Bohnenkaffee an der Tagesordnung. Schon damals erfuhr ich, wie viel Freude das Geben macht. Meine Freude über ein paar Bonbons für mich selbst hätte nicht größer sein können.

Während des Krieges und in der Nachkriegszeit war die Nahrungsmittelversorgung besonders knapp. Wir alle hungerten, und meine Mutter ging oft übers Land, von Haus zu Haus, und tauschte irgendwelche entbehrlichen Gegenstände gegen Lebensmittel. Mitunter mussten sogar ein paar meiner geliebten Bücher als Tauschobjekte herhalten, natürlich nicht gerade zu meiner Freude. Was auch immer meine Mutter von ihren »Hamstertouren« mitbrachte, teilte sie großherzig mit anderen.

Da war zum Beispiel Tante Christine, eine ältere Schwester meiner Mutter, die es mit vier Kindern und einem arbeitslosen Ehemann besonders schwer hatte. Sie wohnte nur wenige hundert Meter von uns entfernt. Nicht selten lief meine Mutter am frühen Morgen in Pantoffeln – noch bevor sie mich zur Schule brachte – zu ihrer Schwester, um ihr von den eingetauschten Lebensmitteln etwas abzugeben.

So wurden das Teilen und Füreinander-Sorgen für mich zu einer Selbstverständlichkeit. Über Ungleichheiten, die ich in meiner Umgebung wahrnahm, ließ ich mich jedoch nicht hinwegtäuschen. Meine Grundschullehrerin Fräulein Feierabend schrieb gar in mein Zeugnis: »Rosi hat einen stark ausgeprägten Gerechtigkeitssinn!«

Ich ging mit Begeisterung zur Schule, lernte mit Freude und großem Eifer und verehrte Fräulein Feierabend über alles. Sie war vom Schlag jener Lehrerinnen, für die der Beruf eine Berufung war, eine Aufgabe, die nicht an der Schulpforte endete. Damals blieb eine Lehrerin in den meisten Fällen unverheiratet, war ganz für die Kinder da und kümmerte sich auch außerhalb des Unterrichts intensiv um sie. Sie machte Hausbesuche, führte Gespräche mit den Eltern und begleitete ihre Zöglinge bis ins angehende Erwachsenenalter. Auf diese Weise vermittelte uns Fräulein Feierabend nicht nur Wissen, sondern auch Werte, die über den Lehrstoff weit hinausgingen. Gemeinsam mit den Eltern formten diese Lehrerinnen damals unsere Persönlichkeit, wirkten als Vorbilder, mitunter auch mit einer gewissen Strenge, prägten uns aber vor allem über die Begeisterung, die sie in uns weckten. Ich hing so sehr an Fräulein Feierabend, dass ich mich nach der vierten Klasse strikt weigerte, aufs Gymnasium zu wechseln, obwohl meine Lehrerin sehr dazu riet. Diese Entscheidung sollte ich später sehr bereuen! Einmal schenkte mir Fräulein Feierabend als Auszeichnung ein sogenanntes »Realienbuch«, das sich auf die Fächer Erdkunde, Naturkunde und Geschichte bezog. Sie hatte es viele Jahre lang benutzt, und vermutlich kaufte sie sich eine neuere Ausgabe. Für mich aber bedeutete dieses alte Buch einen Besitz von ungeheurem Wert.

Fräulein Feierabend hatte ich es auch zu verdanken, dass ich 1937 im Rahmen einer sogenannten Kinderlandverschickung vier Wochen im damals weit entfernten Berchtesgaden verbringen durfte. Ich war unter jenen Kindern, die nicht in den Ferien, sondern während der Schulzeit aufs Land »verschickt« wurden, da ihre Versetzung aufgrund ihrer guten Noten trotz der langen Abwesenheit vom Unterricht nicht gefährdet war. Mit etwa hundert anderen Kindern trat ich die lange Bahnreise an. Jedes von uns trug ein Schild um den Hals, auf dem unser Name und unser Bestimmungsort standen. Viele Stunden waren wir schon unterwegs, als wir endlich in der Ferne die Alpen erkennen konnten. Hoffentlich muss ich noch nicht so bald aussteigen, dachte ich, denn ich wollte gern so nah wie möglich an die Berge heran. Immer wieder hielt der Zug, Ortsnamen wurden ausgerufen, und die Kinder, auf deren Schildern die entsprechenden Namen standen, verließen uns. Tatsächlich war ich dann die Letzte, die aussteigen durfte – in Berchtesgaden.

Eine Familie mit einer vierjährigen Tochter nahm mich auf. Verwundert entdeckte ich in jeder Ecke des Hauses Fotografien, auf denen die kleine Helene zusammen mit Adolf Hitler abgebildet war. Kein Wunder, entsprach sie doch mit ihren dicken blonden Zöpfen genau dem Rasseideal des deutschen Mädchens im Nationalsozialismus. Ich weiß nicht, ob die Familie Hitler und seinem Regime besonders nahe stand oder ob die kleine Tochter lediglich als Model für Propaganda-Aufnahmen gedient hatte. Mit einer nationalsozialistischen Gesinnung jedenfalls wurde ich während meines Urlaubs nicht konfrontiert, im Gegenteil.

Ich schloss mich besonders dem Großvater der Familie an, der aus dem Rheinland stammte und gerade seine Ferien in den Bergen verbrachte. Eine wunderbare Freundschaft entspann sich zwischen meinem neuen »Onkel Philipp« und mir. Ich war zehn Jahre alt, wissbegierig und neugierig auf alles. Ich liebte es, mit ihm schon früh am Morgen zu einer Gebirgswanderung aufzubrechen. Onkel Philipp nannte mir dann die Namen der Berge, brachte mir die Pflanzenwelt der Alpen nahe, und zum Abschied schenkte er mir ein Büchlein mit dem Titel »Was blüht denn da?«.

Es war eine herrliche Zeit dort im Berchtesgadener Land, solche Ferien hätten mir meine Eltern nie finanzieren können. Als Dank schickte ich meinen Gasteltern ein Gedicht, das später in der Bonner Tageszeitung veröffentlicht wurde. Die Naturerfahrung während jener vier Wochen in den Bergen hat mich für mein ganzes Leben geprägt, noch heute wandere ich gerne in der Umgebung von Berchtesgaden. Die Liebe zur Natur wurde mir schon früh von meinen Eltern vermittelt, und nun hatte ich bei den sonntäglichen Ausflügen mit der Familie oder mit dem Naturheilverein, in dem meine Eltern Mitglied waren, stets Onkel Philipps Pflanzenbestimmungsbuch bei mir. Meine Brüder zogen mich gern damit auf, brachten mir ir-

Rosi mit ihren Brüdern Ernst und Karl-Heinz

gendwelche Blumen und wollten wissen: »Na, Rosi? Was blüht denn da?«

Auch am Rheinufer identifizierte ich mithilfe des Büchleins Kräuter und Blumen – dort, wo 1929 der Rhein zugefroren gewesen war und ich mich von der Hand der Cousine losgerissen hatte. Wie die Geschichte damals ausging, weiß ich nicht mehr. Vermutlich hat mich meine Cousine eingeholt und vom Eis zurückgehalten. Später ließ ich mich nicht mehr aufhalten. Ich habe das Gefühl, dass diese Begebenheit aus frühester Kindheit wie eine Metapher bereits im Kern vorwegnahm, was mein späteres Leben ausmachen sollte. Auf Menschen zuzugehen, mich nicht aufhalten zu lassen, Gefahren nicht zu beachten – so wie 1994, als wir zu unseren Freunden nach Indien fuhren, obwohl dort die Pest wütete.

Es gab so viele Situationen in meinem langen Leben, in denen eine ängstliche Haltung die richtige Antwort auf eine bestimmte Situation verhindert hätte. Jede Zeit birgt eigene Gefahren und Risiken, und ich habe früh lernen müssen, damit umzugehen. Es ist noch gar nicht so lange her, dass es in Deutschland einer Mutprobe gleichkam, sich zu seinem Glauben zu bekennen.

Kapitel Zwei

# Kreuz versus Hakenkreuz – eine Jugend im Nationalsozialismus

Man kann das Leben nur rückwärts verstehen,
aber man muss es vorwärts leben.
*Søren Kierkegaard*

Als überzeugte Christen standen meine Eltern dem Nationalsozialismus und seinen Lehren kritisch gegenüber. Der sonntägliche Kirchgang gehörte für sie selbstverständlich zum Leben. Uns Kindern waren sie ein Vorbild, jedoch übten sie niemals Zwang auf uns aus. Als einer meiner Brüder irgendwann beschloss, der Sonntagsmesse fernzubleiben, gab es weder Diskussionen noch Strafen. Selbst als Ernst, von der Gemeinschaft mit Gleichaltrigen bei Sport, Touren und Lagerfeuer angezogen, der Hitlerjugend beitrat, ließen meine Eltern ihn gewähren. Sie machten keinen Hehl daraus, was sie von den neuen Machthabern hielten, und auch mein Bruder wurde spätestens an jenem Tag eines Besseren belehrt, als seine Kameraden von der HJ rote Farbe in die Weihwasserbecken von Bonner Kirchen gossen, damit die Kirchgänger beim Kreuzzeichen mit dem geweihten Wasser denken sollten, sie hätten sich mit Blut besudelt.

Mir wurde der tägliche Gang zur Messe in früher Morgenstunde ab meinem vierzehnten Lebensjahr zur Selbstverständlichkeit, und zwar ganz und gar freiwillig. Meine Mutter er-

Erstkommunion 1937

zählte gern, dass sie mich eines Morgens, als ich etwa elf Jahre alt war, aus der Kirche holen musste. Völlig versunken hatte ich die Zeit vergessen und so tatsächlich den Schulbeginn verpasst.

Unfassbar war für mich jener Tag im Jahr 1939, an dem die Kreuze aus den Klassenzimmern entfernt und der Religionsunterricht sowie das Gebet an den Schulen verboten wurden. Stattdessen bot die Kirche freiwillige »Seelsorge-Stunden« an, und ich nahm mit Freuden daran teil. Auch engagierte ich mich in der Pfarrbücherei und schloss mich einer katholischen Jugendgruppe an. Wir unternahmen herrliche Ausflüge, und mancher Kontakt mit Freunden von damals hat sich bis heute gehalten, einige von ihnen gehören heute zu unserem Spenderkreis.

Tief eingeprägt haben sich mir aus jenen frühen Jahren die Jugendbekenntnisfeiern jeweils am Sonntag nach Pfingsten. Das Bonner Münster war dann stets bis auf den letzten Stehplatz mit jungen Menschen gefüllt, die den mitreißenden Predigten des Jugendkaplans Fuhrmans lauschten. Allerdings saßen unter seiner Kanzel auch Spitzel mit Notizblock und Stift, um jede Aussage, die man als gegen Hitler und Genossen gerichtet auffassen konnte, aufzuschreiben und gegebenenfalls gegen den Geistlichen zu verwenden. »Freund«, rief der Kaplan einem von ihnen einmal unbeeindruckt zu, »schreibe richtig!«

Furchtlos waren auch wir Jungen und Mädchen, die wir begeistert »Wir sind bereit, rufen es weit: Gott ist der Herr auch unserer Zeit!« sangen. Wir wussten genau, dass draußen die Hitlerjugend nur darauf wartete, dass wir aus dem Münster traten. Dann blieb es nicht bei harten Worten und gehässig skandierten Parolen, meist kam es zu brutalen Schlägereien. Wir nahmen das auf uns. Es waren Zeiten, die einen jungen Menschen forderten, aber auch formten. Man wurde früher reif, weil man früher wichtige Entscheidungen treffen musste.

Eines Tages fasste ich einen verwegenen Plan: Ich wollte mich freiwillig zum Bund Deutscher Mädchen melden mit der Absicht, eine Jugendgruppe zu übernehmen und den Nazithesen christliche Ideale entgegenzusetzen. Unser Kaplan Zimmermann, ein stiller, religiöser und dabei weltoffener junger Priester, hatte viel Mühe, mir das auszureden. »Das wird dir nicht gelingen«, warnte er mich, »lass das sein!« Nur widerstrebend folgte ich seinem Rat, dabei hatte er natürlich Recht. Kaplan Zimmermann wurde zum Militärdienst eingezogen und fiel wenig später »für Volk und Vaterland«.

Ich betrachte es als ein großes Glück, in meiner Jugend einigen dieser Menschen begegnet zu sein, die mir den Glauben nicht nur mit Worten vermittelten, sondern ihn mir auf beeindruckende Weise vorlebten. So erfuhr ich die christliche Lehre niemals als eine Drohbotschaft, sondern als eine Frohbotschaft der Freude und der Liebe.

Meine Eltern saßen in jenen Jahren oft vor dem Radio, dem sogenannten Volksempfänger, um von ausländischen Sendern die Wahrheit über die politische Lage zu erfahren. Das war natürlich bei Strafe verboten, und ich musste dann draußen aufpassen, dass es niemand merkte. Uns gegenüber wohnte nämlich eine äußerst engagierte Nazifamilie. Einer der Söhne war ein Klassenkamerad meines Bruders, und den hatten wir im Verdacht, ein Spitzel zu sein. Das war auch der Grund, so sagten meine Eltern, warum in unserem Wohnzimmer ein Hitler-Bild hing: um uns Kinder nicht in Gefahr zu bringen.

Am 20. Juni 1942 sollte meine sanfte und stets freundliche Mutter dieses Hitler-Portrait allerdings im hohen Bogen zu Boden schleudern. Es war der Tag, an dem die Nachricht eintraf, dass mein ältester Bruder Karl-Heinz im Afrika-Feldzug gefallen war. Niemand hatte ernsthaft geglaubt, dass er bei seinem Gesundheitszustand als Soldat eingezogen würde. Doch im »Totalen Krieg« wurde jeder junge Mensch gebraucht. Sein Tod war für unsere ganze Familie ein harter Schlag, und meine Mutter, die sich so viele Jahre lang mit all ihren Kräften dafür eingesetzt hatte, die Gesundheit meines Bruders zu erhalten, sollte den Verlust ihres Sohnes nie wirklich verwinden. Fast die Hälfte seiner Schulzeit hatte Karl-Heinz wegen seiner vielen Erkrankungen versäumt. Um ihm dennoch eine gute Ausbildung zu ermöglichen, schickten meine Eltern ihn unter großen persönlichen Entbehrungen auf eine private Handelsschule. So konnte er eine kaufmännische Lehre in einem renommierten Lebensmittelbetrieb abschließen. Den kinderlosen Eigentümern war er als tüchtiger und vertrauenswürdiger Mitarbeiter bald so ans Herz gewachsen, dass sie planten, ihm später den Betrieb zu übergeben. So viele Hoffnungen, so viele Mühen. Und nun war der überall beliebte Karl-Heinz im Alter von 21 Jahren Opfer des sinnlosen Krieges geworden.

In jenen Sommerferien, als wir mit dem Tod meines ältesten Bruders fertigwerden mussten, meldete ich mich freiwillig zu einem Ferieneinsatz in einem kleinen Dorf namens Dernbach

Rosi Gollmann
im Ernteeinsatz
in Dernbach,
Westerwald

im Westerwald. Denn wenn ich auch nicht das Naziregime unterstützte, so half ich gern jenen Familien, denen die Arbeitskraft ihrer Soldatensöhne fehlte. Für mich als Städterin war die Arbeit in der Landwirtschaft etwas völlig Neues. Der Umgang mit den Tieren und die Feldarbeit machten mir so viel Freude, dass ich zwei Jahre später zurückkehrte, um dort mein Pflichtjahr abzuleisten. Junge Frauen unter 25 Jahren waren damals verpflichtet, ein Jahr lang in der »Land- und Hauswirtschaft« zu arbeiten; zum einen wollte man so die Arbeitskraft der fehlenden Soldaten ersetzen, zum anderen sollten die jungen Frauen auf ihre künftige Rolle als Haus- und Landfrauen vorbereitet werden. Ohne dieses Pflichtjahr konnte damals keine Lehre oder anderweitige Ausbildung begonnen werden.

So erlebte ich einen gesamten Jahreszyklus in der Landwirtschaft und konnte mir wertvolle Grundkenntnisse aneignen. Heute staune ich darüber, wie wundersam sich in meiner Jugend alles fügte. Denn später konnte ich in der Entwicklungsarbeit in

Indien gerade von diesen Erfahrungen sehr profitieren. Bis heute erlebe ich immer wieder, dass nichts zufällig geschieht, auch wenn ich den Sinn und die Zusammenhänge manchmal erst Jahrzehnte später erkenne. Dazu gehört auch eine Begegnung, die zu den wertvollsten Erinnerungen meines Lebens zählt.

Es war im Februar 1943. Ich hatte die Schule abgeschlossen und besuchte bereits im letzten Jahr die Handelsschule. Noch immer ging ich jeden Morgen um halb sieben vor Unterrichtsbeginn zur Frühmesse. Damals war es üblich, dass Frauen und Männer getrennt voneinander im linken und im rechten Seitenschiff saßen. Unter den wenigen Kirchenbesuchern fiel mir eines Morgens ein junger Mann auf, ein wenig älter als ich. Von nun an sah ich ihn jeden Morgen. Immer verließen wir die Kirche nach dem Gottesdienst in gleicher Weise: durch den rechten Ausgang die fünfzehnjährige Rosi, durch den linken der siebzehnjährige Hans-Robert. Bis wir eines schönen Morgens – als hätten wir uns abgesprochen – beide den Mittelgang benutzten. So lernten wir uns kennen.

Mit der Zeit entwickelte sich aus dieser Morgenbegegnung eine wunderbare Freundschaft. Wir hatten einander viel zu erzählen: Hans-Robert hatte seine Mutter bei seiner Geburt verloren, und auch sein Vater starb früh. Seine vier älteren Schwestern hatten als Elternlose genug mit sich selbst zu tun. So kümmerten sich zwei ältere Tanten, beide Ordensschwestern, um den Jungen und sorgten für seine Ausbildung. Da sie sich wünschten, ihr Neffe möge Priester werden, schickten sie ihn auf ein kirchliches Internat. Unter den Nationalsozialisten wurde dieses Institut jedoch geschlossen, und so war Hans-Robert nach Bonn gekommen, um sich in einer Klosterschule auf sein Abitur vorzubereiten.

Ehe wir uns versahen, wurde aus unserer Freundschaft eine tiefe Zuneigung, und von Hans-Roberts Plan, Priester zu werden, war irgendwann nicht mehr die Rede. Wir verbrachten so

Voller Lebensfreude
und -erwartung

viel Zeit miteinander wie möglich, besuchten gemeinsam Konzerte und gingen ins Theater. Er steckte mich mit seiner Begeisterung für Kunst, Kultur und Literatur sowie mit seinem Sinn für alles Schöne an. Und ich sog das alles begierig in mich auf.

Wir schmiedeten Pläne für eine gemeinsame Zukunft. Hans-Robert plante jetzt, Medizin zu studieren. Nach dem Abschluss meiner Handelsschule arbeitete ich zwar zunächst im Büro einer großen Firma, doch im Hinblick auf unsere Zukunftspläne orientierte ich mich neu: Ich fand in einer Bonner Praxis eine Stelle als Sprechstundenhelferin. Unser gemeinsamer Weg schien fest vorgezeichnet. Während meines Pflichtjahres im Westerwald schrieben wir uns täglich, mitunter sogar mehrmals am Tag. Es war eine herrliche Freundschaft und eine bereichernde Zeit, die uns beide aufbaute und wachsen ließ – und dabei, für heutige Verhältnisse kaum vorstellbar, vollkommen unschuldig blieb.

Doch dann wurde mein Freund im Sommer 1943, im Alter von achtzehn Jahren, eingezogen und an die Westfront geschickt. Wie sehr ich ihn vermisste, vertraute ich in jener Zeit nur meinem Tagebuch an. Der Krieg ging seinem Höhepunkt entgegen und wurde mehr und mehr auch bei uns in den Städten ausgetragen. Fast täglich fielen die Bomben, und in der Arztpraxis war ich mit den schrecklichsten Verletzungen konfrontiert. Zu meiner Sorge um den geliebten Freund – immerhin hatte mein ältester Bruder in diesem Krieg bereits sein Leben gelassen – kam der beängstigende und immer zerstörerischer werdende Bombenterror.

Am 18. Oktober 1944 schrieb ich in mein Tagebuch: »Unser Bonn fiel einem fürchterlichen Terroranschlag zum Opfer. Ein schauerliches Bild bot sich mir, als ich nach dem Angriff, der nur zwanzig Minuten dauerte, aus dem Luftschutzkeller ins Freie trat: überall Jammer und Elend, Brand und Verwüstung.« Später erfuhr ich, dass bei diesem Angriff vierhundert Menschen starben. Angeblich hatte ein britischer Kommandeur an jenem Tag meine Heimatstadt nur deshalb bombardieren lassen, um neue Navigations- und Abwurfeinrichtungen zu erproben.

Mein Bruder Ernst war inzwischen Soldat in einer Kaserne im oberbayerischen Schongau und wartete auf seinen Fronteinsatz bei der Fliegerabwehr, der »FLAK«. Auch unser Vater wurde zum Zivilen Luftschutz abkommandiert; in der Bonner Nordschule war jetzt seine Unterkunft. Wegen der ständigen Bombenangriffe machte ich mir Sorgen um meine Mutter, die tagsüber allein in unserer Wohnung blieb, während ich bei der Arbeit war und mein Vater sich beim Luftschutz befand. Seit dem Tod unseres ältesten Bruders war ihr Gesundheitszustand labil, besonders das Herz machte ihr zu schaffen. So schlug ich vor, sie zu evakuieren. Wir entschieden uns für Altenstadt bei Schongau in Oberbayern, wo Ernst stationiert war. Bei einer

Bauernfamilie fand mein Bruder eine Unterkunft für sie, und so brachte ich meine Mutter an einem düsteren Novembertag im Jahr 1944 zum Zug.

Sie war gerade noch rechtzeitig abgereist. Die Bombardierungen nahmen zu und wurden immer grausamer. Kurz vor Weihnachten überraschte mich ein Angriff auf dem Heimweg von der Praxis, die ersten Bomben fielen bereits während des Voralarms. Ich rannte um mein Leben, flüchtete von Haus zu Haus, doch Tür um Tür war verschlossen. Bis mir endlich geöffnet wurde und ich im Keller Zuflucht fand, wo ich mit den Bewohnern ausharrte, während draußen der Bombenregen nicht aufhören wollte. »Grauenvoll sieht unsere Stadt aus«, schrieb ich danach ins Tagebuch. »Unser herrliches Münster erhielt einen Volltreffer im linken Seitenflügel. Münsterplatz, Markt und Hofgarten bieten ein grausames Bild. So viele Wohnhäuser sind getroffen. Es raucht und brennt und schwelt noch überall. Dieser Angriff ist überstanden. Wann mag der nächste folgen?«

Er ließ nicht lange auf sich warten. Zwei Tage später, an Heiligabend, nahmen die feindlichen Bomber die Innenstadt Bonns erneut ins Visier und jagten uns, als wir aus der Christmette kamen, in die nächstgelegenen Luftschutzkeller. Stundenlang mussten wir voller Angst ausharren.

Fast täglich fielen die Bomben. Nie werde ich diese Bilder vergessen, Bilder von brennenden Straßenzügen, von Menschen, die eben noch gesund und lebendig gewesen waren wie ich und nun als zerstückelte Leichen zwischen den Trümmern lagen. Unvergessen bleibt mir auch ein Erlebnis nach einem besonders schweren Brandbombenangriff: Ich war allein in der Praxis, der Arzt bei zwangsverpflichteten Fremdarbeitern im Einsatz. Da stand plötzlich eine verzweifelte Mutter vor mir und hielt mir ihr schwer verletztes kleines Mädchen entgegen; es war halb verbrannt. Die Haut hing ihm in blutigen Fetzen herab, die Beine waren verkohlt. Meine Knie zitterten. Aber es war keine Zeit für Schwäche, ich musste handeln. Und mit meiner bescheidenen medizinischen Erfahrung konnte ich tatsächlich das kleine Menschenleben retten.

»Wir sind vom Tod umlauert«, schrieb ich in jenen Wintertagen in mein Tagebuch, als auch noch mein Vater an einer schweren Lungenentzündung erkrankte. Und so wanderte ich täglich zwischen der Arztpraxis und unserer Wohnung, zwischen Bunkern und dem provisorisch eingerichteten Hospital auf dem Venusberg, wo mein Vater untergebracht war, hin und her, vorbei an oft noch qualmenden Trümmern, an noch nicht geborgenen Leichen – Bilder des Grauens.

Im Februar, inmitten all dieses Sterbens, erlebte ich einen kurzen Moment der Erleichterung: Nach fünf Monaten Schweigen erhielt ich endlich ein Lebenszeichen von meinem Freund. Er war in Frankreich in amerikanische Kriegsgefangenschaft geraten, und es ging ihm, wie er schrieb, »an Leib und Seele gut«. Wenigstens dieser Sorge war ich nun enthoben. Ein kurzes Durchatmen in einer Zeit des Schreckens.

Am 5. Februar 1945 schrieb ich in mein Tagebuch: »Gestern Abend saß ich im Haus ›Maria Einsiedeln‹, dem provisorisch eingerichteten Hospital auf dem Bonner Venusberg, am Krankenbett meines Vaters. Kaum hatten die Sirenen Fliegeralarm angekündigt, zersplitterten bereits durch die ersten Bomben Fenster und Türen. Krachend stürzte die Decke ein. Jeder versuchte, sich in Sicherheit zu bringen; an meinen todkranken Vater dachte in der Panik keiner. Ich schrie, aber niemand hörte mich. Die Not der Stunde verlieh mir ungeahnte Kräfte: Ich nahm den kranken, stöhnenden Vater auf meine Arme und trug ihn hinunter in die Kellerräume. Wie endlos erschien mir die Treppe mit dieser Last. Draußen regnete es Brand und Vernichtung vom Himmel. Alles war taghell vom Feuer ringsum und im Haus selbst. Erschöpft erreichte ich den Keller und ließ mich dort nieder, den todkranken Vater auf dem Schoß haltend. Mit allem, was ich an eigener Kleidung entbehren konnte, bedeckte ich seinen zitternden Körper. Ob sein Herz wohl durchhält?, fragte ich mich bang. Ob er in meinen Armen stirbt? Ob wir zusammen sterben? Die Hausbewohner, die Schwestern und wir alle glaubten an unser Ende. Wir beteten. Das Feuer und der Brandgeruch vertrieben uns bald in einen anderen Raum und dann ins Freie. Ich konnte Vater noch im einigermaßen heil gebliebenen Nachbarhaus unterbringen, dann galt es, die noch zu rettenden Gegenstände aus dem brennenden Krankenhaus zu bergen. Schließlich ging es ans Löschen – die ganze Nacht hindurch. Viele hundert Wassereimer wanderten von Hand zu Hand. Gegen Morgen hatten wir es geschafft. Das Feuer war gelöscht, übrig blieben Ruinen. Und Vater hatte es überlebt – Gott sei Dank. Mir blieb eine kurze Stunde Rast in einem Liegestuhl, dann zur Praxis.«

Später erfuhr ich, dass in jener Nacht 350 feindliche Flugzeuge rund 2000 Sprengsätze und unzählige Brandbomben über Bonn abgeworfen hatten. Man erwog daraufhin, Bonn komplett zu evakuieren, aber wie sollte das organisatorisch umgesetzt werden?

Wenig später wurde auch das Haus getroffen, in dem sich meine Arbeitsstelle befand. Behandlungen waren nicht mehr möglich. Auch wenn sich der Gesundheitszustand meines Vaters inzwischen etwas gebessert hatte, machte ich mir dennoch Sorgen um ihn. Sollte ich nicht auch ihn in Sicherheit bringen? Es gelang mir, seine Beurlaubung zu erwirken, und ich bereitete alles vor, um ihn nach Altenstadt zu meiner Mutter zu begleiten.

Die Zugfahrkarten für uns beide waren gekauft, und am Abend des 23. Februars 1945 sollte es losgehen. Weil die Strecke zwischen Bonn und Koblenz bombardiert und zerstört worden war, mussten wir uns über Beuel auf der rechten Rheinseite durchschlagen. Was folgte, war eine mehrtägige Odyssee für eine Entfernung, die man normalerweise in wenigen Stunden zurücklegen konnte. Immer wieder wurde der Zug von Jagdbombern ins Visier genommen. Dann hielt er an, und gemeinsam mit den anderen Fahrgästen stürzten wir aus den Waggons ins Freie, um irgendwo Schutz zu suchen. Die feindlichen Flieger kreisten bedrohlich über uns. Ringsum fielen Bomben. Doch meine größte Sorge galt dem Gesundheitszustand meines Vaters. Würde er diese Strapazen überleben?

Mehrmals wurden die Bahngleise während eines solchen Angriffs zerstört. Dann mussten wir das Gepäck schultern und die Wegstrecke bis zum nächsten Bahnhof zu Fuß hinter uns bringen. Dort glücklich angekommen, warteten wir auf den schmutzigen und überfüllten Bahnhöfen oft stundenlang, bis es wieder einige Kilometer weiterging. Welch eine Belastung für meinen Vater, der nach seiner schlimmen Lungenentzündung noch recht schwach war! Besonders jene Wegstrecken, die wir am Tage und auch nachts durch Trümmer und Schutt zu Fuß zurücklegen mussten, Entfernungen von bis zu siebzehn Kilometern, wurden für ihn zur Qual. Als er mit seinen Kräften endgültig am Ende war, tat ich etwas, was unter anderen Umständen undenkbar für mich gewesen wäre: Ich stahl vor einem Bauernhaus eine Schubkarre, in die ich den Vater samt Gepäck lud. Unter Aufbietung all meiner Kräfte gelang es mir, ihn bis zur nächsten Station zu schieben.

Schließlich erreichten wir tatsächlich Altenstadt in Oberbayern. Meine Mutter war überglücklich. Doch meinen Bruder trafen wir leider nicht mehr an: Er war kurz zuvor nach Ludwigsburg versetzt worden.

Wir hatten Bonn in letzter Minute verlassen, so schien es. Ich war froh, meine Eltern in Sicherheit zu wissen. Im Radio hörten wir von schweren Angriffen auf die Stadt, und die feindlichen Truppen waren bereits bedrohlich nahe. Wir befanden uns in Sicherheit, doch mir wurde schwer ums Herz, wenn ich an meine Heimatstadt dachte, vor allem, als wir hörten, wie grausam sie umkämpft wurde. Es zog mich mit aller Kraft nach Bonn. Mich hielt weder die Ruhe auf dem Land zurück, noch die friedvolle, winterliche Natur, ja, nicht einmal der mich immer wieder aufs Neue faszinierende Anblick der Berge. Ich wollte noch einmal meine Stadt wiedersehen, wo ich geboren und zur Schule gegangen war, wo ich gelebt und gearbeitet hatte. Wer wusste damals schon, was aus ihr werden würde? Die Liebe zu Bonn und mein Heimweh ließen mir keinen Frieden. Wider alle Vernunft beschloss ich, nochmals hinzufahren. Und so machte ich mich erneut auf die Reise, dieses Mal allein.

Zunächst ging alles gut. Während meines dreistündigen Zwischenhalts in Stuttgart versuchte ich, meinen Bruder im nahen Ludwigsburg zu treffen. Aber vergebens: Er hatte Ausgang, ich traf ihn nicht an.

In Bonn konnte ich nur eine Nacht bleiben. Bereits seit Tagen stand die Stadt unter Feindbeschuss, Tag und Nacht dröhnten die Kanonen und heulten die Granaten. Die Alliierten lagen direkt vor der Stadt, jeden Augenblick konnte Bonn in ihre Hände fallen. Ich fand einen Brief meines Freundes in unserer Wohnung vor und war erleichtert zu lesen, dass es ihm gut ging. Diese eine Nacht schlief ich im Keller, alles andere wäre zu gefährlich gewesen. Am nächsten Morgen besuchte ich in größter Eile die notdürftig wieder eingerichtete Praxis und verabschiedete mich von meinem Chef, packte daheim noch einige wichtige Dinge in einen Koffer und einen Rucksack, dann brach ich wieder auf.

Diese Reise zurück nach Oberbayern sollte sich als noch gefährlicher herausstellen als die erste. Die Strecke nach Koblenz war nach wie vor unpassierbar, und so hielt ich ein Militärauto an, das mich über die Rheinbrücke nach Beuel mitnahm. Ununterbrochen standen wir unter Artilleriebeschuss. Schließlich erreichten wir, im Konvoi mit einigen anderen Wagen, den Ort Honnef. Dort wurden die Fahrzeuge konfisziert, weil feindliche Truppen schon bei Remagen lagen. Von dort hörten wir das Donnern gewaltiger Detonationen. Sie rührten von dem Versuch der Deutschen Wehrmacht, die Remager Brücke über den Rhein zu sprengen – der allerdings scheiterte.

»In spätestens zwei Stunden werden die Amerikaner hier sein«, hieß es. Was nun? Sollte ich versuchen, mich ins Siebengebirge durchzuschlagen? Was würde mit mir geschehen, falls ich den Feinden in die Hände fiele? Immer näher kam der Artilleriebeschuss, schon konnte ich die ersten feindlichen Panzer hören. Zuerst allerdings rollten die Fahrzeuge der Wehrmacht an uns vorüber. Es war der Rückzug des deutschen Heeres mit Hunderten Fahrzeugen und Geschützen. Am Straßenrand standen Menschen wie ich, die versuchten, aus der belagerten Stadt zu flüchten. Auf einmal hörte ich inmitten all dieses Chaos das Schreien eines Kindes. Als ich dorthin lief, fand ich einen kleinen, verletzten Jungen; er war von einem der Wagen angefahren worden. So gut es ging, versorgte ich seine Wunden. Da hielt eine Geschützzugmaschine an.

»Kommt!«, rief der Fahrer, »steigt auf, ihr zwei!«

Offenbar hatte er den Unfall beobachtet. Rasch kletterte ich auf die offene Ladefläche und half dem stöhnenden Kind herauf. Ich atmete auf und drückte den Jungen an mich. Ständig umkreisten uns feindliche Flieger. Nichts wie weg!, dachte ich. Bald brach die Dunkelheit herein. Mit ihr kam eine eisige Kälte auf, unsere Glieder wurden steif und schmerzten. Aber wir waren gerettet. In Altenkirchen im Westerwald trennten wir uns von dem freundlichen Soldaten. Ich brachte den verletzten Jungen in einem kleinen Krankenhaus unter und begab mich zum Bahnhof, wo es – kaum zu glauben! – tatsächlich noch einen Personenzug gab, der mich eine kleine Strecke weiterbrachte.

Und so ging es fort, Stück für Stück, Kilometer um Kilometer, mit dem Zug, mit Bussen, auf Lastwagen und zwischendurch immer wieder zu Fuß. Am Würzburger Bahnhof geriet ich in einen Großangriff, der mich für Stunden in einem Bunker festhielt. Als ich ihn verließ, stand ich erschüttert vor einem Totenfeld, der grausamen Ernte des Angriffs. Ich schlug mich weiter durch in Richtung Süden. In Ludwigsburg unterbrach ich die Fahrt, da ich meinen Bruder Ernst wiedersehen wollte. Mitten in der Nacht läutete ich am Kasernentor und malte mir bereits die Freude über das unerwartete Wiedersehen aus. »Ernst Gollmann?«, hieß es. »Der ist vor zwei Tagen an die Ostfront abgerückt.« Ich weinte. Damals ahnte ich nicht, dass bis zu unserem Wiedersehen Jahre vergehen sollten.

Nach unbeschreiblich harten Reisetagen kam ich schließlich in Altenstadt an. Ich wusste nicht, ob ich Bonn je wieder sehen würde. Mein Bruder an der Ostfront, mein Freund in Gefangenschaft. Der Krieg war so gut wie verloren. Mein ganzes Hab und Gut passte in einen Koffer. Ich fühlte mich bedrückt und verloren, ja, heimatlos, zum ersten Mal in meinem Leben.

Kapitel Drei

# Erwachsen werden in schweren Zeiten

Man kann Liebe nicht schenken, wenn man sie nicht hat; aber man hat sie erst, wenn man sie schenkt.
*Augustinus*

Bei unseren Projekten in Indien und Bangladesch haben wir es immer wieder mit Menschen zu tun, die aufgrund von politischen Konflikten, weltanschaulicher Ausgrenzung oder wegen Umweltkatastrophen ihre Heimat verlassen mussten. Ich kann ihre Verzweiflung nur zu gut verstehen. Ich kenne die Sorge um eine ungewisse Zukunft, das Gefühl, vom Wohlwollen anderer Menschen abhängig zu sein, darauf zu hoffen, dass jemand Gastrecht walten lässt und bereit ist, Raum und Nahrung zu teilen. Um wie viel schlimmer als meine eigene Erfahrung ist aber die Not jener fernen Menschen, wenn es nichts zu teilen gibt und die Not ins Hundert-, ja ins Tausendfache steigt.

Meine Erfahrungen während der Kriegsjahre haben mich, wie alle aus meiner Generation, für ein ganzes Leben geprägt. Dass ich damit nicht allein bin, zeigt sich immer wieder in der großzügigen Hilfsbereitschaft vieler älterer Andheri-Freunde, die seit Jahrzehnten unsere Arbeit unterstützen. Manche haben dieses Bewusstsein an ihre Kinder und sogar an ihre Enkel weitergegeben, weil sie so wie ich durch eigene harte Erlebnisse sensibel geworden sind für die Not anderer. Die Zahlen sprechen für sich: Ein Zehntel der Weltbevölkerung ist im Besitz von etwa 85 Prozent des weltweiten Vermögens, während sich die Hälfte aller Menschen mit weniger als einem Prozent des globalen Vermögens begnügen muss. Eine solche Ungerechtigkeit können wir nicht einfach hinnehmen.

In jenen Wochen, als der Krieg seinem Ende entgegenging, ließ ich nichts unversucht, um im Umkreis von Altenstadt Arbeit zu finden. Inzwischen waren wir ja zu dritt bei der Gastfamilie meiner Mutter untergekommen, und es war mir unangenehm, den Bauersleuten zur Last zu fallen. Wo es möglich war, packte ich in der kleinen Landwirtschaft oder im Haus mit an, um für unseren Unterhalt einen Ausgleich zu schaffen. Aber es kamen immer wieder zusätzliche Sorgen auf uns zu: Mein Vater erlitt einen Rückfall und musste erneut im Krankenhaus behandelt werden. Wenn ich heute in einem indischen Dorf junge Frauen erlebe, die keine Chance haben, etwas zum Unterhalt ihrer Familie beizutragen, dann muss ich oft daran denken, wie ich mich damals gefühlt habe. Weder meine guten Zeugnisse aus der Schule noch die von meiner Arbeitsstelle halfen in jener Zeit, Arbeit zu finden.

Vollkommen unerwartet wurde ich kurz vor Kriegsende – im April 1945 – als Wehrmachtshelferin eingezogen, und zwar als Rechnungshelferin in der Altenstädter Kaserne, wo mein Bruder als FLAK-Soldat gelegen hatte, in unmittelbarer Nachbarschaft zu Schongau.

Zwar musste ich mich erst daran gewöhnen, dass statt der Patienten, wie in der Bonner Arztpraxis, in meinem Büro jetzt Soldaten aus- und eingingen, doch die Arbeit gefiel mir besser als erwartet. Ich hatte zwei freundliche Kollegen, und auch zu meinem Vorgesetzten, einem dreißigjährigen Oberleutnant namens Franz Josef Strauß, hatte ich einen guten Kontakt. Sehr erstaunt war ich, als er sich mir gegenüber, einem siebzehnjährigen Mädchen, mit offenen Worten kritisch über Adolf Hitler und den Nationalsozialismus äußerte – ohne Zweifel ein beträchtliches Wagnis in jenen angespannten Zeiten.

Inzwischen war die Kriegslage immer bedrohlicher geworden. Aus dem Radio erfuhren wir, dass um Berlin hart gekämpft wurde. Auch bei uns im Süden rückte die Front stetig näher. Was, wenn die Hauptstadt fiel? »Der größte Teil unseres Vaterlandes ist schon von Amerikanern, Engländern, Franzosen und Russen besetzt. Wann werden sie hier einmarschieren?«, notierte ich in mein Tagebuch.

Ich fürchtete diesen Tag, und gleichzeitig sehnte ich ihn herbei. Wir alle wussten, der Krieg war verloren. Das Warten auf den Einmarsch der feindlichen Soldaten und die Ungewissheit, was dann geschehen würde, belasteten uns alle sehr. Am 27. April 1945 hörten wir in der Ferne Schüsse und dumpfes Grollen.

Ich schrieb noch einmal einen Brief an meinen Freund in französischer Gefangenschaft in der festen Zuversicht, dass dieses Lebenszeichen ihn erreichen würde. Im Haus unserer Gastfamilie arbeitete ein französischer Kriegsgefangener, Louis. Wir verstanden uns gut, über alle Unterschiede hinweg, und er versprach mir, meinen Brief an Hans-Robert mitzunehmen, sobald er, von den Amerikanern »befreit«, in seine Heimat zurückgekehrt sei. Welch groteske Situationen hatte dieser sinnlose Krieg geschaffen: ein französischer Gefangener in Deutschland, der einem deutschen Gefangenen in seiner Heimat eine Liebesbotschaft überbringen wollte!

An den Giebeln der Häuser unseres Dorfes wehten Betttücher, weiße Fahnen als Zeichen der Ergebung. Am nächsten Tag, dem 28. April, trat ich wie gewohnt den Weg zum Rechnungsbüro an – und fand alles leer. Über Nacht hatten sämtliche Soldaten die Kaserne verlassen. Trotz des hastigen Aufbruchs hatten meine Kollegen mir noch ein paar Lebensmittel mit einem netten Gruß zurückgelassen. Ganz in Gedanken versunken verließ ich meinen Arbeitsplatz, den ich nicht einmal vier Wochen innegehabt hatte. Auf dem Heimweg kamen mir plötzlich feindliche Panzer entgegen. Ich versuchte, mich vor ihnen zu verstecken, aber die amerikanischen Soldaten winkten freundlich. So stand ich also am Straßenrand und sah einfach zu, wie die fremden Soldaten das Dorf einnahmen. Kein Schuss fiel. Wir waren erleichtert über diesen friedlichen Einzug und gleichzeitig bedrückt. Was würde aus unserem Land – damals sprach man noch vom »Vaterland« – werden?

Am nächsten Abend erhielten wir überraschenden Besuch. Zwei amerikanische Soldaten klopften an die Tür unseres Hauses. Mit meinen Englischkenntnissen von der Schule konnte ich mich einigermaßen mit ihnen verständigen. Sie erzählten ein wenig von ihrer Heimat, und nach kurzer Zeit verabschiedeten sie sich freundlich.

Wenig später rief mich die Bäuerin in ihre Stube, in der sich die Soldaten inzwischen niedergelassen hatten, und bat mich um Übersetzungshilfe. Bald stand reichlich Alkohol auf dem Tisch, und die Stimmung schlug um. Die beiden zogen ihre Pistolen und forderten mich auf, mit ihnen zu kommen, um ihnen zu Willen zu sein. Sollte ich flüchten? Aber womöglich würden die Soldaten dann meinen Eltern etwas antun?

Wie es mir in dieser Situation gelang, ruhig zu bleiben, kann ich mir heute selbst nicht mehr erklären. Alles schien klar vor mir zu liegen: Ich würde mich diesen betrunkenen Amerikanern nicht hingeben, auch wenn sie mich dann erschießen würden.

Ich erbat von den Soldaten eine Frist, um mich von meinen verzweifelten Eltern zu verabschieden: »Weint doch nicht!«, versuchte ich sie zu trösten. Da traten die Soldaten herein und jagten meine Eltern vor sich her durchs ganze Haus. Mit großem Geschrei suchten sie nach anderen jungen Frauen. Ich nutzte die Zeit, um mich in aller Ruhe auf mein nahes Ende vorzubereiten. Ganz ohne Angst kniete ich in unserem Zimmer nieder, nahm Abschied vom Leben und versenkte mich ins Gebet.

Da hörte ich, wie sich schwere Schritte näherten. Die Tür ging auf. Ich rührte mich nicht. Jeden Augenblick erwartete ich den tödlichen Schuss. Doch nichts geschah. Schließlich nahm ich wahr, wie sich die Tür ganz leise wieder schloss. Als ich aufsah, war niemand mehr im Raum. Offenbar hatte der Anblick eines betenden jungen Mädchens die beiden Männer zur Besinnung gebracht. Ich war gerettet – aber wie viele andere Frauen und Mädchen wurden in diesen Tagen Opfer sexueller Gewalt.

Wenige Tage später, am 8. Mai, war der Krieg zu Ende. Meine Eltern und ich konnten es kaum erwarten, in unsere Bonner Heimat zurückzukehren. Doch weil ich als Rechnungsführerin der Kaserne als Wehrmachtsangehörige galt, musste ich erst offiziell entlassen werden. Hinzu kam, dass wir in Bayern zur amerikanischen Besatzungszone gehörten, Bonn dagegen unter britischer Besatzung stand. Und so galt es eine Reihe zeit- und nervenraubender Formalitäten zu erledigen, bevor wir aufbrechen konnten.

Zu meiner Überraschung kam es zu einer erneuten Begegnung mit Franz Josef Strauß. Als Chef der Stabsbatterie und als Ausbilder in der Kaserne in Altenstadt hatten ihn die Amerikaner zunächst gefangen genommen. Nach kurzer Zeit wurde er jedoch als politisch unbelastet entlassen und übernahm bald unter dem Military Government die Leitung im Landratsamt von Schongau.

Und dann bat er mich zu sich.

»Ich habe Arbeit für Sie«, begrüßte er mich, als ich seiner Einladung folgte. »Möchten Sie zu mir ins Büro im Landratsamt kommen?«

Natürlich sagte ich sofort zu, froh, wieder arbeiten zu können. Wie zuvor in der Kaserne erlebte ich Franz Josef Strauß auch dort nicht nur als einen Mann mit klaren politischen Überzeugungen, sondern auch als einen fairen Vorgesetzten, der ein offenes Ohr für seine Leute hatte. Immer wieder schob er mir für meinen nach wie vor kränkelnden Vater etwas zu, einmal ein Weißbrot, ein andermal eine Portion Butter oder Honig. Franz Josef Strauß setzte sich auch dafür ein, dass ich zusammen mit meinen Eltern so schnell wie möglich die Heimkehr nach Bonn antreten konnte.

Ich denke gern an die Zeit im Schongauer Landratsamt zurück, so kurz sie auch war. Mein Kontakt zu Franz Josef Strauß blieb erhalten, auch dann noch, als ihn sein Mandat als Bundestagsabgeordneter in die neue Hauptstadt Bonn führte.

Im Juli war es endlich so weit, wir erhielten die nötigen Papiere und konnten in unsere Heimat zurückkehren. Welch ein Glück, wir fanden unsere Mietwohnung tatsächlich unversehrt vor! Sehr überrascht waren wir jedoch, als wir sie voller fremder Menschen antrafen. Drei obdachlos gewordene Familien waren inzwischen in unserer Wohnung einquartiert worden. Es blieb uns nichts anderes übrig, als uns in den beschränkten Räumlichkeiten zu arrangieren. Und es gelang – wir rückten einfach alle zusammen.

Angesichts der Not und des Elends ringsum, inmitten der sinnlosen Zerstörung, die der Krieg hinterlassen hatte, fiel das nicht schwer. Bonn hatte stark gelitten: Siebzig Prozent der Wohnhäuser waren beschädigt, zwanzig Prozent völlig zerstört. 1968 Zivilisten starben im Bombenhagel, 3686 blieben in den Trümmern vermisst, und 3662 hatten schwer kriegsbeschädigt überlebt.

Wir lernten den Hunger kennen in jenen Nachkriegsjahren. Je nach Alter und Schweregrad der körperlichen Arbeit erhielt jeder Einwohner seine monatliche Lebensmittelkarte zugeteilt;

die Ration für ein Kind war zum Beispiel geringer bemessen als die für einen Erwachsenen oder einen schwer arbeitenden Menschen. Doch die Zuteilung der Nahrungsmittel reichte für niemanden aus. So betrug im Jahr 1947 die tägliche Ration Brot 350 Gramm. Nicht selten wogen Familienmütter der Gerechtigkeit halber jede einzelne Brotscheibe ab.

Man versuchte zwar, die Versorgung der Bevölkerung mithilfe von Lebensmittelkarten gerecht zu gestalten, aber die Realität war trotzdem meist planlos. Die Karten waren da – die den Menschen zustehenden Lebensmittel oft aber nicht. Häufig verbreitete sich wie ein Lauffeuer die Nachricht, dass es hier oder dort gerade Brot oder Zucker gebe. Dann reihte man sich schnell in die langen Schlangen ein und hoffte, dass noch etwas übrig war, wenn man endlich selbst an die Reihe kam.

Der Schwarzmarkt blühte, und ein völlig neues Vokabular entstand. Da wurde »organisiert« und »gemaggelt« – so nannte man es, wenn jemand versuchte, sich Nahrungsmittel auf eigene Faust zu besorgen, also ohne Lebensmittelmarken. Was wurde nicht alles versucht, um an ein bisschen Geld oder an etwas zu essen zu kommen: Man sammelte Schrott aus den zerstörten Häusern und verkaufte ihn. »Kippen« der Besatzungssoldaten waren eine äußerst beliebte Fundsache, denn es lohnte sich, die Tabakreste zu sammeln, neu zu rollen und für bis zu fünf Mark pro Zigarette auf dem Schwarzmarkt zu »vermaggeln«. Die Zigarettenwährung einer echten »Ami« entsprach immerhin dem Wert von bis zu acht Mark. Die Not war so groß, dass die Polizei entweder machtlos zusah oder selbst beim »Maggeln« mitmischte. In jener Zeit machte die Ansprache des beliebten und menschennahen Kölner Kardinals Josef Frings von sich reden, die dieser 1946 zu Silvester gehalten hatte: Sie gestattete das »Nehmen« – also mit anderen Worten das Stehlen oder den Mundraub –, sofern man nicht mit Geld oder durch Bitten an das Lebensnotwendige gelangen konnte. Der so entstandene Begriff, das »Fringsen«, ist bis heute nicht vergessen.

Als es auf den Herbst zuging, kam zum Hunger die Kälte. Neben den Lebensmitteln waren auch Kohlen ein rares und begehrtes Gut. Kohlenklau gehörte zur Tagesordnung. Bald wusste jeder ganz genau, wo die mit Briketts beladenen Güterzüge, die als Reparationsleistung ins Ausland rollten, langsamer fuhren. Dort sprangen insbesondere junge Menschen auf die Waggons und warfen das kostbare Brennmaterial hinunter. An den Bahndämmen lasen andere die Kohlen auf, um zuhause ihre Familien vor der Kälte zu schützen. Viele Bäume wurden damals zu Brennholz, bald war nicht nur der Venusberg fast kahl geschlagen.

Wie froh war ich, als ich kurz nach unserer Rückkehr bei einem Hals-Nasen-Ohren-Arzt als Sprechstundenhilfe Anstellung fand. Begeistert stürzte ich mich in die Arbeit. Umso größer war meine Enttäuschung, als ich nach einiger Zeit feststellte, dass die Liebenswürdigkeit meines Chefs ein klares Ziel verfolgte: Seine Frau lebte außerhalb der Stadt, und so sah er in der jungen Sprechstundenhilfe einen willkommenen »Ersatz«. Als er eines Tages zudringlich wurde, gab ich ihm eine schallende Ohrfeige und kündigte auf der Stelle. In einem höflichen Brief entschuldigte er sich und bat mich darum, meine Arbeit wieder aufzunehmen. Ich räumte ihm eine zweite Chance ein, gab aber diese Arbeitsstelle, wenn auch schweren Herzens, endgültig auf, als er sein zudringliches Verhalten nicht änderte.

Es waren harte Zeiten, diese Nachkriegsjahre. Ganz Deutschland war damit beschäftigt, die Scherben des Krieges zusammenzukehren – die »greifbaren« ebenso wie die seelischen Trümmer. Wie viele Familien waren auseinandergerissen? Wie viele Frauen wünschten sich Nachricht von ihren Söhnen, Ehemännern, Brüdern und Freunden – in der Ungewissheit, ob diese in Gefangenschaft, verwundet oder gar gefallen waren? Auch meine Eltern und ich warteten Tag für Tag auf Nachricht von Ernst. Und ebenso sehr sehnte ich mich nach einem Lebenszeichen von meinem geliebten Freund. Meine Geduld wurde immer wieder auf eine harte Probe gestellt: Euphorie nach dem Erhalt eines Briefes – selbst wenn er Monate alt war und eine lange Irrfahrt hinter sich hatte – wechselte mit dunklen Phasen voller Traurigkeit. Im Oktober 1945 endlich war es so weit: Nach mehr als einem Jahr konnten wir einander wieder in die Arme schließen.

In der französischen Kriegsgefangenschaft hatte Hans-Robert von den verheerenden Bombenangriffen auf Bonn gehört. Da meine Post ihn nicht erreicht hatte, wähnte er mich unter den Opfern. Nun aber holten wir in langen Gesprächen nach, was wir während der Zeit der Trennung entbehrt hatten. Gemeinsame Konzert- und Theaterbesuche, kleine Ausflüge und Wanderungen – alles war wie zuvor, und mir schien, als sei ich noch nie in meinem Leben so glücklich gewesen.

Und doch. Mein Tagebuch spricht von Stunden, in denen mich ein ängstliches Gefühl beschlich. Ich konnte mir meine Unruhe nicht erklären. Wenn Hans-Robert und ich am nächsten Tag beieinander waren, hatte ich das alles wieder vergessen. Die Gefühle, die wir füreinander hegten, schienen während der Trennung noch gewachsen zu sein.

Eines Abends – wir wollten gerade in die Aufführung des »Faust« gehen – wirkte Hans-Robert besonders ernst.

»Wir müssen miteinander reden, Rosi«, sagte er.

Natürlich war mir seine Sorge wichtiger als das Theaterstück.

»Was ist mit dir?«, fragte ich.

Und dann vertraute er mir den tiefen Konflikt an, in den er geraten war.

»Ich habe keine Ruhe mehr«, gestand er mir, »da ist etwas, was mir den Schlaf raubt. Du weißt, wie sehr ich dich liebe.

Und dennoch spüre ich tief in meinem Innern, dass Gott mich haben will. Aber wie kann ich … schließlich haben wir uns gegenseitig versprochen … Ich kann nur dann Priester werden, wenn du damit einverstanden bist.«

Was für eine Eröffnung! So viele gemeinsame Zukunftspläne hatten wir geschmiedet, und nun mussten wir diese Entscheidung treffen. In der Liebe, die uns verband, rangen wir gemeinsam unter Schmerz und Tränen darum, den richtigen Weg zu wählen. Schließlich fanden wir beide die Kraft zum vollen »Ja« mit all seinen Konsequenzen: Wir mussten einander ganz aufgeben, damit Hans-Robert für das Priestertum frei wurde, mussten auf alles verzichten, was uns bisher so tief verbunden hatte.

»Aber du bist ebenfalls frei für deinen eigenen Weg, auch wenn du eines Tages einmal heiraten möchtest«, versicherte mir Hans-Robert beim Abschied. Doch ich sah immer klarer meinen eigenen Weg vor mir: So hoch ich das Familienleben schätzte, fühlte ich doch deutlich, dass auch auf mich eine andere Aufgabe als Ehe und Mutterschaft wartete. Welche, das wusste ich damals noch nicht, und ich suchte auch nicht nach ihr. Aber der Entschluss, den ich damals als Achtzehnjährige fasste – und den ich bis heute nicht bereut habe –, stand fest: Ich wollte frei für einen anderen Weg sein, und darum würde auch ich nicht heiraten.

Eine Familie zu gründen und daneben noch einen Beruf auszuüben oder gar eine Berufung zu finden – das war vor fast siebzig Jahren für eine Frau noch undenkbar. Beides schien damals nicht miteinander vereinbar. Oft wurde ich gefragt, warum ich mich als gläubige Christin nicht für ein Klosterleben entschied. Tatsächlich stand ich manches Mal vor Klostertoren, spürte aber immer ganz deutlich, dass ich dort nicht hingehörte. Bei der mir eigenen Freiheitsliebe hätte ich es nicht geschafft, mich in strenge Ordensregeln einzuordnen.

Für meine Eltern war es ein Schock, als ich ihnen meine Entscheidung eröffnete: Den einen Sohn hatte ihnen der Krieg geraubt, der andere war in polnische Gefangenschaft geraten. Wie sehr hatten sie sich von der einzigen Tochter einen guten Schwiegersohn gewünscht und auf Enkelkinder gehofft! Aber mein Entschluss stand unumstößlich fest.

Hans-Robert und ich hatten voneinander Abschied genommen.

Immer größer wurde in mir der Wunsch, Theologie zu studieren. Aber welche Chancen hatte ich dafür: ohne Abitur, dazu als Frau?

Ich versuchte es dennoch – und siehe da, durch einen Fehler in der Verwaltung konnte ich mich tatsächlich an der Universität Bonn für Theologie einschreiben, wenn auch von Anfang an feststand, dass in diesem Fach für mich, wie für alle Frauen, ein Abschlussexamen ausgeschlossen sein würde. Drei Jahre lang war ich voller Begeisterung dabei. Ich war die einzige Studentin in der Fakultät, meine Kommilitonen akzeptierten mich und nannten mich freundschaftlich »die Päpstin«. Unsere Professoren allerdings reagierten unterschiedlich: Die meisten »übersahen« mich einfach oder begrüßten uns mit »meine Herren«, als sei ich gar nicht anwesend, da half auch der Füße scharrende Protest meiner männlichen Kommilitonen nichts. Der jüngste unserer Dozenten dagegen begann die Vorlesung mit der Begrüßung »Meine Dame, meine Herren« und verdiente sich damit den Applaus meiner Kollegen.

Neben meinem Studium engagierte ich mich in verschiedenen sozialen Bereichen, in der »Katholischen Jugend« und in der »Katholischen Studentenbewegung«, und dabei lernte ich beeindruckende Priesterpersönlichkeiten kennen, die mich zweifellos für die Zukunft prägten.

Da war vor allem Kaplan Hermann Hieronymi, ein wahrer »Vagabund Gottes« mit einer beeindruckenden, charismatischen Ausstrahlung, der trotz aller Einfachheit – oder vielleicht gerade deswegen – so überzeugend war. Es war sein konsequentes Handeln, das ihn so glaubwürdig machte. So konnte zum Beispiel ein Schuhmacher seiner Gemeinde eines Tages nicht länger mit ansehen, dass der Priester mit total zerrissenen Schuhen am Altar stand. Er fertigte ein neues Paar für ihn an. Doch am nächsten Sonntag trug der Kaplan wieder seine alten, zerschlissenen Schuhe. »Da war so ein armer Kerl, der hatte überhaupt keine Schuhe an den Füßen, besaß nicht einmal Strümpfe«, lautete Hieronymis Antwort, als der verdutzte Schuster nach dem Verbleib seines Geschenks fragte, »der hatte die neuen Schuhe nötiger als ich.«

Seine Mutter erzählte mir, dass sie sich eines Nachts gewaltig erschreckt habe. Sie sei von verdächtigem Lärm im Keller erwacht und habe geglaubt, Einbrecher seien im Haus. Als sie ganz vorsichtig nach unten stieg, den vermutlichen Räubern auf der Spur, fand sie ihren Sohn Hermann. Er war dabei, leere Lebensmittelsäcke aus CARE-Paketen aufzutrennen und zu waschen, um sie als Betttücher für die »Heimstatt« nutzen zu können.

Die Heimstatt-Bewegung, die von Bonn ausging, war Kaplan Hieronymis Werk. Er hatte sie für obdachlos gewordene Kinder und Jugendliche, die vom Krieg entwurzelt auf der Straße lebten, gegründet, um ihnen Heimat und Geborgenheit zu geben. Mit Freude arbeitete ich, wann immer ich Zeit hatte, in dieser Bewegung mit.

Nicht selten kam es vor, dass mich der stets einsatzbereite Kaplan noch nachts um zwölf aus der Wohnung klingelte, wenn er mich irgendwo brauchte. Die Arbeit mit diesen aus der Bahn geworfenen jungen Menschen stellte eine echte Herausforderung für mich dar. Obwohl manche der Jungen älter waren als ich, fassten sie Vertrauen zu mir, und ich wurde so etwas wie eine Schwester für sie. Mehrmals unternahmen wir gemeinsame Ausflüge, sogar Ferienfahrten ins Berchtesgadener Land. Das Erleben einer liebevollen und harmonischen Gemeinschaft während dieser Fahrten war für die jungen »Heimstättler« etwas völlig Neues.

Kaplan Hieronymi war es auch, der mich eines Tages zu einer Barackensiedlung am Stadtrand von Bonn mitnahm, Lindenhof genannt. In den ersten Nachkriegsjahren lebten dort viele Menschen in großer Not, sie litten unter den primitiven Lebensbedingungen, und ganz besonders betroffen waren ihre Kinder. Gemeinsam mit Studienkollegen versuchte ich, ein wenig Freude in ihr Leben zu bringen, Hoffnung zu spenden und neue Perspektiven für eine bessere Zukunft aufzuzeigen. Zunächst ging es einfach darum, ihnen zuzuhören. Und mitunter zu helfen, ihre Teller zu füllen.

Besonders ein Studienkollege, Franziskanerpater Martin Bodewig, unterstützte mich bei der Sozialarbeit mit Rat und Tat. Im Advent 1946 hatten wir es uns in den Kopf gesetzt, dass jedes dieser Kinder einen Weihnachtsteller mit einem Pfund Plätzchen bekommen sollte. Ein Bonner Bäcker erklärte sich bereit, die großen Mengen kostenlos zu backen.

»Wir brauchen ungefähr zwei Zentner Plätzchen«, erklärte ich.

»Na gut«, meinte er, »dann brauche ich entsprechend viele Zutaten.«

Damals hatten wir alle kaum genug zum Leben, die Lebensmittelmarken deckten nicht einmal den täglichen Bedarf. So mussten wir zu denen gehen, die mehr besaßen als die Städter, zur dörflichen Bevölkerung. Pater Martin und ich waren viele Tage unterwegs, gingen von Haus zu Haus, von Hof zu Hof, klopften an unzählige Türen, um die erforderlichen Mengen an Mehl, Butter und Eiern zusammenzubetteln. Endlich hatten wir es geschafft. Ein LKW-Besitzer fand sich bereit, die wertvolle Ware kostenlos einzusammeln und nach Bonn zu bringen. Es war ein bitterkalter Dezembertag, als wir zu dieser Fahrt aufbrachen. Nachdem wir alles auf die offene Ladefläche des Lastwagens gepackt hatten, verkrochen wir uns frierend ins Fahrerhaus. In Bonn angekommen stiegen wir aus – und erstarrten vor Schreck: All die guten Sachen waren verschwunden, der Wagen war leer. Sogenannte Autospringer waren während der Fahrt auf den Lastwagen geklettert und hatten alles abgeräumt.

Ich konnte nicht anders, ich heulte los. Doch Pater Martin meinte nur: »Komm. Wir fangen nochmal neu an.«

Ich wischte meine Tränen ab und nickte. Wir zogen erneut los, bettelten abermals die notwendigen Zutaten zusammen und konnten tatsächlich jedem Kind und jedem Jugendlichen vom Lindenhof zu Weihnachten einen Gabenteller bereiten. Ihre Freude war unfassbar!

Solche Erlebnisse schweißen zusammen – Pater Martin und ich wurden Weggefährten fürs Leben. Später sollte er mir bei meiner Arbeit für die Andheri-Hilfe Bonn als Vorstandsmitglied und kompetenter Berater treu zur Seite stehen. Er war Wissenschaftler mit Leib und Seele, und in seiner Arbeit – mittelalterliche Textkritik großer Theologen wie Johannes Duns Skotus und Nikolaus von Kues – ging er völlig auf. Daneben aber drängte ihn sein großes Herz dazu, anderen Menschen zu helfen, und wie die Geschichte mit den Plätzchen zeigt, gehörte er nicht zu den Menschen, die schnell aufgaben. Da hatten wir wohl einiges gemeinsam.

Nach sechs Semestern an der Theologischen Fakultät stellte sich für mich die Frage, wie es nun weitergehen sollte. Ich wollte gern Religionslehrerin werden, und dazu brauchte ich einen Studienabschluss. Aber der war damals an der Katholischen Fakultät für mich als Frau nicht möglich. Da erfuhr ich zufällig durch eine Anzeige von der sogenannten katechetischen Ausbildung in Beuron an der Donau. Ich bewarb mich, wurde angenommen und verbrachte dort von 1950 bis 1951 eine herrliche Zeit.

Mein Ziel lag klar vor mir, ich wollte ehelos bleiben und mich ganz für meinen Beruf einsetzen. Doch da ich diese Entscheidung nicht vor mir hertrug, geriet ich hin und wieder in Situationen, in denen ich sie neu bestätigen musste.

Am Berchtesgadener Ferienlager der Heimstatt-Bewegung nahm ein Praktikant teil. Wir verstanden uns gut, und es traf mich hart, als er schwer erkrankte. Herbert kam ins Krankenhaus, und die Diagnose lautete auf Herzinnenhautentzündung. Er selbst ahnte nicht, wie ernst es um ihn stand, mir aber war bekannt, dass er nicht mehr lange zu leben hatte.

Wir blieben in Kontakt, und als ich nach Beuron fuhr, trat Herbert in der Nähe von Worms eine Stelle als Erzieher an. So konnten wir für etwa die Hälfte der Strecke denselben Zug nehmen. Während dieser Fahrt eröffnete mir Herbert, wie er sich seine Zukunft vorstellte: Er wollte ein Kinder- und Jugendheim errichten – und zwar mit mir als Ehefrau und Mutter seiner Kinder.

Was sollte ich da sagen? Mein Nein stand fest, denn ich hatte mich für ein Leben ohne Familie entschieden. Ich wusste, dass seine Tage gezählt waren – sollte ich ihm mit einem »Nein« wehtun? Ich entschied mich, es nicht zu tun und ihm den Glauben an eine gemeinsame Zukunft zu lassen. Glücklich verließ Herbert in Worms den Zug, mit dem Traum von einer gemeinsamen Zukunft.

Schon bald erreichte mich in Beuron die Nachricht, dass er im Sterben lag. Noch einmal besuchte ich Herbert im Krankenhaus, und als ich eintraf, sagten die Schwestern: »Wie gut, dass Sie kommen, er spricht nur von Ihnen.« Ich blieb so lange bei ihm wie möglich. Dann nahm ich den allerletzten Zug. Drei Stunden später starb Herbert. Ich trauerte um diesen wunderbaren Menschen, gemeinsam mit seinen Eltern, die bis ans Ende ihres eigenen Lebens in mir ihre Fast-Schwiegertochter sahen. Warum sollte ich ihnen diesen Glauben nehmen?

In Beuron hatte ich in den Patres der dortigen Benediktiner-Abtei vorzügliche Lehrer gefunden. Im Seminar war der Geschlechterschnitt exakt umgekehrt wie an der Bonner Universität: Unter lauter Frauen war nur ein einziger Mann.

Wir waren eine überaus lustige Truppe, und so fleißig wir studierten, so ausgelassen waren unsere Streiche. Einmal traf es unseren besonders geschätzten Lehrer Pater Ildefons. Zu seinen Vorlesungen erschien er immer in letzter Sekunde, in Windeseile mit fliegendem Mantelüberwurf. Den warf er dann gezielt auf den Garderobenhaken und erschien gerade noch pünktlich bei seinen Studentinnen plus Student. Nicht weniger eilig hatte er es nach dem Unterricht. Er griff stürmisch nach seinem Cape, warf es im Davoneilen über und verschwand. Als wir einmal an seinem Überwurf heimlich ein Gummiband befestigt hatten, blieb sein Cape nicht wie sonst auf seinen Schultern, sondern schnellte – wie von Geisterhand gezogen – wieder zurück zum Garderobenhaken. Seine Verblüffung hätte nicht größer sein können.

Auch unsere Hausdame blieb nicht verschont. An Ostern hatte sie ein Lamm aus Biskuitteig für uns gebacken. Dekorativ stand es im festlichen Raum. In der Nacht quälte uns der Hunger; wir befanden uns ja immer noch in den mageren Nachkriegsjahren. Also schlichen wir uns in den Speisesaal und fielen über das unschuldige Lamm her, »schlachteten« es aber nicht, sondern löffelten vorsichtig nur sein Innenleben heraus. So blieb die äußere Hülle erhalten, die wir mit Papier füllten. Als am Ostermorgen die in jeder Beziehung gewichtige Dame in feierlicher Zeremonie das Osterlamm darbieten wollte, war ihr Entsetzen groß – und die respektlosen Studentinnen wurden streng getadelt.

Rosi Gollmann
als Lehrerin

Es war eine wunderschöne Zeit, an die ich gern zurückdenke. 1951 legte ich mein Abschlussexamen mit Auszeichnung ab, und es war der beliebte Pater Ildefons, der mir später nach Bonn schrieb: »Sind und bleiben Sie ein netter Kerl, ein Glaubender, Hoffender und vor allem ein Liebender!«

Die folgenden Jahre sahen mich zunächst als Pfarrhelferin engagiert in der Jugendarbeit, dann als Religionslehrerin an verschiedenen sogenannten Volksschulen im Bonner Raum. Besonders gefordert war ich in einer Grundschule in einem sozialen Brennpunkt. Dann wechselte ich an Berufsschulen und später an die Kaufmännische Berufs- und Handelsschule in Köln. Die Arbeit mit jungen Menschen im Alter von fünfzehn Jahren und aufwärts machte mir viel Freude. Da für das Fach Religion im Unterrichtsplan wöchentlich nur eine Stunde, in Ganztagsklassen zwei Stunden vorgesehen waren, unterrichtete ich in etwa 22 bis 25 Klassen gleichzeitig, zum Teil an verschiedenen Schulen. Nichtsdestotrotz engagierte ich mich auch weiterhin im sozialen Bereich, oft gemeinsam mit meinen

Schülerinnen und Schülern, denen ich die christliche Botschaft nicht nur in der Theorie, sondern auch aktiv durch Handeln nahebringen wollte. Mein Leben war reich und erfüllt. War dies also meine Bestimmung – jene besondere Aufgabe, die ich mir nach meiner Entscheidung für die Ehelosigkeit gewünscht hatte?

Ich war viel zu beschäftigt, um darüber nachzudenken. Und dann war es ausgerechnet eine meiner Schülerinnen, die mir einen wichtigen Hinweis gab, der mein Leben in eine völlig neue Richtung lenken sollte.

Kapitel Vier

# Wie alles begann

> Wo befreundete Wege zusammenlaufen,
> sieht die ganze Welt wie Heimat aus.
> *Hermann Hesse*

Alles begann im Jahr 1959. Eine meiner Schülerinnen in der Kölner Kaufmännischen Berufsfachschule, an der ich damals unterrichtete, brachte einen mehrseitigen Artikel in den Religionsunterricht mit. Das deutsche Nachrichtenmagazin *stern* berichtete von der großen Not, die zwei Journalisten in einem Heim für Findelkinder in einem Vorort von Mumbai, damals noch Bombay genannt, angetroffen hatten. Zwölf Schwestern von der Kongregation der Töchter vom Heiligen Kreuz, an ihrer Spitze die deutsche Oberin Anna Huberta Roggendorf, bemühten sich im St. Catherine's Home, unter größten Entbehrungen etwa vierhundert Kindern ein Zuhause zu geben. In dem Artikel hieß es: »Unser Beruf zwingt uns oft, das eigene Herz gegenüber starken Eindrücken zu verschließen ... aber was wir in Bombay sahen, hat uns das Herz berührt.«

So erging es auch meiner Schülerin.

»Da müssen wir doch etwas tun!«, meinte das junge Mädchen, und ihre Klassenkameradinnen und -kameraden stimmten zu. Die Sorge der Schwestern um die tägliche Handvoll Reis für jedes einzelne Kind, ja, um das Allernotwendigste machte auch mich betroffen. Dennoch war meine spontane Antwort: »Wir können nicht alles tun.«

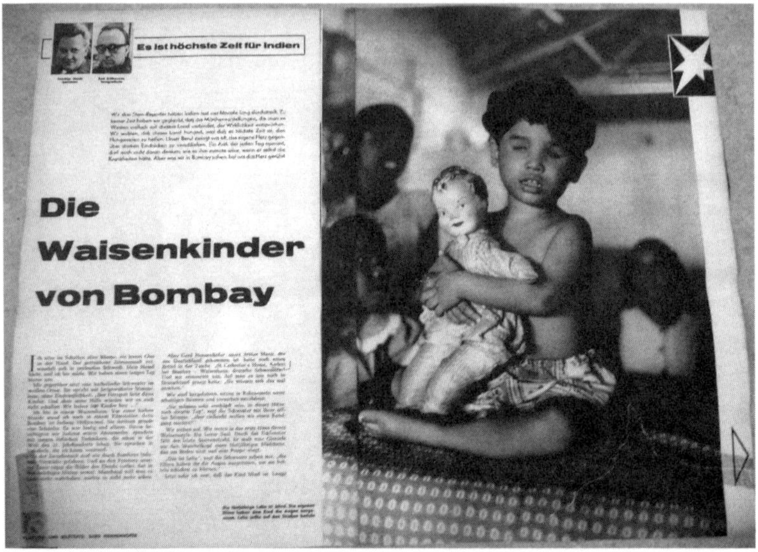

Es ist höchste Zeit für Indien

Die Waisenkinder von Bombay

Der Artikel im *stern*, mit dem alles begann

Denn gemeinsam mit meinen Schülerinnen und Schülern hatte ich bereits mehrere soziale Aufgaben im Umfeld der Kölner Berufsschule übernommen. Für mich war die christliche Religion niemals nur eine Sache der theoretischen Lehre und der Dogmen. Erweist sie sich in ihrem Kern nicht erst in unseren Taten? So kümmerten wir uns um einsame und finanziell schlecht gestellte alte Menschen, um Kranke, nach denen niemand sah. Oft steckte in den Schultaschen meiner »sozial infizierten« Schülerinnen und Schüler neben den Unterrichtsbüchern ein Brikett, das sie von zuhause für diejenigen alten Leute mitgebracht hatten, die sich Heizmaterial nicht leisten konnten. Wir besuchten auch Jugendliche im »Klingelpütz«, wie die Kölner Jugendstrafanstalt landläufig genannt wurde, und das war eine sehr zeitintensive Aufgabe. Mitunter verbrachte ich auch Sonn- und Festtage wie den Heiligabend dort, natürlich nicht zur Freude meiner Eltern.

Die Frage lag also nahe: Sollten wir uns auch noch im fernen Indien engagieren? War es vernünftig? Überstieg das nicht unsere Möglichkeiten?

Ich nahm den Artikel mit nach Hause und las ihn immer wieder. Er ging über mehrere Seiten und war mit beeindruckenden Fotografien bebildert. Der Bericht ließ mir keine Ruhe. Der Kampf der deutschen Ordensschwestern gegen Elend und Not und ihr Versuch, mit den begrenzten Möglichkeiten, die ihnen zur Verfügung standen, vierhundert Kindern ein liebevolles Zuhause zu geben, beschäftigten mich unentwegt. Einige Wochen später holte ich schließlich Erkundigungen über das Kinderheim in Andheri ein, und ich erfuhr, dass es bereits 1922 von der Tochter eines britischen Generals gegründet worden war. Die Schwestern der Kongregation der Töchter vom Heiligen Kreuz mit Hauptsitz in Lüttich hatten es übernommen und nach und nach erweitert. Die prägende Kraft war die aus der Eifel stammende langjährige Ordensoberin, von der im Artikel die Rede war: Schwester Anna Huberta Roggendorf.

Aber der Bericht lag fast ein Jahr auf meinem Nachttisch, ehe ich die Initiative ergriff. Dann wandte ich mich an die *stern*-Redaktion und bat um die Anschrift des Heimes. Am 2. September 1960 schrieb ich Schwester Anna Huberta einen Brief, in dem ich fragte: »Können wir etwas helfen?«

Ihre Antwort kam rasch und klang überaus enthusiastisch: »Ich weiß nun, Sie werden helfen, dass alle etwas zu essen bekommen und einen Platz zum Schlafen; dass wir jetzt nicht mehr alleine sind …«

Das erschien mir übertrieben, hatten wir doch lediglich an eine kleine Aktion gedacht. Dennoch, der erste Schritt war getan. Noch im selben Jahr setzten wir eine erste Idee in die Tat um: Jede Schülerin und jeder Schüler packte für eines der Heimkinder ein eigenes Weihnachtspäckchen mit Toilettenar-

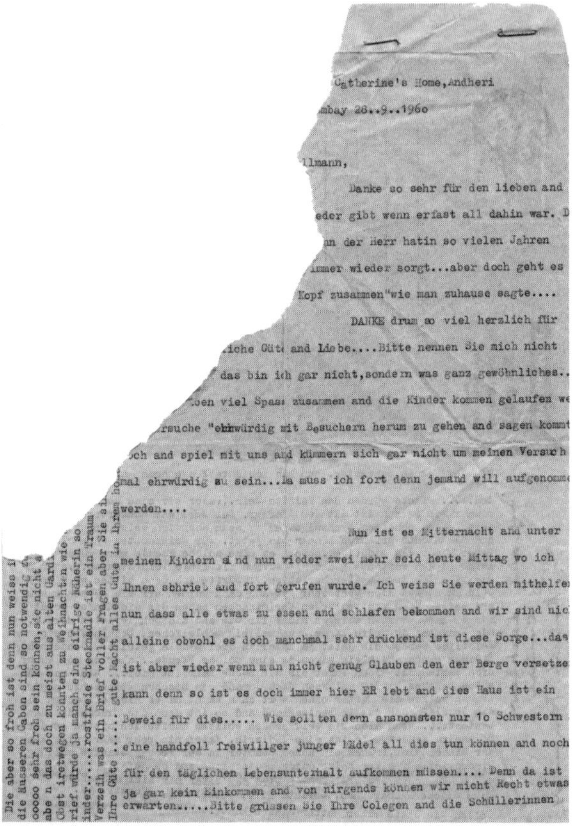

Catherine's Home,Andheri

mbay 26..9..1960

llmann,

Danke so sehr für den lieben and
eder gibt wenn erfast all dahin war. D
n der Herr hatin so vielen Jahren
immer wieder sorgt...aber doch geht es
Kopf zusammen"wie man zuhause sagte....

DANKE drum so viel herzlich für
liche Güte and Liebe....Bitte nennen Sie mich nicht
das bin ich gar nicht,sondern was ganz gewöhnliches..
ben viel Spass zusammen and die Kinder kommen gelaufen we
rsuche "ehrwürdig mit Besuchern herum zu gehen and sagen kommt
ch and spiel mit uns and kümmern sich gar nicht um meinen Versuch
mal ehrwürdig zu sein...Da muss ich fort denn jemand will aufgenomme
werden....

Nun ist es Mitternacht and unter
meinen Kindern sind nun wieder zwei mehr seid heute Mittag wo ich
Ihnen schrieb and fort gerufen wurde. Ich weiss Sie werden mithelfe
nun dass alle etwas zu essen and schlafen bekommen and wir sind nic
alleine obwohl es doch manchmal sehr drückend ist diese Sorge...das
ist aber wieder wenn man nicht genug Glauben den der Berge versetze
kann denn so ist es doch immer hier ER lebt and dies Haus ist ein
Beweis für dies..... Wie sollten denn ansnonsten nur 1o Schwestern
eine handfoll freiwillger junger Mädel all dies tun können and noch
für den täglichen Lebensunterhalt aufkommen müssen.... Denn da ist
ja gar kein Einkommen and von nirgends können wir nicht Recht etwas
erwarten.....Bitte grüssen Sie Ihre Colegen and die Schüllerinnen

Die aber so froh ist denn nun weiss i
die äusseren Gaben sind so notwendig
ooooo sehr froh sein können,sie nicht
abe n das doch zu meist aus alten Gard
öbst iretwegen könnten zu weihnachten wie
rief.würde ja manch eine eifrige Näherin so
inder.....rostfreie Stecknadle ist ein Traum
Verzeih was ein Brief voller Fragen aber Sie s
Ihre Güte....gute Macht alles Güte in Ihrem

Der erste Brief aus Andheri im Jahr 1960

tikeln, die dringend gebraucht wurden: Seife, Waschlappen, Bürste und Kamm, Zahnbürste und Zahnpasta, dazu ein Handtuch, so hatten wir es mit der Heimleitung abgesprochen. Und so packten vierhundert junge Menschen in Deutschland für vierhundert arme indische Kinder vierhundert einzelne Päckchen – vierhundert Mal ein individuelles Geschenk mit persönlicher Note. Jeder packte sein Päckchen selbst und brachte es zur Post; dieser persönliche Einsatz war mir wichtig. Und war die Gabe auch bescheiden, so stellte sie für den Geldbeutel eines Berufsschülers mit der damals geringen Vergütung eines Lehrlings doch ein Opfer dar.

Die Päckchenaktion war ein voller Erfolg. Der Briefträger, der Mühe hatte, die vierhundert Päckchen zum Heim zu transportieren, erkundigte sich erstaunt, ob denn all diese Kinder Verwandte in Deutschland hätten. Die Freude der Beschenkten kannte offenbar keine Grenzen, und Schwester Anna Huberta wurde nicht müde, in ihren Briefen über diese Begeisterung zu berichten. Ein kleines Mädchen, das nie zuvor eine Seife besessen hatte, erklärte nach dem ersten Gebrauch: »Die benutze ich aber nicht jeden Tag! Die wird ja immer kleiner.«

Längst hatte sich ein reger Briefkontakt zwischen Schwester Anna Huberta und mir entwickelt. In lebhaften Worten schilderte sie mir die Situation im Heim, ihre Probleme und Sorgen. Gleich im nächsten Jahr wiederholten wir die gelungene Päckchenaktion, diesmal mit Malutensilien für die Kleinen und Schulmaterialien für die Größeren.

War die Unterstützung auch gering, so sprach sie sich in Köln und Bonn bald herum. Immer mehr hilfsbereite Menschen und Spender kamen hinzu; Eltern von Schülern, Freunde und Verwandte fragten: »Wie können wir helfen?« So konnte ich bereits im Dezember 1960 einige hundert D-Mark per Scheck nach Andheri schicken und auch Sachspenden auf den weiten Weg bringen. Von Anfang an führte ich genauestens Buch und informierte Schwester Anna Huberta über die Spender mit Namen, Adresse und ihren Beiträgen, so dass sie in persönlichen Dankesschreiben den Gebern in Deutschland danken konnte. Absolute Transparenz gegenüber allen Seiten war mir schon damals eine selbstverständliche Verpflichtung.

Am 4. Januar 1961 dankte Schwester Anna Huberta den Schülern herzlich »im Namen aller Kinder, auch des letzten Kindes, das vorgestern Abend ankam: ein hübscher kleiner Bengel von vielleicht fünf Monaten. Ein Polizist brachte ihn, in

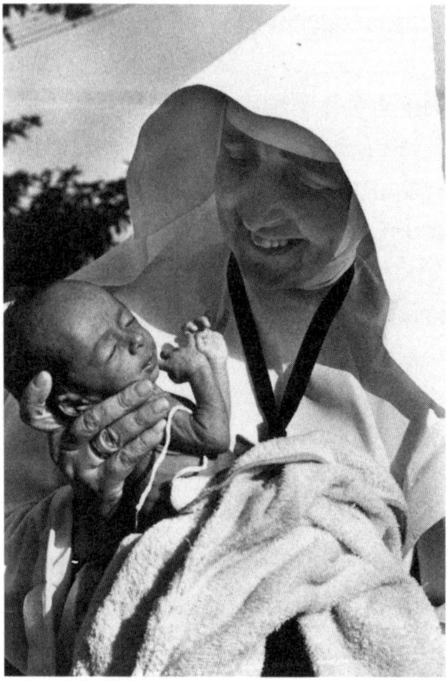

Schwester Anna
Huberta Roggendorf

ein dreckiges Tuch gehüllt. Als ich den Kleinen auf meinem Schoß hatte, musste der Polizist auch den Lumpen wieder haben. Aber der Kleine, nackt auf meinem Schoß, krähte trotzdem vor Vergnügen. Die Schwestern meinten: ›Nennen wir ihn Anand, das heißt Freude, im Namen der Kölner Schüler, die unseren Kindern so viel Freude gesandt haben …‹«

In ihren zahlreichen Briefen schilderte mir die Oberin anschaulich und lebhaft den Alltag in Andheri. So erfuhr ich von den vielen dringenden Bedürfnissen der Kinder. Praktische Fragen wie zum Beispiel nach Zollformalitäten, Transport und Einfuhrbestimmungen standen an. Und doch entspann sich bereits in diesen ersten Jahren eine Freundschaft zwischen uns. So beginnt Schwester Anna Huberta am 23. April 1961 einen Brief an mich mit den Worten: »Liebste Schwester …«, und am

7. Juni schreibt sie: »Es scheint, als ob Sie nur noch für uns lebten und arbeiteten und nichts anderes mehr im Kopf hätten, als nach neuen Ideen zu suchen, wie uns zu helfen sei ... Mit einer geradezu unwahrscheinlichen Begabung bringen Sie konkrete und feste Vorschläge mit solch einer Klarheit vor, dass wir jedes Mal wieder von neuem überrascht sind ...«

Eine besondere persönliche Wendung nahm unsere Beziehung, als sie bereits zwei Wochen später schrieb: »Darf ich mal sagen, was ich so gerne tun würde, hätte ich die Erlaubnis dazu: ›Du‹ sagen und ›Du‹ lesen... denn wir sind uns doch so verwandt.«

In der Tat, wir hatten vieles gemeinsam. Sei es die praktisch zupackende Art, seien es unsere starken Gefühle für diese von allen anderen im Stich gelassenen Kinder. Das hatte nichts mit Gefühlsduselei zu tun, sondern wir spürten beide deutlich, und zwar jede für sich, dass hier ein Aufgabenfeld vor uns lag, dem wir uns nicht entziehen konnten und wollten.

Schon vor der zweiten erfolgreichen Weihnachtspaketaktion im Jahr 1961 wusste ich durch die intensive Korrespondenz, dass es in Andheri an vielen grundlegenden Dingen mangelte. Ihr größter Wunsch, so schrieb Schwester Anna Huberta, sei eine Waschmaschine. Denn noch immer musste die Wäsche der vierhundert Kinder mühsam per Hand gewaschen werden, und zwar nach indischer Art auf Steine geschlagen. Also musste eine Waschmaschine her. Ich wandte mich an viele Privatpersonen, von denen ich hoffte, dass sie uns weiter helfen würden. Auch mit Firmen nahm ich Kontakt auf, und da ich tagsüber unterrichtete, konnte ich mich eigentlich nur abends darum kümmern. Bis tief in die Nacht schrieb ich ungezählte Briefe, und an den Wochenenden sprach ich an vielen Stellen persönlich vor. Das war zwar ermüdend, aber da ich zunehmend auf positive Resonanz stieß, war es auch ermutigend. Absagen schreckten mich nicht ab. Zäh wie ich bin, klopfte ich immer wieder an scheinbar verschlossene Türen, und die meisten öffneten sich irgendwann doch. War es uns schließlich nicht gelungen, in den schwierigen Hungerjahren der Nachkriegszeit nicht nur einmal, sondern gleich zweimal zwei Zentner Plätzchen zusammenzubringen? Dann musste es zu Beginn der sechziger Jahre doch auch zu schaffen sein, für das Kinderdorf in Andheri eine Waschmaschine zu organisieren. Von der guten Sache, den Findelkindern in Andheri zu helfen, war ich inzwischen felsenfest überzeugt und mit mir eine wachsende Zahl an Helfern.

Tatsächlich konnte ich Schwester Anna Huberta bald schreiben, dass nicht nur die lang ersehnte Waschmaschine von einer Firma gespendet wurde, sondern auch ein Kühlschrank. Doch damit nicht genug: 65 Meter Stoff, rund hundert Nachttöpfchen, Babykleidung, kartonweise dringend benötigte Medikamente, Kisten mit hochwertiger Säuglingsnahrung und vieles andere mehr trugen ich und meine Helfer in diesen Monaten für das St. Catherine's Home zusammen. Die kleine Mietwohnung, die ich gemeinsam mit meinen Eltern bewohnte, schien bald aus allen Nähten zu platzen. Nun stellte sich die Frage, wie diese wertvollen Dinge nach Andheri gelangen könnten, wo sie sehnsüchtig erwartet wurden.

Dieses Problem schien gelöst, als eine junge Frau anbot, nicht nur zu spenden, sondern im Frühjahr 1962 selbst nach Indien zu reisen, um in Andheri helfend zuzupacken – eine gute Gelegenheit, die zusammengetragenen Sachspenden mitzunehmen. Eine ganze Reihe von Kisten war bereits gepackt, doch dann wurde unerwartet ihr Visumsantrag abgelehnt. Die Enttäuschung war groß!

Schwester Anna Huberta aber schrieb mir: »Komm und sieh!« Ihr war klar, dass selbst die intensivste Korrespondenz mit vielen detaillierten Fragen und Antworten den eigenen Augenschein nicht ersetzen konnte. »Komm und sieh! Und bring Du die Sachspenden mit.«

Dieser Vorschlag stieß bei mir auf offene Ohren! Zu gern wollte ich ins ferne Indien reisen, die Einrichtung mit eigenen Augen sehen und meine neue Freundin Schwester Anna Huberta und die Kinder, die mir aus der Ferne bereits ans Herz gewachsen waren, endlich persönlich kennenlernen. Aber wie sollte das gehen? Ich hatte berufliche Verpflichtungen, musste meinen Schuldienst leisten. Und wie konnte ich die Reisekosten aufbringen? Mein Gehalt als angestellte Religionslehrerin war nicht hoch; außerdem hatte ich für meine betagten Eltern zu sorgen.

»Komm und sieh!« – meine alte Reiselust war geweckt. Neugierig auf alles Fremde hatte ich gemeinsam mit einer Kollegin und Pater Martin Bodewig, mit dem ich seit unserer Plätzchenaktion für die Straßenkinder von Lindenhof freundschaftlich verbunden war, schon manche Reisen durch halb Europa unternommen. Doch Indien – so weit, so kostspielig, aber zugleich verlockend abenteuerlich. Ja, ich hatte Feuer gefangen, kein Zweifel. Über die Art und Weise, wie ich die Reise finanzieren sollte, gingen meine und Schwester Anna Hubertas Meinung allerdings weit auseinander. Am 8. März 1962 schrieb sie an mich: »Um die Reisekosten mach dir keine Sorgen. Wie viel Geld hast du in diesen Jahren schon für uns investiert. So nimmst du das Geld von den Spenden, denn auch dein Besuch hier wird weiterhelfen. Komm!«

Meine Antwort vom 7. April konnte deutlicher nicht sein: »Das steht fest: Ich werde keinen Pfennig von Spendengeldern für die Reise nehmen.«

Das kam und kommt bis heute für mich nicht in Frage. Keine einzige meiner vielen Projektreisen nach Indien und Bangladesch – ich habe sie nicht gezählt – wurde von Spendengeldern finanziert, immer fand sich eine andere Lösung. Und so war es auch damals. Ich sparte, lebte noch bescheidener als sonst. Und als sich herumsprach, dass ich plante, Andheri persönlich zu besuchen, da drückte mir so manch einer einen Schein in die Hand mit den Worten: »Es ist so wichtig, dass du nach Indien fährst!«

Eine weitere Hürde stellte allerdings meine berufliche Verpflichtung als Lehrerin dar. Ich wollte das St. Catherine's Home kennenlernen und soweit wie möglich tatkräftig mithelfen. Außerdem wünschte ich mir, ein wenig von diesem faszinierenden Land Indien kennenzulernen, schließlich lag es damals absolut außerhalb meiner Vorstellungskraft, dass ich später noch viele Male dorthin zurückkehren würde. Für solche Pläne reichten die Sommerferien allerdings nicht aus. Auch hier fand sich eine Lösung: Glücklicherweise fiel das Pfingstfest in jenem Jahr recht spät, so dass nur wenige Wochen bis zur großen Sommerpause zu überbrücken blieben, für die ich eine Vertretung fand. So war auch diese Hürde genommen. Zwar würde mein Gehalt während dieser Zeit ruhen, doch das nahm ich gern in Kauf. Ich erkundigte mich nach dem kostengünstigsten Reiseweg, und das war per Schiff. So buchte ich für meine Hinreise Anfang Juni 1962 eine Passage in der billigsten Klasse auf dem Passagierdampfer »Victoria« der italienischen Reederei Lloyd Triestino.

Nach Indien! Meine Eltern waren besorgt, und mein Gefährte bei allen sozialen Anliegen, Pater Martin Bodewig, wirkte skeptisch. Ganz allein als junge Frau in eine fremde, weit entfernte Welt aufzubrechen, erschien allen gefährlich. Eine derart lange und abenteuerliche Reise, die mich von Neapel, wo ich an Bord gehen sollte, über Kairo durch den Suezkanal, über Aden im Jemen und Karachi in Pakistan schließlich nach Bombay bringen würde! Namen von Städten, die ich nur dem Namen nach kannte, die aber einen sagenhaften Klang für mich besaßen: Von frühester Jugend an hatte ich mich für die Kunst und Architektur der alten Kulturen begeistert.

Diese erste Indienfahrt war für mich eine Sensation. Heute ist eine solche Reise nichts Besonderes mehr für mich, beinahe jedes Jahr, in manchen Jahren sogar zweimal, habe ich mich in den vergangenen Jahrzehnten auf den Weg gemacht. Ein besonderes Erlebnis war für mich die Reise mit Markus Lanz und seinem Team vom ZDF in diesem Frühjahr. Erst als wir zusammen im Flugzeug saßen, wurde mir bewusst, dass seit meinem ersten Aufbruch nach Indien genau fünfzig Jahre vergangen waren. Fünfzig reiche und mit großer Intensität verlebte Jahre, in denen viel geschehen ist.

Ob ich damals Angst hatte? Gewiss nicht. Aber aufgeregt war ich und neugierig. Zudem hatte ich überhaupt keine Zeit, mich mit Sorgen aufzuhalten, denn die Wochen vor meiner Abreise waren angefüllt mit Kistenpacken. Der Transport der vielen Güter, die wir zusammengetragen hatten, musste organisiert werden. Am Ende waren es neun Tonnen Gepäck, die mit mir verschifft werden sollten. Neun Tonnen in Kisten und Kästen, die allesamt in unserer kleinen Wohnung gepackt, auf halsbrecherische Weise die enge Treppe hinuntergetragen und auf den Weg gebracht werden mussten. Ich fand eine Spedition, die sich bereit erklärte, die Fracht kostenfrei nach Neapel zu bringen. Und die Reederei kapitulierte schließlich ebenfalls vor dem Ansturm meiner Bittgesuche und nahm mein für eine junge Dame zugegebenermaßen etwas üppiges Gepäck umsonst mit an Bord. Bis zum Tag vor meiner Abreise unterrichtete ich noch an meiner Schule. Und schließlich war es so weit.

Am 29. Mai 1962 bringen mich zwei Schulkollegen zum Flughafen Düsseldorf. Nach dem Umsteigen in Frankfurt wird mich mein Flugzeug vom Typ Caravelle der Alitalia über Mailand nach Rom bringen. Dort lebt inzwischen Pater Martin, von seinem Orden zu wissenschaftlichen Arbeiten dorthin berufen. Er wird mich abholen und am nächsten Tag nach Neapel begleiten. Von da an werde ich auf mich allein gestellt sein. Ich bin aufgeregt und voller Erwartungen.

Das Flugzeug hebt ab. Ich sehe aus dem Fenster, bewundere die Wolkenfetzen, durch die das Flugzeug gleitet, und staune darüber, dass ich die volle Strecke zwischen Frankfurt und Mailand, ganze 800 Kilometer, dazu benötige, um mein Abendessen einzunehmen. Als ich mich zurücklehne und meine ersten Tagebuchnotizen mache, ahne ich nicht, welches Abenteuer vor mir liegt. Denn die Grenze, die ich eben begonnen habe zu überschreiten, ist mit keiner anderen Grenzüberschreitung zuvor vergleichbar. Diese Reise wird mein ganzes Leben verändern.

Kapitel Fünf

# Von der Begegnung mit dem Fremden

Es gibt keine Fremden;
sondern nur Freunde,
die man noch nicht
kennt.
*Irische Weisheit*

Noch bevor ich das Schiff betrete, erlebe ich eine der kleinen Überraschungen, die ich so oft erfahre – oder sollte ich sie Zufall nennen, oder gar Wunder? Ich hatte den preiswertesten Platz in der untersten Klasse gebucht, doch auf unerklärliche Weise ist mir eine Kabine in der ersten Klasse reserviert worden. Dankbar nehme ich dieses Geschenk an und gehe an Bord. Welch fremde Welt erwartet mich dort!

Ich hatte mir fest vorgenommen, während der Überfahrt täglich mindestens eine Stunde lang englische Texte zu lesen. In der Schule hatte ich nur wenig Englischunterricht gehabt, und ich hielt es für sinnvoll, mich auf die Gespräche in Indien, die natürlich in englischer Sprache stattfinden würden, vorzubereiten. Aber es kam anders. An Bord traf ich auf eine bunt gemischte, internationale Gesellschaft, in deren Runde ich mich sehr wohl fühlte. Bei Tisch saß ich zusammen mit zwei Chinesen, die mich bald in interessante Gespräche über Gott und die Welt verwickelten. Zu uns stieß ein indischer Kinderarzt, der in Deutschland praktiziert hatte und uns viel aus seinem Leben in zwei Kulturen berichten konnte. Mit einem Philosophen gelangten wir bald zur Erörterung des Freiheitsbegriffs bei Goethe und zu anderen überraschenden Themen. So war die meiste Zeit gefüllt mit angeregten Diskussionen und Gesprächen.

Was ich während dieser Schiffsreise aber ganz besonders genoss, war das Erlebnis der grandiosen Natur. Es war meine erste Seefahrt, und der stetig wechselnde Anblick des Meeres, das Farbenspiel der herrlichen Sonnenauf- und -untergänge, die Delphinschule, die unser Schiff tagelang begleitete – all das sorgte dafür, dass man mich selten in der Kabine bei einem Buch antraf, sondern meistens an Deck. Bei Nacht konnte ich mich an dem geradezu plastisch erscheinenden Sternenhimmel kaum sattsehen, und kein Tag war wie der vorangegangene, keine Nacht glich der anderen. Glücklicherweise machte mir das Schwanken und Schlingern des Schiffes nichts aus. Das kam mir besonders an einigen turbulenten Tagen zugute, als so manch anderer Passagier mit bleichem Gesicht beim Essen erschien oder aber gleich in seiner Kabine blieb. Ich genoss es, im Liegestuhl zu liegen, mich im Pool abzukühlen und etwas zu tun, wofür ich normalerweise niemals Zeit hatte: das »dolce far niente« zu genießen.

Nach Tagen auf offener See zeichnet sich am 3. Juni in der Ferne allmählich eine Küste ab. Nach und nach kann ich weiße, flach gedeckte Häuser erkennen. Wir erreichen Port Said, den Hafen von Kairo und die Einfahrtsrinne zum Suezkanal. Immer detaillierter präsentiert sich das Bild der Hafenstadt, je mehr wir uns nähern. Zusammen mit anderen Schiffen müssen wir auf die Erlaubnis zur Einfahrt in den Hafen warten und gehen zunächst weit außerhalb vor Anker. Einheimische Händler umringen mit ihren Booten unser Schiff und bieten lauthals Früchte, Stoffe, Kleidungsstücke, Lederwaren und vieles andere zum Kauf an. Schließlich legen wir in Port Said an. Aufgeregt erwarte ich meinen ersten Landgang. Während unser Schiff durch den Suezkanal gezogen wird, haben wir Passagiere Gelegenheit zur Stadtbesichtigung Kairos und anschließend zu einer Busfahrt am Nilufer entlang, die uns durch einsame Wüstengebiete führt – bis uns die »Victoria« in Port Taufiq beim Verlassen des Kanals wieder aufnimmt.

Bei der Stadtrundfahrt werde ich zum ersten Mal auf dieser Reise mit dem Elend in diesen Breiten konfrontiert. Ich bin betroffen von den Gegensätzen, die sich mir auftun. Hier prachtvolle Hochhäuser, dort Elendshütten, wie ich sie bisher noch nie gesehen habe. Hier elegante Geschäfte, dort kaum vorstellbar primitive Basare. Hier elegant und westlich gekleidete Menschen, dort Männer, Frauen und Kinder, in Lumpen gehüllt, teils nackt. Hier eine moderne Wasch- und Bügelanstalt, dort ein etwa zwölfjähriger Junge, der sich mit einem riesigen Kohlebügeleisen abmüht.

Die Nacht darauf finde ich lange keinen Schlaf. Wo ist hier Gerechtigkeit, frage ich mich, wo die Würde des Menschen?

Ohne Zweifel genieße ich die Besichtigung der Pyramiden sehr, und auch die Wüstenlandschaft während eines Kamelritts fasziniert mich. Aber die Begegnung mit der Not und dem Elend von Menschen in einem mir bislang unbekannten Ausmaß zieht sich wie ein roter Faden durch all meine Eindrücke und lässt mich nicht los.

Auch in Aden, unserer nächsten Station, begegne ich extremer Armut. Am 7. Juni notiere ich in mein Tagebuch: »Wir nähern uns dem Festland. Gewaltig ragen nackte Felsen zu beiden Seiten der Einfahrt auf. Kein Baum, kein Strauch. Arabische Wüste. Nur einige Salzwerke und Müllgruben beleben das Bild dieser Öde. Ich bin neugierig auf diese fremde Stadt. Im Vordergrund lassen sich vom Schiff aus moderne Wohnviertel mit riesigen Bauten erkennen. Aber durch das Fernglas entdecke ich im Hintergrund Elendsviertel, die wie Schwalbennester an die Felsen geklebt sind. Ungeduldig warte ich darauf, das Schiff

Das Armenviertel von Aden

per Boot verlassen zu können. Dienstbereite Kulis kommen zum Entladen auf unser Schiff. Ein junger Mensch, denke ich, als ich einen von ihnen – mir nur mit dem Rücken zugewandt – sehe. Aber wie erschrecke ich, als er sich umdreht: Seine Haare sind dunkelrostfarben und weiß, das Gesicht ist grau, wirklich grau. Wie eine wieder lebendig gewordene Mumie sieht er aus, eingehüllt in ein zerrissenes, elendes Gewand. Der Arme! Wie gern möchte ich ihm etwas Gutes tun oder etwas Liebes sagen. Oder wenigstens seinen mageren Arm einmal streicheln.«

Es ist keinesfalls die erste Not, der ich in meinem Leben begegne. Nur zu gut sind mir die grausamen Bombennächte in Erinnerung und die unzähligen Verletzten, die ich in der Bonner Arztpraxis behandeln half. Diese Erfahrungen haben mich für immer geprägt. An sie muss ich nun in Aden denken, und an die schweren Nachkriegsjahre, als viele Menschen durch Flucht oder den Verlust ihrer Wohnungen durch Bomben wurzellos geworden waren. Doch der große Unterschied zu den grausamen Erfahrungen während des Krieges und dem, was ich hier wie schon zuvor in Kairo zu sehen bekomme, wird mir deutlich: Der Krieg war in all seiner Grausamkeit ein zeitlich begrenzter Ausnahmezustand gewesen. Hier aber lebten wie selbstverständlich unermesslich Reiche und ebenso unbeschreiblich Arme nebeneinander, als wäre es das Normalste von der Welt. Und keine Änderung in Sicht. Kein Bewusstsein von der Ungerechtigkeit bei denen, die auf der Sonnenseite des Daseins lebten. Die krassen Gegensätze auf engstem Raum stellten hier offenbar ein Stück fester Weltordnung dar. Es störte niemanden. Das war es, was mich in jener Nacht nach meinem Besuch in Kairo nicht schlafen ließ.

Hier in Aden will ich es genauer wissen, möchte mir ein Bild von den durchs Fernglas erspähten Elendsvierteln machen. Ich überrede einen Mitpassagier, mich zu begleiten, und zu zweit machen wir uns auf den Weg. Ich will ins Hinterland, in jene Siedlungen, die Touristen sonst meiden. Überrascht und neugierig schauen uns die Menschen an. Überall schlägt uns Armut entgegen, die Behausungen sind primitiv, die Frauen, so sie überhaupt auf der Straße zu sehen sind, tief verschleiert, die Kinder halb oder ganz nackt. Bettelnd strecken sie uns ihre mageren Arme entgegen. Doch ist es angebracht, hier und dort Almosen zu verteilen? Ich habe meine Zweifel. Ich merke, wie neugierig die Kinder meinen Fotoapparat betrachten, und als ich ein paar Aufnahmen von ihnen mache, sind sie stolz und glücklich. Ich weiß nicht, was sie von mir, der hellhäutigen Frau, denken. Aber ich bin tief betroffen von den armseligen Kindern, den scheuen Frauen und den offensichtlich arbeitslosen Männern, die auf bettähnlichen Gestellen auf den Gassen liegen. Es sind Menschen wie ich, sicherlich ausgestattet mit Potenzialen und Fähigkeiten – aber offenbar ohne jede Chance. Keiner hilft ihnen, ihre Fähigkeiten zu entfalten. Niemand reicht ihnen die Hand auf dem Weg zu einem menschenwürdigen Leben.

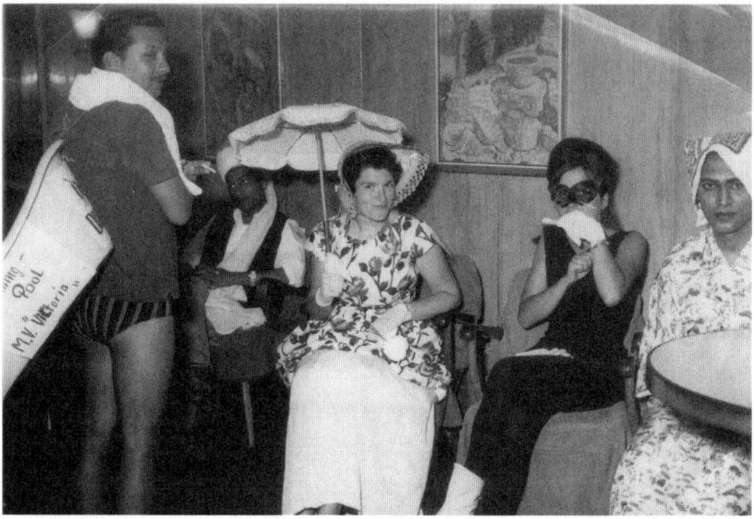


Kostümball auf der »Victoria«

Am Abend sind wir wieder auf dem Schiff. Ich brauche Zeit und Ruhe, um das Erlebte zu verarbeiten. Denn mir bleibt dieser Eindruck der Ungerechtigkeit wie eine Last, die ich mit mir nehme, diese Bilder, die sich mir eingebrannt haben und die ich nicht mehr vergessen werde.

Was mag mich wohl in Indien erwarten? Nur noch wenige Tage trennen mich von meinem Ziel. Ich bin voll neugieriger Unruhe, während unser Schiff ruhig den Indischen Ozean durchquert. Am 8. Juni sagt man uns allerdings bewegte Tage voraus. Gegen Mittag nimmt der Seegang zu, und die ersten Seekranken ziehen sich in ihre Kabinen zurück. Ich stehe an der Reling, schaue über die Wellenberge und frage mich, ob es auch mich bald erwischen wird.

Noch fühle ich mich blendend. Für den Abend – man mag es kaum glauben, so mitten im Jahr – ist ein Kostümball angesagt, und natürlich bin ich dabei. Woher aber soll ich an Bord ein

Kostüm nehmen? Doch der Fantasie sind keine Grenzen gesetzt, und so versuche ich, eines meiner Sommerkleider auf eine Weise zu drapieren, dass es an ein Kleid aus der Biedermeierzeit erinnert. Meinen Strohhut bringe ich durch ein Band in entsprechende Form, von einem Kinderwagen leihe ich mir das Schirmchen aus – und erziele in dieser Aufmachung am Abend sogar den Preis für das originellste Kostüm.

Auf dem Ball versuche ich, meine bedrückenden Erlebnisse an Land zu vergessen, und tanze den ganzen Abend trotz schwankendem Parkett, bis es Mitternacht wird. Punkt zwölf erscheint ein Geiger an meinem Tisch und überrascht mich mit einem Ständchen – zu meinem 35. Geburtstag. Von allen Seiten wird mir gratuliert, und das Fest geht voller Schwung und Freude weiter.

Inzwischen ist der Seegang so stark, dass die Gläser auf den Tischen zu schlingern beginnen und wir sie in den Händen halten müssen. Mir aber macht das alles nichts aus, ich tanze und genieße diese herrliche Nacht bis in den frühen Morgen hinein.

Mein Geburtstag fällt auf den Pfingstsonntag, und wie immer nehme ich an der Morgenmesse auf dem Schiff teil. An diesem Tag zeigt der Seeteufel nicht einmal vor dem Altar einen gewissen Respekt: Weder Kerzen noch Blumen bleiben an ihrem Platz, sogar der Messkelch kommt gefährlich ins Rutschen. Die Ordensschwestern, die ich hier jeden Morgen antreffe, wirken heute unter ihren Hauben ziemlich blass.

So geht es den ganzen Tag lang, und am Abend wirkt die glutrot untergehende Sonne am Horizont wie ein Spielball, den man immer wieder in die Höhe wirft. Mir kann die bewegte See aber immer noch nichts anhaben, und ich bin unter den wenigen standhaften Passagieren, die an diesem Abend das Gala-Dinner anlässlich des Pfingstfestes genießen können. Morgen kommen wir in Karachi an, wo wir einen Tag Landaufenthalt haben. Und dort werde ich erwartet: Die leibliche Schwester der Oberin von Andheri, die zur selben Kongregation wie Anna Huberta gehört, leitet in Karachi eine Höhere Mädchenschule und wird mich am nächsten Morgen im Hafen abholen.

Ein ereignisreicher Tag wartet auf mich, der fast zu einer Vorwegnahme dessen wird, was mich in Indien erwartet. Denn neben ihrer verantwortungsvollen Stellung als Schuldirektorin kümmert sich Schwester Anna Xaveria auch um die arme Bevölkerung. So hat sie am Ende des Klostergartens eine kleine Krankenstation für die Bewohner der umliegenden Viertel eingerichtet. Was mir aber am meisten zu Herzen geht, ist ihr Engagement für Menschen, die durch politische Ereignisse in scheinbar ausweglose Not gerieten.

Es war im Jahr 1947, als das frühere Britisch-Indien aufgeteilt wurde in das Land der Hindus, nämlich Indien, und Pakistan, das Land »der Reinen«, der Moslems. Viele Menschen mussten wegen dieser radikalen Aufteilung nach Religionszugehörigkeit ihre Heimat verlassen, so auch Hunderttausende islamische Inder. Sie kamen in ein ihnen fremdes Land, das mit der riesigen Zuwanderung nicht fertigwurde. Die überforderte Regierung ließ ungezählte Flüchtlinge auf Lastwagen in die Wüste verfrachten und überließ sie dort ihrem Schicksal. Schwester Anna Xaveria hörte davon und folgte ihnen in die Wüste. Sie setzte sich mit all ihrer Kraft für die Vertriebenen ein und erreichte, dass die Regierung wenigstens für ausreichend Wasser und das Allernotwendigste sorgte. So war durch das Eingreifen dieser tapferen Frau mitten in der Wüste ein Dorf für ungefähr fünfhundert Familien entstanden.

Dieses Dorf besuchen wir an jenem Nachmittag, und was ich dort zu sehen bekomme, werde ich so schnell nicht mehr vergessen. Schwester Anna Xaveria geht mit mir von Hütte zu Hütte. Die meisten sind provisorisch aus ein paar Ästen errichtet, anderen Bewohnern ist es gelungen, aus Lehm und Kuhmist eine etwas festere Unterkunft zu bauen. Trotz Elend und Krankheit wirken die Menschen glücklich, dass sie nun in der Fremde eine Bleibe haben, und sei sie noch so einfach. Groß ist ihre Freude, als wir sie nun besuchen, in ihrer Runde Platz nehmen und Anteil an ihrem Schicksal nehmen. Es sind kleine Gesten, die ihre Augen aufleuchten lassen, ein Lächeln, eine zärtliche Berührung ihrer Kinder, ein freundlicher Blick. Mich wundert nicht, dass sie Schwester Anna Xaveria, die sich um sie kümmert, die wie eine Löwenmutter für sie kämpft und auch nicht davor zurückschreckt, an der Wasserpfeife, die reihum geht, zu ziehen, den »Engel von Karachi« nennen.

Zurück an Bord schreibe ich in mein Tagebuch: »Was kann man doch alles erreichen, wenn man den Menschen in seiner Armut, aber auch mit seinen Rechten und in seiner Würde ernst nimmt. Wenn man sich zu ihm stellt, als eine von ihnen, ohne Rücksicht auf Stand und Position, auf Staats- und Religionszugehörigkeit.«

Nur noch zwei Tage auf See trennen mich von meinem Zielhafen. Es sind stürmische Tage, grau und schwarz bäumt sich das Meer und wirft unser Schiff hin und her, als wäre es nichts weiter als eine winzige Nussschale. Die Kraft der Elemente macht mir die Zerbrechlichkeit unserer menschlichen Existenz bewusst wie nie zuvor. In dieser Stimmung erfahre ich, dass ein italienischer Maschinist, der nach dieser seiner letzten Dienstfahrt pensioniert werden sollte, einen Herzinfarkt erlitten hat. Gemeinsam mit der Besatzung bin ich als einzige Passagierin beim Trauergottesdienst dabei, während der Sturm unser Schiff wie mit tausend Armen packt und durcheinanderschüttelt.

Kapitel Sechs

# In der Hölle von Bombay

Man soll einen Menschen nicht bemitleiden.
Besser ist es, ihm zu helfen.
*Maxim Gorki*

»Glad to see you! – So froh, dich zu sehen!«, singen die Kinder und werfen Blumen über Blumen durch das offene Autofenster in meinen Schoß. Ganz langsam fahren wir durch das Tor des St. Catherine's Home. Die Kinder bereiten mir einen Empfang, wie er für eine Königin schöner nicht sein könnte.

Mit herrlichen Blüten über und über beladen steige ich aus dem Wagen und beuge mich zu diesem und jenem Kind. Blumengirlanden werden mir um den Hals gelegt, frische Blütenkränze, bis mir fast die Luft wegbleibt. Mir kommen die Tränen, das habe ich nicht erwartet.

Die Kinder fassen mich an den Händen und ziehen mich mit sich. Sie wollen mir ihre »Kathedrale« zeigen, ihre kleine Kapelle, die sie gemeinsam mit den Schwestern selbst errichtet haben. Hier fallen sie spontan auf die Knie und stimmen ein Danklied an. Danach führen sie mich in einem festlichen Zug zum Schwesternhaus, wo für mich ein Zimmer vorbereitet ist. Den ganzen Weg und die Treppe hinauf ins erste Stockwerk, überall streuen die Kinder Blüten für mich aus. Und als Krönung des Ganzen schmückt die Schwelle zu meinem Zimmer ein Kunstwerk, das einem bunten Teppich in traditionellen indischen Mustern gleicht – aus Erde und farbigem Pulver gestal-

Empfang im St. Catherine's Home

tet. Ich bin überwältigt. Schwester Anna Huberta lächelt über meine Verwirrung. »Willkommen!«, sagt sie, »endlich bist du da. Und jetzt ruh dich ein wenig aus.«

Mir erscheint alles wie im Traum. Da war die Aufregung am Morgen, als unser Schiff in den Hafen von Bombay einlief. Schon von weitem erkannte ich weiß gekleidete Gestalten am Kai, einige von ihnen mit einem schwarzen Kreuz auf der Brust. Das müssen die Töchter vom Heiligen Kreuz sein, dachte ich, und Anna Huberta stand mitten unter ihnen. Endlich durfte ich von Bord gehen. Eine kleine Empfangsdelegation hatte sich eingefunden, um mich abzuholen. Wir begrüßten uns herzlich. Von Anfang an war da nicht das kleinste Gefühl von Fremdheit, ganz im Gegenteil: Wir fühlten uns einander verwandt, verbunden. Ich konnte es kaum erwarten, nach Andheri zu kommen, doch noch musste ich mich in Geduld üben. Zunächst galt es nämlich, die neun Tonnen Gepäck durch die

Zoll- und Einfuhrformalitäten zu manövrieren. Während der Seereise hatte ich mich oft ängstlich gefragt, ob das wohl gut gehen würde. Was, wenn die Zollbeamten Schwierigkeiten machen und die Kisten mit den Geschenken zurückhalten?

Doch alles ging gut. Die Beamten öffneten lediglich eine Kiste und erhoben eine geringe Gebühr – dann gaben sie alles frei. Schwester Anna Huberta heuerte einen Lastwagen an, die neun Tonnen wurden aufgeladen und nach Andheri gebracht.

Nun stehen die Kisten draußen auf der großen Wiese im Zentrum der Anlage des St. Catherine's Home, und von meinem Fenster aus kann ich beobachten, wie viele Kinder sie neugierig umkreisen. Was wohl darin sein mag, scheinen sie sich zu fragen: »Lauter Bleistifte, wie in den letzten Weihnachtspäckchen?«

Am nächsten Tag wird das Geheimnis gelüftet. Nein, es sind nicht nur Bleistifte, auch nicht Schulhefte oder Seifen. Was da alles aus den Kisten zum Vorschein kommt, übersteigt die Vorstellungskraft der Kinder und auch der Schwestern. »Es ist«, staunt ein älteres Mädchen, »wie Weihnachten, Ostern und Geburtstag gleichzeitig – und zwar für all die Jahre zusammengenommen, seitdem ich lebe.«

In diesem Moment wünsche ich mir, dass die Menschen zuhause, die all das ermöglicht haben, sehen könnten, was hier geschieht. Denn ihnen gehört der Dank, ich bin ja letztendlich nur die Beauftragte, die Überbringerin.

Da wird nun jedes kleine und große Teil herausgeholt, hochgehoben, beklatscht und bestaunt. Als die Waschmaschine ausgepackt wird, führen alle zusammen einen Freudentanz auf. Das hätte der Chef der Firma sehen müssen, der das Gerät spendete.

Auch die Mutter meiner Schulfreundin, eine begabte Schneiderin und ein Naturtalent im Organisieren von Stoffen und Nähzubehör, hätte ihre Freude an der Begeisterung der Kinder gehabt. Trotz eigener Armut – ihr Mann war seit vielen Jahren arbeitslos – hatte sie es sich zum Ziel gesetzt, für jedes der vierhundert Heimkinder ein Kleidungsstück zu nähen: ein Kleid, einen Rock samt Bluse für die vielen Mädchen, Hemd und Hose für die Jungen, Spielhöschen für die Kleinen. So findet einige Tage später im Heim ein Ereignis der besonderen Art statt: eine Modenschau. Jedes Kind führt sein neues Kleidungsstück vor – so etwas hat es hier noch nie gegeben, und der Jubel ist unbeschreiblich.

Auf einem meiner Fotos von dieser ersten Reise habe ich die Kleinkinder im »Thronsaal von Andheri« festgehalten. Sie sitzen in Reih und Glied auf den neuen Nachttöpfchen.

Rasch lebe ich mich in meiner neuen Umgebung ein. Zwar gibt es so manches, woran ich mich gewöhnen muss. An einem der ersten Abende zum Beispiel entdecke ich über dem Stück Spiegel an der Wand ein Tier, das so ähnlich aussieht wie eine Eidechse. Wie festgeklebt wirkt es, und im ersten Moment denke ich an einen Scherz der Kinder. Doch dann bewegt es sich, es ist ein Gecko. Ich flüchte mich unter mein Moskitonetz. In den ersten Nächten zucke ich oft erschreckt zusammen, wenn das Netz, von einem Windhauch bewegt, meinen Körper berührt. Es ist das erste Mal, dass ich Europa verlassen habe, mein erster Aufenthalt in einem tropischen Klima. Aber ich habe mich bereits vor der Reise mit solchen und vielen anderen »Überraschungen« auseinandergesetzt und mir fest vorgenommen, sie anzunehmen. Und es gelingt mir auch.

Bald fühle ich mich im St. Catherine's Home wie zuhause. Die Anlage ist übersichtlich, alle Gebäude gruppieren sich um die große Wiese in der Mitte des Areals, wo sich auch der Blumengarten befindet. Der sieht allerdings zur Zeit schwer mitgenommen aus, da die Kinder keine Gelegenheit auslassen, um Blüten zu pflücken und mir zu überreichen, oder Girlanden aus ihnen zu binden und sie mir als Zeichen ihrer Liebe und

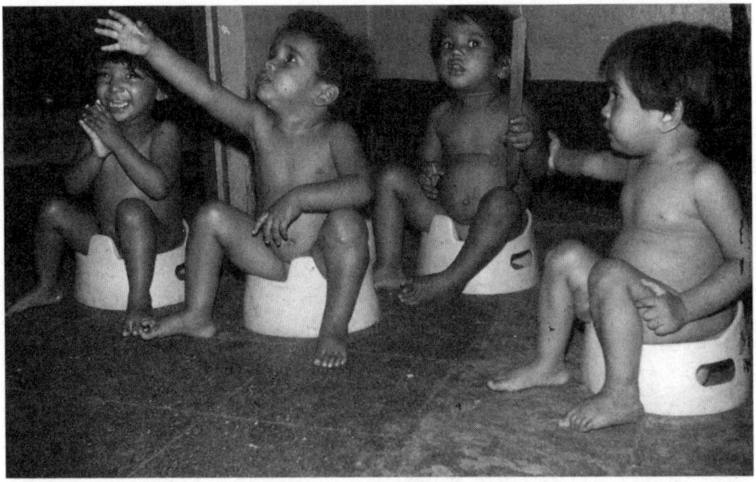

Im »Thronsaal« von Andheri

Dankbarkeit um den Hals zu hängen. Eines Tages muss Schwester Anna Huberta sogar ein paar ernste Worte sprechen und ein »Pflückverbot« verhängen, um die letzten Reste der tropischen Pracht zu retten, die noch nicht von Kinderhänden geerntet wurden. Doch eine nachhaltige Wirkung zeigt die Ermahnung nicht.

Schaue ich aus dem Fenster meines Zimmers im Schwesternhaus, dann sehe ich links an die große Wiese angrenzend das Gästehaus, den Küchentrakt samt Nähraum, die Kapelle, die Mütterstation und das sogenannte Cottage, in dem die Kleinkinder untergebracht sind. Gegenüber dem Schwesternhaus befinden sich das kleine Hospital und die Schule. Rechts reihen sich neben der Nursery, der Babyabteilung mit fast hundert Säuglingen, drei weitere Gebäude, in denen jeweils achtzig bis hundert Kinder untergebracht sind: die Kinderhäuser St. Ann's, Dikush und Nirmala. Für jedes der Häuser ist jeweils eine Schwester zuständig. Unvorstellbar, was nur zwölf Schwes-

Nachtlager im St. Catherine's Home

tern hier in selbstloser Hingabe leisten, ohne Bezahlung, einfach für »Gottes Lohn«. Das ist nur möglich, weil sich die Größeren wie in einer richtigen Familie um die Kleineren kümmern – für manches traumatisierte Kind scheint das geradezu eine Therapie zu sein.

Immer wieder ziehen mich die Kinder in ihre Wohnhäuser. Es sind einfache scheunenartige Gebäude mit nur einem einzigen Raum ohne jede Möblierung. Dieser schlichte Raum ist das Lebenszentrum der Kinder: Hier schlafen sie nachts auf dem Betonfußboden, auf Matten, die sie morgens zusammenrollen und wegräumen, um dann gemeinsam den Raum auszufegen. Hier nehmen sie, auf dem Boden sitzend, ihre einfachen Mahlzeiten ein. Und hier hocken sie auch, wenn sie ihre Schulaufgaben machen oder Bastel- und Handarbeiten für die Basare anfertigen, durch die das Heim einen kleinen Teil seiner laufenden Kosten deckt. In diesen großen Schlaf-, Gemeinschafts- und

Speisesälen sowie auf der Wiese spielt sich das Leben der inzwischen fast fünfhundert Kinder ab.

Endlich fügen sich mir die Beschreibungen aus den Briefen Schwester Anna Hubertas zu einem Gesamteindruck zusammen.

Ich bin beeindruckt von der selbstlosen Hingabe der Schwestern, die fast Übermenschliches leisten, um die grundlegendsten Bedürfnisse der Kinder abzudecken. Doch damit nicht genug: Jedem dieser Kleinen, von denen jedes sein eigenes, trauriges Schicksal hat, schenken sie Liebe und Verständnis. Da ist zum Beispiel die vierjährige Sweety, die man wimmernd in den Straßen Bombays ausgesetzt fand, damals war sie etwa zehn Monate alt. Ob es zutrifft, dass es ihre eigenen Eltern waren, die ihr die Augen ausbrannten, damit sie als Bettlerin »bessere Chancen« haben würde, die Herzen der Reichen zu rühren? Bei der grausamen Prozedur hatte man auch ihr kleines Gehirn verletzt. So ist sie für ihr ganzes Leben nicht nur blind, sondern auch geistig stark behindert. Auch am Rücken hatte sie Brandwunden, und nur langsam konnte sie sich im St. Catherine's Home von ihrer grausamen Verstümmelung erholen. Dennoch ist sie jedermanns Liebling, dankbar nimmt sie die Zuneigung der anderen Kinder an, und wenn Lieder gesungen werden, dann wiegt sie sich im Takt und klatscht in ihre kleinen Hände. Ihre wahre Geschichte wird für uns immer ein Rätsel bleiben, wie es bei fast all diesen Findelkindern der Fall ist. Wer hat Sweety geblendet? Warum wurde sie danach ausgesetzt? Hatten die Eltern – oder wer auch sonst für die Verstümmelung verantwortlich war – bemerkt, dass Sweety nach der Blendung nicht nur blind, sondern auch geistig behindert war, und wollten sich dieser Last entledigen? Über dieses Schicksal, wie über viele andere, können wir nur spekulieren.

Dann ist da die halbwüchsige Lucy, die dreimal entführt und als Arbeitssklavin verkauft worden war, ehe sie im Heim Sicherheit und ein Zuhause fand. Die vielen Narben in ihrem Gesicht sprechen beredt von ihrer Vergangenheit. Umso mehr freue ich mich, Lucy strahlen zu sehen, als sie ein besonders schönes Kleid aus der Geschenkkiste erhält.

Oft werde ich während meines Aufenthalts in Andheri selbst Zeugin von unglaublichen Schicksalen. Da treffen zwei junge Mädchen ein, es sind Schwestern, die eine der vielen indischen Sprachen sprechen, die keine der Betreuerinnen versteht. Nach einigem Suchen findet sich ein Kind, das ihre Geschichte verstehen kann: Die beiden jungen Frauen arbeiteten zuhause auf den Feldern ihrer Familie, als zwei fremde Männer kamen und ihnen erzählten, ihr Onkel aus dem Nachbardorf liege im Sterben. Natürlich gingen die Mädchen mit ihnen. Doch statt zum Sterbebett des Onkels brachte sie ein Bus ins weit entfernte Bombay. Sie waren in die Hände von Mädchenhändlern geraten, verkauft an ein Bordell. Zum Glück gelang es ihnen zu fliehen, und in der großen unbekannten Stadt wies ihnen ein Polizist den Weg zum St. Catherine's Home.

Solche Geschichten scheinen hier keine Ausnahme zu sein. Die beiden Schwestern können wieder in ihr Heimatdorf zurückkehren, eines der Mädchen opfert schweren Herzens ihren goldenen Nasenring, um die Heimreise zu bezahlen. Doch wie viele Mädchen, denen Ähnliches zustößt, schaffen es nicht, sich zu befreien?

Da sind außerdem die blutjungen Schwangeren, die bei den Schwestern Zuflucht finden. Auf der Mütterstation können sie in friedlichem Umfeld ihre Niederkunft erwarten und im Hospital ihr Kind zur Welt bringen. Gleich am dritten Tag nach meiner Ankunft erlebe ich, wie ein zwölfjähriges Mädchen, im achten Monat schwanger, von seiner Mutter hierher gebracht wird. Herzzerreißend weinend klammert es sich an die Mutter, das Mädchen scheint nicht zu begreifen, was ihr bevorsteht. Ob sie missbraucht wurde? Wie auch immer die Vorgeschichte lau-

Die blinde Sweety

ten mag – für die Familie ist die Schande zu groß. Die Schwangere, selbst noch ein Kind, muss ihr Baby unter der Obhut der Schwestern zur Welt bringen.

Fast täglich erlebe ich, wie bettelarme Mütter in auswegloser Not ihre Kinder im Heim abgeben: Sie wissen nicht, wie sie sie ernähren sollen. Und immer intensiver drängt sich mir die Frage auf: Ist es wirklich eine Lösung, gegen die Symptome wie Hunger und Not anzugehen, ohne die Ursachen zu bekämpfen? Welche Mutter gibt denn schon gern ihr Kind her?

Die finanziellen Mittel der Schwestern sind begrenzt. Es fehlt an allem. Jeden Tag ist es aufs Neue eine Herausforderung für die Schwestern, den Hunger der großen Kinderschar zu stillen. Dazu liegen auch die hygienischen Verhältnisse im Argen, es gibt im St. Catherine's Home weder eine vernünftige Toilettenanlage noch eine Kanalisation. Für die Neugeborenen fehlen Bademöglichkeiten, die Küche ist für die Zahl der Kinder viel zu klein. In der Nähe des Heims befindet sich ein Steinbruch, und je nach dem Stand der Sprengungen dort und der Windrichtung legt sich ein feiner, dichter Staub über das Gelände des St. Catherine's Home. Viele Kinder werden von Husten geplagt, Augen entzünden sich, von der Belästigung durch den Schmutz ganz zu schweigen. Erschütternd war für mich auch der erste Besuch im Säuglingshaus. Die Säuglinge, die hier wie Strandgut angeschwemmt wurden, sind schwach und unterernährt. Hygienische Versorgungsmöglichkeiten fehlen. Wie dringend notwendig Unterstützung von außen ist, wird mir erst hier so richtig anschaulich. Ich bin froh, gekommen zu sein, und voller Freude bringe ich mich vom ersten Tag an im St. Catherine's Home ein. Zu tun gibt es tatsächlich mehr als genug.

Das erkannten Jahre zuvor bereits einige der herangewachsenen Mädchen im Heim. Sie blieben und halfen mit, wo immer sie konnten. Bald dehnten sie ihre Hilfe auf Bedürftige in den umliegenden Dörfern und Slums aus. Acht dieser jungen Frauen schlossen sich 1942 als »Helpers of Mary« zusammen und stellten ihr Leben in den Dienst christlicher Nächstenliebe. Immer mehr junge Mädchen und Frauen schlossen sich ihrer Gruppe an, wollten wie die Mutter Jesu die Liebe zu den Menschen bringen; später wurden sie allgemein nur noch die »Marys« genannt.

1984 wurde die »Society of the Helpers of Mary« vom Erzbischof von Bombay als Diözesankongregation anerkannt.

Die Marys, ihre Idee und ihre Arbeit beeindruckten mich sehr. In einfache weiße Saris gekleidet, einen weißen Schleier über dem Haar, gehen sie dorthin, wo sie gebraucht werden: in die armen Dörfer und Slums. In besonderer Weise nehmen sie sich auch der leprakranken Menschen an.

Ich lernte während meines Aufenthalts die Stationen der Marys kennen und ihre Arbeit bewundern, etwa am 4. Juli 1962 in Dharavi, einem der unzähligen Slumgebiete der Millionenstadt Bombay. Die Inder selbst nennen Dharavi »Die Hölle von Bombay«. Für seine besondere, traurige Berühmtheit weltweit hat mittlerweile der mit acht Oscars prämierte Film »Slumdog Millionaire« gesorgt, der 2008 dort gedreht wurde.

An jenem Tag im Juli 1962, als ich mit einigen Marys Dharavi besuchte, regnete es in Strömen – inzwischen hatte der Monsun mit ganzer Macht eingesetzt –, ich war bereits nach wenigen Schritten völlig durchnässt. Ein Lastwagenfahrer hatte Mitleid mit uns und nahm uns die wenigen Kilometer, die Dharavi von Andheri trennen, auf der offenen Ladefläche mit. Da wurden wir natürlich nicht weniger nass. Aber spätestens als wir in Dharavi ankamen, war das alles nicht mehr wichtig.

Wie soll ich meine Eindrücke in Worte fassen? 120 000 Menschen lebten damals auf einem knapp zwei Quadratkilometer großen Gebiet; heute sind es noch bedeutend mehr, wie viele, das weiß niemand genau. Doch was heißt schon »leben« – wer dort gestrandet war, schien bloß noch zu vegetieren. »Obdachlos, einkommenslos, hoffnungslos«, so notierte ich später in mein Tagebuch, tief erschüttert angesichts dieses geballten Elends. Vor einigen Jahrhunderten war Dharavi noch eine Insel, und Fischer fanden hier ein gutes Auskommen. Inzwischen war das Gebiet durch Landbewegungen längst mit dem Festland verwachsen. Handwerker aus allen Teilen des Landes, hauptsächlich Töpfer, Leder- und Textilverarbeiter, strömten aufgrund seiner Nähe zur Großstadt Bombay hierhin, in der Hoffnung auf besseres Einkommen. Sie errichteten ihre einfachen Werkstätten, bis Dharavi durch immer mehr Zuwanderung zu der Hölle wurde, die ich bei meinem Besuch vorfand.

Hütten, die aussahen, als könnte der nächste Windstoß sie umwerfen, reihten sich endlos aneinander, und zwar so dicht an dicht, dass man kaum zwischen ihnen hindurchgehen konnte. Diese schmalen Pfade waren durch den Regen aufgeweicht, und wahre Sturzbäche spülten jegliche Art von Schmutz und Exkrementen mit sich, gurgelten um unsere Füße, so dass ich kaum wusste, wohin ich meine Schritte setzen sollte. Und dazwischen Scharen von Kindern, nackt oder in Lumpen gehüllt, die in den stinkenden Wasserläufen spielten. Kinder, mager, ungepflegt, mit verklebten Haaren, und jedes hatte in diesem Elend ein Lächeln für mich. Sie bestaunten mich wie ein Weltwunder, und nicht nur die Kinder, auch die Erwachsenen starrten mich an – wahrscheinlich war ich die erste weiße Frau, die sich dorthin wagte. Zusammen mit den drei Marys betrat ich einige der Hütten, und dort traf ich noch viel größeres Elend an: In winzigen Räumen lebten zwischen Ratten und Ungeziefer Menschen. Menschen wie ich, dachte ich, Hunderttausende von Menschen wie ich.

Und mitten unter ihnen, so schrieb ich später in mein Tagebuch, leben die Marys. Sie haben sich eine einfache Hütte mit zwei winzigen Räumen gebaut. Der eine dient ihnen als Wohn- und Schlafraum, der andere steht für die Menschen bereit, denen die Schwestern immer ihre Hilfe anbieten. Meistens sind es Frauen, die in schwierigen Situationen bei den Marys Rat suchen oder bei Verletzungen und Krankheit um medizinische Hilfe bitten. Am Nachmittag ist der kleine Raum mit Kindern gefüllt. Dann spielen die Marys mit ihnen, helfen ihnen, ihre Fähigkeiten zu entdecken und weiterzuentwickeln, hier machen die Kleinen erste Bekanntschaft mit Buchstaben und Zahlen. Das Wichtigste ist aber: Die Marys sind einfach stets für sie da.

Ich versuche, mir das Leben dieser drei Marys vorzustellen: die Tage – bis an den Rand gefüllt mit dem Einsatz für diese Armen, ihre Nächte – wenn ihnen, wie sie mir lächelnd erzählen, hin und wieder eine Ratte mitten über das Gesicht läuft. Um drei Uhr in der Früh müssen sie schon wieder aufbrechen, um, wie die anderen Frauen, den halbstündigen Weg zur einzigen Wasserstelle zurückzulegen, denn viel gibt der Brunnen nicht her, und gegen Morgen ist er meist schon versiegt. Und dennoch strahlen diese Frauen ein Glück und eine Zufriedenheit aus, die ich kaum fassen kann. Ausgeglichen und dankbar

Dharavi-Slum: Die Hölle von Bombay

nehmen sie das Leben in diesem unbeschreiblichen Slum sowie die Not ringsum samt Hoffnungslosigkeit in Kauf. Nur drei Marys in Dharavi, denke ich. Es müssten dreißig sein. Es müssten dreihundert sein. Es müsste eine Welle der Gemeinsamkeit, der Hilfsbereitschaft, der Solidarität für diese Marys entstehen. Eines steht fest: Den Slum von Dharavi werde ich niemals mehr vergessen.

Zurück im St. Catherine's Home, ziehe ich mich in mein Zimmer zurück – tief betroffen. Noch immer habe ich die Bilder aus dem Slum vor Augen und kann nicht anders: Ich weine über Dharavi. Ich weine über die Menschen dort. Ich weine über die Ungerechtigkeit. Denn es ist das Unrecht in dieser Welt, die Orte wie diese erst möglich macht. Und der Schmerz über dieses Unrecht brennt in mir wie Feuer.

Von Tag zu Tag wurde mir immer deutlicher bewusst, dass es kein Zufall war, der mir über meine Schülerin jenen *stern*-Artikel in die Hände gespielt hatte. Denn seit ich im Alter von achtzehn Jahren den Entschluss gefasst hatte, nicht zu heiraten, war ich bereit für eine besondere Aufgabe. Nicht, dass ich nach ihr gesucht hätte. Mein Leben in Deutschland war ausgefüllt, und ich war immer davon überzeugt, dass ich dort, wo ich mich gerade einsetzte, am rechten Platz war. Doch die eigentliche Aufgabe meines Lebens legte sich mir in Indien vor die Füße. Und zwar an jenem Abend, als ich in Andheri über das hunderttausendfache Elend in Dharavi weinte. Sie war da, meine besondere Aufgabe. Sie lag ausgebreitet vor mir, wie der bunte Teppich aus farbiger Erde, der bei meiner Ankunft an meiner Schwelle ausgelegt worden war.

Kapitel Sieben

# Die elementare Kraft der Liebe

Am Anfang jedes Erfolges
steht die Begeisterung.
*Anonym*

Man sagt, dass Europäer, wenn sie das erste Mal Indien besuchen, auf zwei Arten reagieren: Entweder sie reisen angesichts der allgegenwärtigen Not sofort wieder ab und kommen nie wieder, oder sie sind von diesem Land auf der Stelle fasziniert und kehren so oft wie möglich zurück. Es war offensichtlich, dass ich zur zweiten Gruppe gehörte. Schon in den ersten Tagen verliebte ich mich so sehr in dieses wunderbare und widersprüchliche Land –Traumland und Alptraumland zugleich –, dass ich mich bald fragte, ob ich nicht vielleicht für immer bei diesen Menschen bleiben sollte.

Zum einen fühlte ich, dass meine Gegenwart im St. Catherine's Home tatsächlich etwas bewirkte. Es gab so viele Bereiche, in die ich mich einbringen konnte. Ein Großteil der laufenden Kosten sowie den Unterhalt des Heims bestritten die Schwestern durch den Verkauf von Handarbeiten auf Wohltätigkeitsbasaren. Wohlhabende Inderinnen organisierten diese gemeinsam mit europäischen Diplomatenfrauen und Unternehmergattinnen, die die gute Arbeit der Schwestern von Andheri schätzten. Für Hand- und Bastelarbeiten, die auf solchen Basaren verkauft werden sollten, konnte ich einige neue Anregungen beisteuern. Immer wieder staunte ich über die

Geschicklichkeit der Kinder, die in der Lage waren, feinste Stickereien anzufertigen.

Schwester Anna Huberta bezog mich auch in ein anderes Projekt mit ein, denn mit Hilfe des deutschen bischöflichen Hilfswerks MISEREOR hatte das Heim ein angrenzendes Grundstück als Ackerland erwerben können.

»Hier wollen wir Obst und Gemüse anbauen«, erklärte mir Schwester Anna Huberta in der ihr eigenen, mitreißenden Art, »und außerdem haben wir noch Platz für eine ganze Herde Kühe.«

Das war ein wichtiger Schritt, um den mageren Speiseplan der Kinder zu bereichern. »Und wenn eines Tages die Erträge den Eigenbedarf übersteigen«, fuhr Anna Huberta begeistert fort, »dann können wir sie auf dem Markt verkaufen. Es gibt viel zu überlegen und zu planen. Möchtest du mir dabei helfen?« Natürlich wollte ich das, und als sich Schwester Anna Huberta am Fuß verletzte und wenig später noch an einer Rippenfellentzündung erkrankte, packte ich auf ihre Bitte hin tatkräftig mit an.

Gemeinsam mit einem einheimischen Landwirtschaftsexperten schritt ich das Gelände ab, wir machten erste Skizzen und Pläne. Noch immer wütete der Monsun, wir wateten durch tiefe Wasserlachen, die sich auf dem neuen Grundstück gebildet hatten. Obwohl meine Gummischuhe bereits den Strapazen zum Opfer gefallen waren, kletterte ich unter den neugierigen Augen vieler Kinder einen steilen Hang hinauf, um von oben das Grundstück besser überblicken zu können. Es regnete in Strömen, und gerade als ich mich mit beiden Händen an Sträuchern festhalten musste, um mich den Hang hinaufzuziehen, wehte mir der Wind den Rock über den Kopf. Ich konnte eben noch sehen, wie unten die kleinen Mädchen voll Schrecken ihre Kleidchen mit beiden Händen am Saum festhielten, so als könnten sie mir damit helfen – eine hilflose, solidarische

Geste, über die ich herzlich lachen musste. Am Ende der Besichtigung aber hatten wir eine brauchbare Liste voller Aufgaben, die vor uns lagen, und eine Vorstellung davon, wie wir das Gelände am besten nutzen konnten.

Als sich der Zustand von Schwester Anna Huberta verschlechterte, bat sie mich zu sich.

»Es hilft nichts«, meinte sie, und ich konnte deutlich sehen, wie die Schmerzen in der Brust sie quälten, »ich muss ins Krankenhaus. Kannst du dich um die wichtigen Dinge kümmern, solange ich weg bin? Das wäre mir eine große Beruhigung!«

Ich versprach ihr, überall einzuspringen, wo immer es nötig und möglich war.

In jenen Tagen, während Schwester Anna Huberta im Krankenhaus behandelt wurde, wurde mir etwas Zukunftsweisendes bewusst. Bis dahin hatte ich geglaubt, dass meine Freude am Engagement für Andheri der Sympathie für meine neue »Schwester«, nämlich Anna Huberta, entsprang. Während ihrer Abwesenheit jedoch wurde mir klar, dass meine starken Gefühle für Indien und für die Kinder im St. Catherine's Home über meine persönliche Freundschaft mit Schwester Anna Huberta weit hinaus reichten. Ich spürte deutlich, wie sehr mir diese Kinder, ihr Wohl und Wehe, ihre Freuden und Leiden ans Herz gewachsen waren.

»Warum bin ich hier so glücklich?«, fragte ich mich in meinem Tagebuch. Die Antwort, die ich selbst darauf fand, lautete: »Weil hier Liebe wohnt.«

Ja, in jenen Tagen bewegte mich die Frage sehr, ob ich ganz im St. Catherine's Home bleiben sollte. Sollte das hier meine Aufgabe sein? Hatte ich tatsächlich in Andheri meinen Bestimmungsort gefunden? Oder würde ich in Deutschland mehr gebraucht?

Mit solchen verwirrenden Gedanken zog ich mich in die Kapelle zurück. Als wäre es gestern gewesen, erinnerte ich mich

Marys teilen
das Leben der Armen

daran, wie die Kinder mich nach meiner Ankunft zuerst an diesen Ort geführt hatten, noch immer klang mir ihr Willkommenslied in den Ohren. Wie konnte das möglich sein, fragte ich mich immer wieder, dass ich gerade hier, wo ich von Not und Elend umgeben war, so glücklich sein konnte. Würde ich es überhaupt schaffen, für immer hier zu leben? Ich dachte daran, dass ich mich erst vor wenigen Tagen vor einem kleinen Gecko über meinem Spiegel gefürchtet hatte. Immer noch zuckte ich zusammen, wenn ein großer Vogel plötzlich zum offenen Fenster hereinflatterte, über meinem Kopf ein paar Kreise zog, um dann wieder so rasch, wie er gekommen war, zu verschwinden. Erst ganz langsam gewöhnte ich mich an all diese Dinge. Inzwischen schlief ich auch nicht mehr unter einem Moskitonetz, es war mir viel zu heiß unter dessen feinen Maschen. Bevor der Monsunregen einsetzte, hatte ich meine Matratze sogar auf die Dachterrasse hinausgetragen, wo es etwas luftiger war als in den stickigen Zimmern. Zwar gruselte es mich immer noch ein bisschen, wenn mir eine Spinne von bislang unbekanntem Ausmaß oder ein Käfer, den ich nicht einordnen konnte, in der Nähe meiner Schlafstatt begegnete. Doch war ich mir sicher, mit solch lächerlichen Ängsten fertigzuwerden.

Meine Neugier auf dieses herrliche Land und seine Menschen überwog, und darum nutzte ich mit Begeisterung jede Gelegenheit, die Marys zu ihren Einsatzorten zu begleiten. Wenn mich auch vor allem ihre Arbeit interessierte, so waren diese Fahrten doch zudem eine willkommene Möglichkeit, das Land und seine Menschen besser kennenzulernen.

So lud mich eines Tages die sehr stille, aber beherzte und zielstrebige Mary Bernadette ein, mit ihr zusammen die Station in Nirmal zu besuchen, rund sechzig Kilometer von Andheri entfernt. Dort kümmerte sich die Schwesterngemeinschaft um die arme Bevölkerung. Die Zugfahrt dorthin genoss ich in vollen Zügen, und während mir Mary Bernadette von den Verhältnissen in dem Dorf erzählte, zog die atemberaubend schöne Landschaft an uns vorüber. So vielfältig hatte ich mir Indien nicht vorgestellt. Da waren die dichten Wälder aus seltsamen, mir unbekannten Bäumen mit langen Luftwurzeln und brettartig geteilten Stämmen, in denen sich fremdartige Vögel und zu meiner großen Freude außerdem Heerscharen von Affen tummelten. Dann gab es Wälder aus hohen Bambusstauden, die ihre raschelnden Blätter in die Höhe reckten, unterbrochen von saftig grünen Landstrichen, in denen Reis angebaut wurde. Und wenn ich überall Männer wie Frauen unermüdlich auf den Feldern arbeiten sah, dann bewunderte ich ihren Fleiß, ihre Ausdauer. Wie schwer diese Frauen auch arbeiteten, waren doch all ihre Bewegungen voller Anmut, ob sie blank gescheuerte Messingkrüge mit Wasser auf ihren Köpfen trugen, die in der Sonne funkelten, ob sie die Erde hackten oder das hochgewachsene Zuckerrohr ernteten. In ihren bunten Saris wirkten sie vor dem Hintergrund der grünen Felder, als seien sie einem Gemälde entsprungen. Aber wenn ihr Anblick auch ein Fest für die Augen war, so vergaß ich nie, welch harte Arbeit sie in diesem Klima verrichteten, das feucht und heiß zugleich ist und auch mir den Atem nahm.

Bis zur Mary-Station in Nirmal gab es keine Eisenbahnlinie, und darum organisierte uns Mary Bernadette für die letzten Kilometer ein Gefährt. So machte ich Bekanntschaft mit einem Tonga, einem von einem Pferd gezogenen Wagen mit zwei großen Rädern.

»Tongas gibt es schon seit mehr als vierhundert Jahren«, erzählte mir Mary Bernadette, als wir auf dem Wagen Platz nahmen. »Die Herrscher der Mogul-Dynastie führten sie damals ein.«

»Ja«, bemerkte ich lachend, als wir die ersten hundert Meter hinter uns gebracht hatten, »das merkt man.« Denn auf der holprigen Seitenstraße, die wir gerade einschlugen, wurden wir ganz schön durcheinandergerüttelt. »Da war ja der Kamelritt in der Wüste Sinai noch bequemer«, meinte ich.

Der Fahrer hatte es nicht eilig, und ich genoss jede Einzelheit, die sich mir am Straßenrand und auf den Feldern darbot: Auch hier gab es viele Reisbauern, die Frauen alle in Saris in demselben Rot gekleidet, die Männer mit Kopfbedeckungen, die sie sich zum Schutz vor Sonne und Regen aus Palmblättern geflochten hatten. Und dann entdeckte ich in der Ferne zwischen einzelnen Baumgruppen ein wunderbares Bauwerk: Es war ein Hindutempel am Ufer eines Sees, in dessen stillem Wasser er sich spiegelte.

»Den würde ich mir zu gerne ansehen«, sagte ich begeistert.

»Sicher ist später dafür noch Zeit«, gab Mary Bernadette zurück.

Und tatsächlich, nachdem ich die Schwesterngemeinschaft in ihren einfachen Behausungen begrüßt und das Wichtigste über die Probleme und ihre Arbeit vor Ort erfahren hatte, wurde mein Wunsch erfüllt.

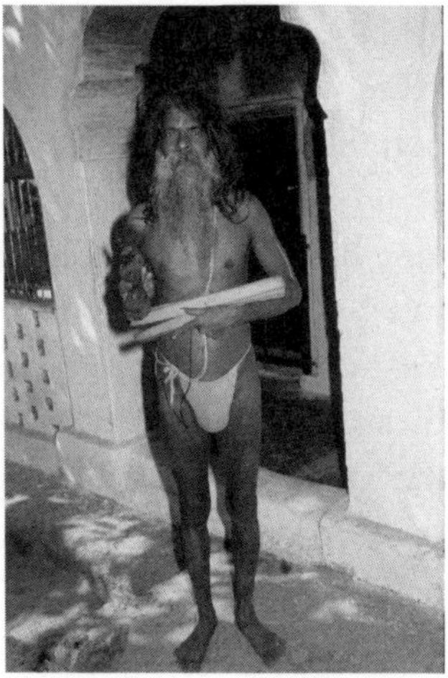

Sadhu vor einem Hindutempel

Die fremden Religionen, in diesem Fall der Hinduismus samt seiner Götterwelt, interessierten mich sehr. Ich wollte wissen, was seine Anhänger bewegt und wie ihr Verhältnis zu den Göttern ist.

Zum Heiligtum führte eine gut befestigte und mit Bäumen gesäumte Straße. Hin und wieder konnte ich in den Häusern die Bilder der Götter auf den Hausaltären sehen, bis die Sicht auf den Tempel am Seeufer frei wurde. Ein Hindupriester empfing uns freundlich und deutete auf unsere Schuhe. Barfuß erlaubte er uns, den Tempel zu betreten, und führte uns von Shrine zu Shrine. Feinste Malereien und Schnitzarbeiten zeigten Abbildungen von Szenen aus den heiligen Veden. Ich bedauerte, die dazu gehörenden Mythen nicht zu kennen, und begriff, dass mir eine ganze Welt verborgen blieb. Lag nicht in ihnen der Schlüssel zu den Menschen hier? Gern wollte ich mehr von dieser mir fremden Kultur erfahren, um so den Menschen näherzukommen.

Ich bin im christlichen Glauben aufgewachsen und derart in ihm verwurzelt, dass ich mir mein Leben ohne diese tragende

Kraft gar nicht vorstellen kann. Gott ist für mich eine ständige Gegenwart und Quelle der Kraft. Aber ich trage meinen Glauben nicht zu Markte. Er gehört zu meinem Leben, so selbstverständlich wie die Luft zum Atmen. Meine Religion ist für mich eine Bindung, die mich frei macht. Und gerade darum kann ich tolerant sein und der Überzeugung anderer Menschen großen Respekt zollen, dem, was für sie göttlich, was ihnen heilig ist. In diesem Geist besuche ich, wann immer es möglich ist, ihre Heiligtümer. Voller Staunen stehe ich dann vor den mannigfaltigen Manifestationen des Göttlichen, so wie damals, bei meinem ersten Besuch in einem Hindutempel.

Ich verließ das Heiligtum, noch ganz versunken in die neuen Eindrücke, da begegnete mir zum ersten Mal eine lebende Schlange. Sie lag ganz still in der Sonne. Ob sie giftig war? Ich wollte es lieber nicht darauf ankommen lassen und hielt gebührenden Abstand. Ich erfuhr, dass den Indern die Schlange heilig ist, weil sie die »Kundalini«-Lebensenergie versinnbildlicht. Voller neuer Eindrücke traten wir die Heimreise an.

Ein paar Tage später wurde ich von einer Hindu-Familie zum Essen eingeladen. Schwester Anna Huberta war mit der Frau des Hauses und ihren Töchtern befreundet, die sich mit ungewöhnlich schönen Stickereien an den Basaren für das Heim beteiligten. Dieses Essen werde ich nie vergessen, war es doch die erste Begegnung meines Gaumens mit den typisch indischen Gewürzen in all ihrer Intensität.

Zunächst schien alles ganz harmlos: Eine köstliche Mango wurde gereicht. Doch als der Hauptgang in vielen kleinen Schälchen aufgetragen wurde, geriet ich in große Verlegenheit. Ein Gericht entpuppte sich als schärfer als das andere, und meine Geschmacksknospen, an deutsche Milde gewöhnt, rebellierten gewaltig. Alles begann zu brennen: meine Lippen, meine Zunge, mein Hals, so dass ich mir kaum zu helfen wusste. Auf meiner Stirn bildeten sich feine Perlen, die meine Schläfen

Großmarkt in Bombay

hinabrannen, und doch wollte ich auf keinen Fall unhöflich sein. Zum Glück verließ die Hausfrau für eine Weile den Raum, und die halbwüchsigen Töchter, die meine Not erkannten, hatten Erbarmen mit mir und nahmen mir meine noch fast vollen Schälchen wortlos mit einem verschwörerischen Blick ab.

Später durfte ich all die herrlichen Saris, Schals und Taschen bewundern, die diese Frauen herstellten. Ich musste lernen, meine Begeisterung und mein Lob in Zukunft besser zu zügeln: Nur mit großer Mühe konnte ich verhindern, dass ein besonders reich bestickter Sari, an dem meine Gastgeberinnen gewiss viele Wochen gearbeitet hatten, als Geschenk für mich eingepackt wurde. Zur Erinnerung akzeptierte ich dann ein kleines besticktes Täschchen – denn ich wollte diese freundlichen Menschen nicht kränken.

In scharfem Kontrast zu diesen Begegnungen standen meine Besuche in Bombay, die eher einem Wechselbad der Gefühle glichen. Neben der Pracht aus der Kolonialzeit und vielen Kulturdenkmälern der reichen, indischen Vergangenheit begegneten mir dort auf Schritt und Tritt die alltäglichen menschlichen Tragödien, und zwar tausendfach. Gleich neben der Fülle des Großmarktes mit seinen farbenfrohen Angeboten und dem Geschrei der Händler sah ich eine junge Frau auf offener Straße vor Entkräftung zusammenbrechen, während sich ihre drei kleinen Kinder verzweifelt schluchzend an sie klammerten. Nur mühsam gelang es mir, sie aus dem Verkehrsgewühl an den Straßenrand zu ziehen. Hilfe bei anderen Passanten fand ich nicht, weder bei einem Ladenbesitzer in der Nähe (»Da hätte ich viel zu tun, das kommt hier alle Tage vor«) noch bei einem Polizisten (»Da kann man nichts tun«). Ich kaufte Wasser und etwas zu essen für die Frau und ihre Kinder, doch dann musste ich sie mit einem schrecklichen Gefühl der Ohnmacht zurücklassen. Wo ist Gerechtigkeit?, fragte ich mich, zum ich weiß nicht wievielten Male, seit ich in Indien war, warum sehen alle nur weg?

Und dennoch fühlte ich mich mit jedem Tag stärker zugehörig. Als Schwester Anna Huberta aus dem Krankenhaus entlassen wurde, vertraute ich ihr meine Gedanken an.

»Soll ich bleiben«, fragte ich sie, »liegt hier meine Aufgabe?« Und ich schilderte meine Erwägungen und Wünsche, aber auch meine Bedenken. Wurde ich zuhause nicht gebraucht? Meine Eltern waren nicht mehr die Jüngsten und ihre Rente sehr gering. Und meine Verpflichtungen meinen Schülern gegenüber? Oder sollte ich nach Hause zurückkehren, um alles für einen bleibenden Aufenthalt in Indien vorzubereiten?

Doch der Pragmatismus meiner Schwester holte mich auf den Boden der Tatsachen zurück: »So gerne«, sagte Schwester Anna Huberta nachdenklich, »würde ich dich hier behalten. Aber im Augenblick bist du dieser schwierigen Entscheidung ohnehin enthoben. Du wirst keine Aufenthaltsgenehmigung bekommen, um für immer hier zu bleiben.«

Als hätte es dieser klaren Antwort bedurft, war ich auf einmal ganz ruhig. Und mir kam der Gedanke, dass es vielleicht meine Aufgabe sei, Menschen in Deutschland von den Zuständen in Indien zu berichten, sie zu sensibilisieren und zum Helfen zu motivieren. Auf diese Weise könnte ein bescheidener Ausgleich zwischen der großen Not hier und dem Überfluss zuhause stattfinden, damit zumindest ein kleines Zeichen der Gerechtigkeit gesetzt werden kann. Mir war klar, dass ich nicht die ganze Welt verändern konnte. Aber warum nicht gemeinsam mit Gleichgesinnten die Welt wenigstens ein kleines Stück gerechter und menschlicher werden lassen?

»Ich werde immer wiederkommen«, sagte ich zu Schwester Anna Huberta.

»Ja«, antwortete sie, »das wirst du. Und du wirst viel bewirken.«

Spontan schlossen wir uns in die Arme. Da war so viel Nähe zwischen uns, so viel Verstehen. Obwohl sie gerade erst von ihrer schweren Krankheit genesen war, strahlte sie eine große innere Kraft aus.

»Gemeinsam«, sagte ich, »werden wir so viel tun, wie wir können.«

Und es gab vieles, was getan werden musste. Wann immer Schwester Anna Huberta Zeit hatte, und das war höchst selten, saßen wir beisammen und besprachen, welche Maßnahmen als Nächstes anstanden. Die Aufgabe war ungeheuer: Über vierhundert Kinder – und ich konnte zusehen, wie es täglich mehr wurden – regelmäßig satt zu bekommen war die erste große Sorge der Schwestern. Die buchstäbliche tägliche Handvoll Reis war noch immer alles andere als selbstverständlich. Zwar waren die Schwestern äußerst kreativ, was die Nahrungsbeschaffung anbelangte, und schreckten auch vor Maßnahmen nicht zurück, wie zum Beispiel vom Flughafen »Santa Cruz« die zusammengeschütteten Essensreste, die die Passagiere übrig gelassen hatten, abzuholen. Doch meiner Ansicht nach konnte das auf Dauer keine Lösung sein. Der Weg zur Selbstversorgung mithilfe des neuen Ackerlands war ein wichtiger Schritt, um irgendwann einmal auf eigenen Füßen zu stehen. Auch die Spenden aus Deutschland sollten, das schlug ich immer wieder vor, für den Aufbau der Selbstversorgung von St. Catherine's Home genutzt werden, damit das Kinderheim eines Tages ohne fremde Hilfe existieren konnte. Warum nicht auch die zuständigen Regierungsstellen immer wieder an ihre Verpflichtung für die eigenen Landeskinder erinnern? Das sollte an erster Stelle stehen.

Ein indisches Findelkinderheim, das auf eigenen Beinen steht. Damals mag das wie ferne Zukunftsmusik geklungen haben – wie die unrealistische Idee einer Fremden, doch der Gedanke ließ mich nicht mehr los. Wenn ich heute in meinem Reisetagebuch von damals blättere – 157 Seiten in sauberer Stenographie –, dann bin ich erstaunt darüber, dass ich bereits damals wichtige Begriffe benutzte, die sich später als programmatisch erweisen sollten. So finde ich immer wieder Aussagen wie »gerechter Ausgleich« oder »Hilfe zur Selbsthilfe«. Da entdecke ich jetzt, fünfzig Jahre später, sogar einen Ausdruck, der erst sehr viel später in der Entwicklungszusammenarbeit große Bedeutung erlangen sollte: Ich schrieb von der notwendigen »Begegnung auf Augenhöhe«.

Es war während eines Besuchs von drei Kolping-Mitarbeitern im St. Catherine's Home, mit denen ich spät abends ins Gespräch kam. Sie waren voller Enthusiasmus nach Indien gekommen, um zu helfen, und doch waren sie nach einiger Zeit seltsam enttäuscht und hatten das Gefühl, viel zu wenig ausrichten zu können.

Ich wandte ein, dass wir uns vielleicht daran erinnern sollten, was der Apostel Paulus seinen Mitarbeitern geraten hatte. Wenn wir wirklich etwas verändern wollten, dann sollten wir den Rö-

Bei den Kleinen in Andheri

mern ein Römer sein und den Juden ein Jude, um von ihnen aufgenommen und akzeptiert zu werden. Also müssten wir versuchen, den Indern ebenfalls Inder zu werden, nicht belehrende Besserwisser, sondern Partner auf gleicher Augenhöhe.

Wie das zu bewerkstelligen war, wusste ich damals selbst noch nicht. Ich ahnte aber, dass auch hier, wie bei so vielem, der Schlüssel in der Liebe zum Anderen liegt, denn die Liebe akzeptiert alles, sie respektiert dessen So-Sein, sie hört zu, schaut genau hin, sie will von dem anderen lernen und wirklich erfahren, worum es ihm geht. Und damit meine ich nicht eine abstrakte Liebe zur Menschheit allgemein, sondern die aufrichtige Liebe, das entschiedene »Ja!« zum einzelnen Individuum. Jene Liebe, die mir in Andheri jeden Tag begegnete und mich den Kindern so nahe fühlen ließ.

Ja, ich wollte wirklich herausfinden, wie sie sich fühlten, die Kinder im St. Catherine's Home. Wie ihr Leben tatsächlich war.

Denn obwohl ich sie täglich vor Augen hatte, lebte ich das Leben eines Gastes, schlief in einem Bett und aß an einem Tisch speziell zubereitete Speisen. Darum durchbrach ich hin und wieder die strenge Hierarchie, die die Schwestern aus gutem Grund für sich aufgebaut hatten, denn um tagtäglich vierhundert Kinder im Zaum zu halten, bedarf es klarer Regeln. Ich aber war zu Besuch da, und deshalb ging ich eines Morgens auf die – vielleicht im Spaß ausgesprochene – Einladung der Kinder ein, mit ihnen gemeinsam zu frühstücken.

»Hallo«, rief ich fröhlich in die Runde. Hundert überraschte Augenpaare schauten mich an. Als ich mich dann zu ihnen auf den Zementboden setzte, waren sie entsetzt. »Nein«, riefen sie alle durcheinander, »das geht doch nicht.« Schon rannte eines los und schleppte einen Stuhl herbei, ein anderes organisierte aus der Küche eine Serviette und ein Tablett, aber ich lehnte alles ab. Nein, ich wollte keine Sonderbehandlung, sondern mein Frühstück genauso einnehmen, wie sie es taten. Und so nahm ich mit gekreuzten Beinen auf dem Boden Platz und teilte ihr Frühstück: stark gewürztes Gemüse mit trockenem Fladenbrot, den sogenannten Chapatis, für jemanden, der in Deutschland aufgewachsen war, doch eher eine unübliche Kost am frühen Morgen.

Die Freude der Kinder war riesengroß. Rasch sprach sich unter ihnen mein Frühstücksbesuch herum, und kurz darauf erhielt ich eine herzliche Einladung von einem anderen Kinderhaus. Leider bekam jedoch die zuständige Schwester von der ganzen Sache Wind und stellte sich mir in den Weg. »Nein«, sagte sie liebevoll und doch streng, »das kann ich nicht erlauben.«

Zunächst tat ich so, als würde ich mich ihrem Befehl beugen. Doch kaum war sie gegangen, schlüpfte ich durch die hintere Tür wieder ins Kinderhaus. Der Jubel der Kinder war unbeschreiblich, und das Schönste für sie war, dass wir nun ein gemeinsames Geheimnis hatten. Ehe die Schwester zurückkam, verschwand ich rasch durch die Hintertür. Dann ging ich um das Haus herum, betrat es mit unschuldiger Miene von vorne und sagte: »Good morning, children! Did you have a nice breakfast?«

Manchmal muss man einfach einen kleinen Streich gemeinsam verüben, denn das verbindet wie nichts anderes. Die Kinder verstanden auf diese Weise, wie sehr ich mich ihnen zugehörig fühlte.

Um ihr Leben noch besser kennenzulernen, wollte ich auch eine Nacht mit ihnen teilen, bei ihnen auf dem Boden schlafen. Den Schwestern blieb mein Plan aber nicht verborgen, und da sie sich für mich verantwortlich fühlten, sich um meine Gesundheit sorgten, wurde wieder ein Verbot ausgesprochen. Statt aber zurück in mein Bett zu gehen, schlüpfte ich ins nächste Kinderhaus und legte mich dort mitten unter die Kinder zum Schlafen.

Das war tatsächlich ein unvergessliches Erlebnis. Nicht wegen der Härte des Zementfußbodens, die durch die Matte kaum gemildert wurde, und auch nicht wegen der stickigen Luft. Hier teilten sich immerhin rund hundert Kinder einen Raum: Da hustete jemand, dort sprach ein Kind im Schlaf, hier stand eines auf und wanderte umher. Natürlich machte ich kein Auge zu. Umso mehr Zeit hatte ich, um nachzudenken. Ich dachte an all die Menschen, die nachts kein Bett haben, in dem sie schlafen können, die nicht einmal einen schützenden Raum um sich haben, so wie diese Kinder hier, sondern die Nacht draußen auf der Straße verbringen müssen. Wie viele von ihnen hatte ich in Bombay gesehen!

An jenem Morgen wurden die Kinder nicht wie sonst durch lautes Klatschen geweckt, sondern ich ging von Matte zu Matte, weckte jedes einzelne Kind – so wie es die Mutter tun würde, die diese Kinder entbehren mussten – mit einem lieben

Wort, einer Liebkosung, einem Kuss. Bis alle munter waren. Und als zur gewohnten Zeit die Schwester kam und meinen Betrug entdeckte, war es zum Schimpfen schon zu spät: Die Nacht war vorbei, und siehe da, Miss Gollmann war noch am Leben.

Eines Abends schlug ich vor, Bilder zu zeigen »vom schönsten Platz der Welt« – mehr verriet ich nicht. Die Schwestern dachten an Rom, die Kinder an Deutschland, doch als im großen Saal die Lichter ausgingen und das erste Dia auf dem Leintuch erstrahlte, waren alle überrascht. Es waren Bilder aus dem St. Catherine's Home, aus Andheri, die ich zeigte, und schon beim zweiten Foto erfüllte Jubel und Beifall den Raum. Ein großes Hallo gab es besonders dann, wenn sich das eine oder andere Kind auf den Bildern entdeckte, sich vielleicht zum ersten Mal im Leben selbst sah. Die ansteckende Begeisterungskraft dieser Kinder machte den Abend zu einem wahren Fest: Andheri – der schönste Ort der Welt!

Viel zu schnell ging meine Zeit in Andheri ihrem Ende entgegen. Mein Abschied wurde in Raten gefeiert, jedes einzelne Haus, auch die Gemeinschaft der Marys, wollte mir eine eigene Farewell-Feier bereiten. Wie sehr mir alle in diesen Wochen ans Herz gewachsen waren, wurde mir nun schmerzlich bewusst. Trauer und Freude lagen in diesen letzten Tagen ganz eng beieinander. Was war es, fragte ich mich wieder, das mir das Weggehen so schwer werden ließ? Am letzten Abend dieser wunderbaren Zeit in Andheri saß ich noch lange ganz allein auf der großen Wiese in der Mitte des Heims und dachte darüber nach. Unter dem tropischen Sternenhimmel wurde mir klar: Es war die Elementarkraft der Liebe, die ich hier wie nie zuvor erleben durfte. Beklommen fragte ich mich, ob mich in meiner Heimat nicht wieder eine andere Welt mit anderen Maßstäben erwarten würde, mit viel Berechnung, mit Materialismus und oft einer beträchtlichen Portion Egoismus.

Beim letzten Abschied bekam ich sie noch einmal hundertfach zu spüren, diese elementare Kraft der Liebe. Und immer wieder versicherte ich: »Ich komme wieder.«

Als der Wagen mit mir zum Tor hinausrollte, kam es mir vor, als erlebte ich in einem rückwärtslaufenden Film meine Ankunft mit umgekehrten Vorzeichen: Wieder liefen die Kinder neben dem Auto her, wieder regnete es Blumen. Nur dass damals alle lachten und feierten, heute aber weinten.

Als wir den Flughafen erreichten, wartete dort ein Grüppchen von Kindern. Sie hatten es sich nicht nehmen lassen, mitten in der Nacht aufzubrechen, um mir kurz vor dem Einstieg ins Flugzeug noch einmal ihre selbstgeflochtenen Blumengirlanden um den Hals zu legen.

Schwester Anna Huberta fasste unseren Abschied, ganz wie es ihre Art war, in kurze, treffende Worte: »Weine nicht, liebe Rosi, denn dies ist kein Ende. Es ist erst der Anfang!«

Mit diesen Worten im Herzen reiste ich ab. Erst der Anfang … Wovon es allerdings der Anfang war, wie unglaublich sich alles in den folgenden Jahren entwickeln würde, das konnten wir beide damals beim besten Willen nicht ahnen.

Kapitel Acht

# Von kleinen und von großen Wundern

Wer nicht an Wunder glaubt,
ist kein Realist.
*Ben Gurion*

Nach meinem langen Aufenthalt in Andheri zieht es mich noch zu der berühmtesten Sehenswürdigkeit in Nordindien: zum Taj Mahal. Und so bringt mich mein Flugzeug von Bombay nach Delhi, wo ich den Zug nehme.

»Entschuldigen Sie«, frage ich eine junge Dame in meinem Abteil, offensichtlich eine Buddhistin, »ist dies der Zug nach Agra?«

»Ja«, sagt sie freundlich, »ich fahre auch dorthin.«

Erleichtert nehme ich Platz. Wie zuvor bei meinen Fahrten mit den Marys reise ich auch jetzt in der dritten Klasse, was beim Fahrkartenkauf jedes Mal große Verwunderung auslöst. Für mich aber ist es selbstverständlich, so zu reisen wie die meisten Einheimischen. Stets bin ich neugierig auf die einfachen Menschen, die mir auf einer solchen Zugfahrt begegnen. So sitze ich bald unter Müttern und deren Kindern. Eines schmiegt sich in meinen Schoß und schläft ein.

In Agra wird meine buddhistische Mitreisende von ihrem Bruder abgeholt. Ich frage die beiden nach einem einfachen Hotel, und sofort nehmen sie sich auf liebenswürdige Weise meiner an. Der junge Mann mietet für seine Schwester und mich eine Rikscha und schwingt sich selbst aufs Fahrrad. Und so quartiere ich mich in einem kleinen Hotel in der Nähe des berühmten Mausoleums ein.

Gemeinsam mit den Geschwistern besuche ich den »Kronen-Palast«, den der Großmogul Shah Jahan zum Andenken an seine 1631 verstorbene Lieblingsfrau Mumtaz Mahal erbauen ließ.

Ich nehme die Zeit kaum wahr, die ich in dem faszinierenden Bauwerk verbringe, so sehr nimmt mich dieses Stein gewordene Zeugnis einer großen Liebe gefangen. Stundenlang stehe ich vor den weißen Mauern, den Fassaden und Toren, und betrachte die ungezählten Muster der Intarsien. Winzige Plättchen aus verschiedenen Halbedelsteinen, von Hand geschliffen, sind in die Marmorplatten eingearbeitet. Ich erfahre, dass die Rezeptur des Mörtels, mit dem die farbigen Steine im Marmor befestigt wurden, bis heute ein streng gehütetetes Familiengeheimnis der Handwerker ist. »Hier kann man nur stehen und staunen«, notiere ich in mein Reisetagebuch. Darüber wird es Abend.

Gemeinsam mit meinen neuen Freunden unternehme ich einen Spaziergang am Fluss Yamuna entlang. Die untergehende Sonne färbt den Himmel rot und wirft einen goldenen Schein über das ruhig dahinfließende Wasser. Kraniche stolzieren am Ufer entlang. Fischer machen sich an ihren Booten zu schaffen, und ich frage einen von ihnen, ob er mich hinaus aufs Wasser fahren würde. Er willigt ein, und ich steige in seinen Kahn. Wie verzaubert wirkt das Taj Mahal vom Wasser aus im Schein der untergehenden Sonne, jeden Augenblick leuchtet es in anderen Pastellfarben auf. Ich halte mich fest, denn hin und wieder geht ein Ruck durch das Boot. Ich frage den Fischer nach dem Grund. »Only crocodiles«, lautet seine Antwort – eine Information, die mich nicht unbedingt beruhigt.

Später kehre ich noch einmal zum Taj Mahal zurück. Man hat mir erzählt, dass die Halbedelstein-Intarsien im Licht des

Mondes auf besondere Weise zur Geltung kommen. Ich möchte ein Foto in dieser besonderen nächtlichen Stimmung machen. Tatsächlich, einzelne Steine strahlen und funkeln auf, wenn der Schein des Mondes sie berührt. Doch gerade als ich meine Kamera ausgepackt habe, verbirgt sich der Mond hinter den Wolken. Einen Moment lang bin ich ratlos – wie soll ich in dieser Finsternis die nötigen Einstellungen vornehmen? Da ergibt sich mit einem Mal eine Lichtquelle wie aus einer anderen Welt: Meine Kamera und ich sind von einem Schwarm Glühwürmchen umgeben. Diese märchenhafte Beleuchtung reicht aus, um die Kamera einzustellen, und das nächtliche Foto vom Taj Mahal gelingt tatsächlich!

So geht ein ganz besonderer Tag zu Ende. In jener Nacht aber träume ich nicht vom Taj Mahal; es sind die Kinder aus Andheri, die im Schlaf noch immer bei mir sind.

Am nächsten Tag fährt kein Zug zurück nach Delhi, daher nehme ich den Bus. Mag diese Art zu reisen auch unbequem sein, so bereue ich es nicht: So viel Interessantes kann ich während der Fahrt beobachten! Hier ziehen indische Elefanten ihres Weges, dort Kamele. Hier springt ein Affe von Baum zu Baum, dort wandert eine Riesenschildkröte über die Fahrbahn; der Bus muss anhalten und warten, bis sie die Straße überquert hat. Und überall in den Gewässern sehe ich schwarze Wasserbüffel.

Einmal muss ich umsteigen und einen Anschlussbus nehmen. Erschrocken bemerke ich, dass alle Hinweisschilder nur Nachrichten auf Hindi enthalten, das ich nicht verstehe. Doch wie immer kommen mir die unglaublich freundlichen Menschen zu Hilfe. Ob am Fahrkartenschalter, an einem Kiosk, wo ich mir eine Erfrischung kaufen möchte, oder im Bus, wo man mir selbstverständlich den besten Platz gleich neben dem Fahrer einräumt – die Liebenswürdigkeit der Menschen ist unbeschreiblich.

Transport: So geht es auch voran

Bei kurzen Zwischenhalten in kleinen Ortschaften laufen die Menschen staunend zusammen, als sie mich sehen; eine Weiße, die in einem einfachen Linienbus fährt, sehen sie nicht alle Tage. Und ich genieße diese letzten indischen Tage, begebe mich, so oft ich kann, mitten unter die Menschen. In Alt-Delhi besuche ich noch das berühmte Red Fort, vom selben Herrscher erbaut wie das Taj Mahal, und staune auch hier über den Reichtum dieser alten Kultur. Besonders die Perlenmoschee hat es mir angetan, ein Bauwerk ganz und gar in schimmernd weißem Marmor. Auch in Delhi selbst besichtige ich bis zum letzten Moment die Sehenswürdigkeiten, ehe es Zeit wird für meinen Rückflug nach Europa.

Damals war die Furcht vor ansteckenden Tropenkrankheiten noch weit verbreitet. Darum hatte mich die Leitung meiner Schule gebeten, zwei Wochen Quarantäne auf mich zu nehmen, bevor ich zum Unterricht zurückkehrte. So flog ich von

Delhi nicht direkt nach Frankfurt zurück, sondern vorerst nach Wien. Hier holte mich Pater Martin Bodewig ab. Gemeinsam fuhren wir für zwei Wochen an den Afritzer See. Wie dankbar war ich für diese Auszeit, denn die Erlebnisse in Indien hatten mich tief aufgewühlt.

In diesen zwei Wochen fand ich in Pater Martin einen geduldigen und einfühlsamen Zuhörer. Stundenlang saßen wir am Ufer des Sees, schauten dem Wellenspiel zu, während ich erzählte und mir alles von der Seele redete: von dem unvorstellbaren Elend, von der Erfahrung der Liebe und von den Gedanken über meine eigene Zukunft, die mich umtrieben. Ich weinte viel in jenen Tagen, aber es waren befreiende Tränen, weil jemand da war, der alles Belastende mit mir teilte. Indem ich aussprach, was ich gesehen und erfahren hatte, wurde ich innerlich ein wenig ruhiger.

Vergessen konnte ich das Erlebte nicht, auch wenn ich nach meiner Heimkehr nach Bonn durch die vielen liegen gebliebenen Verpflichtungen und vor allem durch meine Schüler schnell wieder mit Haut und Haar in meinem »alten« Leben eingefangen war. Doch für mich war nichts mehr so wie zuvor – das in Indien Erlebte war ein Teil von mir geworden, und die Verpflichtung, Antwort zu geben, Verantwortung der Not und Ungerechtigkeit gegenüber zu übernehmen, ließ mich nicht los.

»Wie war es in Indien?«, wurde ich ständig gefragt.

Die vielen Fotos, die ich während meiner Reise gemacht hatte, führten den zahlreichen Helfern und Interessierten meine Eindrücke anschaulich vor Augen. Meine Begeisterung und persönliche Betroffenheit über die bedrückenden, aber auch beglückenden Erlebnisse sprangen wie Funken über, und so erweiterte sich der Kreis derer, die helfen wollten, kontinuierlich: Ich wurde in Vereine, Schulen, kirchliche Gemeinden und private Gruppen eingeladen, und nur zu gern zog ich mit meinen Diakästen und dem Projektor dorthin, wo man mehr über Andheri erfahren wollte. Die Bereitschaft zu helfen wuchs. So wurde ich zur Kontaktperson zwischen Andheri und Deutschland, zu einer Art Botschafterin und Anwältin der Armen, denen ich begegnet war, und bin es im Einsatz für ihre Rechte und ihre Würde eigentlich noch heute.

»Was genau gibt es zu tun?«, wollten meine Helfer wissen.

Ohne jede Frage bedurfte das St. Catherine's Home der finanziellen Hilfe von außen. Es war eine einfache Rechnung: Trotz vieler Bemühungen um eigene Einnahmen durch den Basarverkauf von Näh- und Bastelarbeiten musste ein monatliches Defizit von mehr als 30 000 D-Mark durch Spenden abgedeckt werden – notwendige Reparaturen, bauliche Veränderungen oder andere Investitionen noch nicht eingerechnet. Zwar gab es bereits private und institutionelle Unterstützung für das Heim – auch von deutschen Stellen –, aber das monatliche Minus war ein ständiger Grund zur Sorge für die Schwestern.

Zunächst ging es also um die tägliche Handvoll Reis, um das nackte Überleben der ständig wachsenden Kinderzahl, die nach meinem Besuch auf achthundert anstieg. Für sie konnte ich in den ersten Jahren immer größere Spendenbeträge an Schwester Anna Huberta überweisen. Bei dieser »Notversorgung« durften aber ebenso dringende Aufgaben, die schon lange auf unserer Agenda standen, nicht vernachlässigt werden: Maßnahmen zur Verbesserung der Hygiene und der Gesundheit der Kinder.

Einer der Brüder von Anna Huberta praktizierte als Arzt in Deutschland. Als er nach Andheri fuhr, um alle Kinder zu untersuchen, war dies ein wichtiger Schritt, um die Grundlage für weitere Verbesserungen zu schaffen. Wir mussten die gesundheitliche Situation im Heim genau kennen, erst dann konnten wir die richtigen Maßnahmen planen. Dr. Roggendorf kam zu einem erschreckenden Ergebnis: 95 Prozent aller Kinder litten

Säuglinge in Andheri: abgegeben und ausgesetzt

unter Wurmbefall. Auch die Anzahl der Tuberkulose-Erkrankungen war alarmierend hoch. Außerdem gab es immer wieder Kinderkrankheiten und Infektionen wie Masern, Gelbsucht, Wind- und Wasserpocken, Typhus – von Erkältungskrankheiten ganz zu schweigen.

»Der poröse Zementfußboden ist ein gefährlicher Infektionsherd«, erklärte Dr. Roggendorf. Und genau da spielte sich das gesamte Leben der Kinder ab: Der Fußboden diente als Schlafplatz, dort wurden die Mahlzeiten eingenommen, dort arbeiteten, lernten und spielten die Kinder. Obwohl er täglich mehrmals gereinigt wurde, hielten und vermehrten sich in den feinen Poren doch zahlreiche Krankheitserreger. Es war nur eine Zwischenlösung, dass wir für die Kinder einfache Sandalen anschafften, um die durch das Barfußlaufen entstandenen Infektionen einzuschränken. Langfristig musste der Fußboden durch glatte, leicht zu reinigende Steinplatten ersetzt werden. Eine Mauer, die wir um das gesamte Gelände errichten ließen, hielt die streunenden Hunde draußen, die zuvor viele Erreger ins Heim geschleppt hatten. Nach und nach schafften wir es, die unzureichenden Toiletten- und Waschanlagen zu erneuern und auszubauen. Außerdem erhielten die Kinder unter zwei Jahren eine angemessene Badeeinrichtung, was besonders bei den Neugeborenen absolut notwendig war.

Was ich hier auf einer halben Seite zusammenfasse, bedeutete das unermüdliche Engagement vieler Jahre, und wir schreiten hier quasi mit Siebenmeilenstiefeln durch die erste Zeit meines Einsatzes für das Kinderheim in Andheri. Heute wundere ich mich selbst darüber, wie ich das damals neben einer vollen Lehranstellung – und ich nahm meinen Beruf immer sehr ernst – bewältigen konnte, räumlich äußerst beengt in meinem kleinen Zimmer in der Mietwohnung meiner Eltern. Ich bin ihnen noch heute dankbar, dass sie all das in Kauf nahmen: Da stapelten sich Ordner mit Korrespondenz, Spendenabrechnungen, Projektanträgen, Maßnahmenplanungen, Kostenvoranschlägen und vielem mehr neben Lehrmaterialien und Sachbüchern für meinen Unterricht, und irgendwo dazwischen befanden sich auch noch literarische und kunsthistorische Bücher – meine große Leidenschaft. Schreibtisch, Fußboden und Bett waren belagert, so dass ich meine Schlafstätte abends erst abräumen musste, bevor ich mich – meist zu sehr später Stunde – schlafen legte.

Die Zahl der Spender und Spenden nahm ständig zu – in den sechs Jahren nach der ersten Päckchenaktion konnten wir insgesamt rund 400 000 D-Mark nach Andheri überweisen, dazu kamen Sachspenden im Wert von etwa 410 000 D-Mark. Immer öfter wurde ich nun nach steuerbegünstigten Quittungen gefragt, doch war ich nicht berechtigt, solche auszustellen.

»Warum gründen wir nicht einen Verein?«, schlugen meine Berater und Freunde vor. »Wir brauchen eine rechtliche Grundlage.« Es war eine notwendige, wenn auch keine leichte

Entscheidung für mich, denn »Vereinsmeierei« ist nicht unbedingt meine Stärke.

Und so wurde am 5. Mai 1967 dieser folgenschwere Schritt getan: In meinem Zimmer gründeten sechzehn Freunde die Andheri-Hilfe Bonn e.V. und wählten mich zur Ersten Vorsitzenden. Pater Martin Bodewig wurde mein Stellvertreter. Als Zweck unserer Aktivitäten schrieben wir in unserer ersten Satzung die »Unterstützung armer und hilfsbedürftiger Kinder, besonders der Kinder des St. Catherine's Home zu Andheri bei Bombay« und der Mary-Stationen fest. Dass diese Zielsetzung in späteren Jahren immer wieder erweitert werden musste, ahnte ich damals noch nicht. Vorerst schien mir allein diese Aufgabe Herausforderung genug.

Für mich war die Vereinsgründung ein großer Schritt, den ich einfach so ins Vertrauen hinein tat. Ich verfügte weder über Fachkenntnisse im Vereins- und Rechnungswesen noch über eine Ausbildung für die Arbeit in der damals sogenannten »Dritten Welt«. Außerdem fehlte uns jede finanzielle Sicherheit. Ich war »einfach Mensch« und wusste, dass ich noch viel zu lernen hatte. Tatsächlich verstehe ich mich noch heute als Lernende. Niemals habe ich mich gescheut, Rat einzuholen oder um Hilfe zu bitten. Und an Ratgebern und Helfern – im Freundeskreis oder bei Experten – hat es mir nie gefehlt. »Wenn ihr etwas nicht wisst«, pflegte ich meinen Schülern zu sagen, »dann findet es heraus.« Und dieser Grundsatz galt auch für mich selbst.

Bereits nach meiner ersten Reise hatte sich die Kunde von unserer Initiative wie ein Lauffeuer verbreitet, und mit der Zeit konnte ich nicht mehr selbst alle Einladungen zu Informationsabenden wahrnehmen. Darum stellte ich eine Auswahl von Dias zusammen, die ich gemeinsam mit schriftlichen Kommentaren ehemaligen Schülerinnen und anderen Helfern anvertraute, sodass sie in ihrem Kreis selbst für die Sache werben konnten. Im Gründungsjahr 1967 konnten wir Spenden in Höhe von 171 049 D-Mark nach Andheri weiterleiten, und bis zum Jahresende waren aus den anfänglich sechzehn Vereinsmitgliedern rund einhundert geworden. Wir verzeichneten eine stetige Aufwärtsentwicklung, bis dann etwas geschah, was die Existenz des gerade erst gegründeten Vereins ernsthaft bedrohte.

Bei meinem Abschied in Andheri hatte ich versprochen: »Ich komme bald wieder.« Und dieses Versprechen hielt ich auch. Schon ein Jahr später schlossen Schwester Anna Huberta und ich uns wieder in die Arme.

»Gut, dass du zurück bist«, sagte sie in ihrer unnachahmlich herzlichen Art. »Wir haben eine Menge zu tun.«

Ein Jahr ist viel Zeit im Leben von Kindern, und ich konnte kaum glauben, wie groß diejenigen geworden waren, die mich kannten. Die kleine Landwirtschaft war gut gediehen. Der Gemüsegarten brachte Abwechslung und vor allem Vitamine auf den Speisezettel der Kinder, die Kühe lieferten Milch für die Kleinkinder. Und durch die Hühnerhaltung gab es sogar ab und zu ein Ei als Sonderzuteilung.

Auch sonst hatte sich zu meiner Freude manches positiv entwickelt. Eine besondere Überraschung erlebte ich einige Tage nach meiner Ankunft: Pater Martin, der meinem »Abenteuer Indien« bisher recht reserviert gegenübergestanden hatte, war mir spontan hinterhergereist. Und das Schönste war: Bis über beide Ohren verliebte auch er sich in dieses Land und seine Menschen, vor allem in die Ärmsten der Armen. Von da an gingen wir, wann immer es möglich war, gemeinsam auf Projektreise, und bis zu seinem Tod im Jahre 1991 blieb er mir ein treuer Berater und unschätzbarer Mitarbeiter.

Wir waren ein gutes Team und ergänzten uns ausgezeichnet. Intensive Diskussionen und Planungen auf den Projektreisen waren nicht unbedingt seine Sache. Aber er war ein guter Zu-

Pater Martin Bodewig und Rosi Gollmann werden herzlich begrüßt

hörer, so manche Beobachtungen und wichtige Details hielt er in seinen Notizen fest. Außerdem hatte Pater Martin einen klaren Blick für das Notwendige und das Machbare. Sein analytisches Denken war für mich eine wertvolle Hilfe. Die Menschen liebten ihn, und noch heute sind in Indien und Bangladesch Einrichtungen nach ihm benannt.

Im Wesen ein fröhlicher, aber eher stiller und zurückhaltender Mensch, stellte Pater Martin seine Predigten daheim gern in den Dienst der guten Sache. Er predigte, und ich brachte die Ernte ein, wenn ich anschließend mit dem Sammelkörbchen durch die Reihen der Kirchenbesucher ging. Er wurde nicht müde, die kümmerlichen Lebensverhältnisse der Armen in Indien allgemein und insbesondere die der Kinder in Andheri zu schildern, sodass er mitunter die Zeit vergaß. Ich erinnere mich an eine Situation – es war in einer großen Kölner Pfarrgemeinde –, in der er wegen eng aufeinanderfolgender Gottesdienste nur eine begrenzte Redezeit zur Verfügung hatte. Und da ich bereits ahnte, dass seine Begeisterung wieder mit ihm durchgehen könnte, hatte ich ihm einen Zeitticker in die Tasche gesteckt, der ihm mit einem leisen Piepton das Ende seiner Redezeit signalisieren sollte. Ich hörte es bis in die letzte Bank der großen Kirche piepsen, doch Pater Martin nahm in seiner Begeisterung davon überhaupt nichts wahr. Was haben wir anschließend gelacht!

Im Sommer 1967, kurz nach der Vereinsgründung, reisten wir erneut nach Indien und besuchten neben dem St. Catherine's Home auch wieder einige Mary-Stationen. Der erste Besuch im Slum von Dharavi blieb für mich unvergesslich, und auf meinen folgenden Reisen ließ ich keine Gelegenheit aus, die Marys dort zu besuchen. Obwohl es nur drei unerschrockene Frauen waren, so waren doch die Zeichen, die sie setzten, deutlich zu erkennen. Diese mutigen Frauen verbreiteten Hoffnung und wiesen Wege aus der oft ausweglos erscheinenden Not. Nach wie vor sehen sie ihre Aufgabe nicht in der Planung und Durchführung groß angelegter Projekte, sondern wenden sich von Mensch zu Mensch an die Notleidenden und versuchen, dort, wo sie gerade stehen, zu helfen.

Auf jener Reise 1967 machten wir zuletzt auch wieder in Nirmal Halt, jenem Dorf, wo ich 1962 zum ersten Mal einen Hindu-Tempel besucht hatte. Inzwischen hatten die Marys das volle Vertrauen der Dorfbewohner gewonnen, und vieles hatte sich bereits zum Positiven verändert. Es wurde spät an jenem Abend, und für die Rückfahrt zum St. Catherine's Home reichte die Zeit nicht mehr.

So blieben wir über Nacht. Um unser Wohlergehen bemüht, gab mir eine der Marys ihr Betttuch zum Schutz vor den vielen Moskitos. Es war die Schwester, die mir zuvor durch ihre gelbliche Gesichtsfarbe aufgefallen war – was nichts Besonderes ist, reiben sich doch indische Frauen mitunter ihr Gesicht mit

Mit den Marys in Nirmal

Gelbwurz ein. Darum achtete ich nicht darauf. Und so gut sie es auch mit mir meinte, so fatal waren die Folgen dieser fürsorglichen Geste.

Wenige Tage später traten wir unsere Heimreise an. Sie führte uns dieses Mal über Teheran, da ich bei einem Zwischenstopp die Gelegenheit nutzen wollte, um dort die berühmten Moscheen anzuschauen. Doch daraus wurde nichts: In der Nacht brach ich im Badezimmer unseres Hotels zusammen. Dabei verletzte ich mir einen Lendenwirbel schwer; noch heute erinnern mich Rückenschmerzen an jenen Unfall. Doch das war nicht das Schlimmste: Ich war derart schwach, dass ich mich nicht mehr auf den Beinen halten konnte. Pater Martin rief einen Arzt herbei, der einen Kreislaufkollaps aufgrund der ungewohnt hohen Lage der Stadt diagnostizierte und mir entsprechende Medikamente verordnete. Sie halfen nicht, und ich musste den weiteren Rückflug über drei Sitze liegend hinter mich bringen.

Auch zuhause besserte sich mein Zustand nicht, und nach dem Ende der großen Ferien war ich nicht in der Lage, meinen Schuldienst wieder anzutreten. So begab ich mich auf Anraten befreundeter Tropenärzte in medizinische Behandlung.

Im Krankenhaus wurden viele Untersuchungen gemacht, die alle zu keinem Ergebnis führten. Bis ich eines Morgens in den Spiegel sah.

»Ist vielleicht etwas mit meiner Leber?«, fragte ich meinen Arzt. »Meine Augen werden so gelb!«

Sofort wurden Laboruntersuchungen vorgenommen, und die Ergebnisse waren so schlecht, dass man mich sofort mit Blaulicht in die Bonner Universitätsklinik brachte. Ich erinnere mich noch sehr gut daran, dass ich während der Fahrt betete: »Herr, wenn ich sterbe, nimm dieses Lebensopfer an für meine Sorgenkinder in Indien. Wenn ich lebe, gehört diesen Armen mein ganzes Sorgen und Schaffen.« Dann fiel ich ins Koma.

Als ich wieder erwachte und ansprechbar war, fragte mich ein Arzt: »Sagen Sie mal, wie viele Kinder haben Sie eigentlich?« Er erzählte mir, dass ich während der Aufwachphase unablässig von meinen vielen hundert Kindern fantasiert hatte. »Es sind annähernd tausend«, sagte ich zu seiner noch größeren Verblüffung.

Die Diagnose allerdings war niederschmetternd: Ich hatte eine schwere Virus-Hepatitis und war für viele Wochen auf die Isolierstation verbannt.

Das passte absolut nicht in meine Pläne. Kaum dass es mir ein klein wenig besser ging, nahm ich von meinem Krankenbett aus die Arbeit für den frisch gegründeten Verein wieder auf. Ich wollte in jenem Jahr eine besondere Idee verwirklichen, nämlich die Herausgabe eines eigenen Andheri-Kalenders. Die auf jedem Monatsblatt eingesteckten Fotokarten der Kinder von Andheri sollten ein noch engeres Band zwischen unseren deutschen Freunden und den Kindern dort knüpfen. Zudem erhoffte ich mir einen guten finanziellen Erlös durch die Kalender. Inzwischen gibt es bereits 45 solcher Andheri-Kalender, jedes Jahr mit einer neuen Thematik und mit Fotos von der breiten Palette der Andheri-Projekte. Gerade als ich mit der Arbeit an der ersten Ausgabe begonnen hatte, legte mich die Krankheit lahm. Mittlerweile war es Oktober geworden, und der Kalender musste unbedingt fertig werden.

Pater Martin war inzwischen von Rom an die Theologische Fakultät in Mainz versetzt worden, und zweimal in der Woche besuchte er mich. »Besuchte« ist natürlich nicht ganz richtig, denn auch er durfte die Isolierstation nicht betreten. Glücklicherweise lag mein Zimmer im Erdgeschoss des Krankenhauses. So kam Pater Martin heimlich an mein Fenster, und ich kroch aus meinem Bett. Auf diese Weise konnten wir die nächsten Schritte miteinander besprechen. Manche anstehende Aufgabe hatte ich bereits aufgeschrieben und reichte sie ihm zum Fenster hinaus. Die Krankenschwestern waren in meine heimlichen »Machenschaften« eingeweiht und standen hinter mir. Abends, wenn kein Arzt mehr kontrollierte, brachten sie mir verbotenerweise sogar das Telefon ans Bett, damit ich dringende Gespräche führen konnte. Natürlich wurde das Telefon – damals gab es noch keine Apparate auf den Zimmern und keine Mobiltelefone – nach meinem Gebrauch gründlich desinfiziert und wieder auf die Station zurückgebracht. So ging die ganze Vereinsarbeit weiter, und auch der erste Andheri-Kalender konnte noch rechtzeitig verschickt werden.

Am 20. Oktober wurde ich aus dem Krankenhaus entlassen, doch ganz wieder hergestellt war ich noch nicht. Regelmäßig musste ich meine Leberwerte messen lassen, und die Ergebnisse waren alles andere als beruhigend. Ein Kuraufenthalt in Bad Kissingen sollte Heilung bringen. Am Ende der sechswöchigen

Kur bat ich den Chefarzt um eine ehrliche und schonungslose Einschätzung meines Gesundheitszustandes und meiner Lebenserwartung.

Er machte ein ernstes Gesicht. »Ihr Leberleiden ist inzwischen chronisch geworden«, eröffnete er mir, »sehr lange werden Sie es nicht mehr schaffen. Vielleicht noch ein paar Wochen oder Monate.«

Es war nicht so, dass mich diese Auskunft erschreckte – zu oft war ich während der Kriegsjahre mit dem Tod schon konfrontiert worden. Sie stürzte mich aber in Sorge um das begonnene Werk, die vielen Hoffnungen, die in meine Arbeit gesetzt wurden. Gerade mal ein halbes Jahr war der Verein alt, und alles entwickelte sich so unglaublich positiv. Aber mir war klar, dass ich – ob ich wollte oder nicht – der Motor des Ganzen war, bei mir liefen alle Fäden zusammen, niemand hatte einen solchen Überblick wie ich. Sollte ich demnächst ausfallen, müsste ich unbedingt jemanden einweisen, ihm alles erklären, damit er das Begonnene weiterführen könnte – aber wen?

Pater Martin kam dafür nicht in Frage. Er war seinem Orden verpflichtet und zudem ein Gelehrter und Wissenschaftler. Ich dachte an eine junge Frau, die sich in letzter Zeit für den Verein sehr engagiert hatte, doch sie fühlte sich der großen Aufgabe nicht gewachsen.

Ich bat damals Gott nicht darum, weiterleben zu dürfen, sondern darum, einen Weg für eine Nachfolge zu finden. Vor dem Tod selbst hatte ich keine Furcht.

Bei einer erneuten Untersuchung in der Bonner Klinik, deren Ergebnis ähnlich schlecht ausfiel, wollte man mich gleich dort behalten. Aha, dachte ich, das wird dann also meine Endstation sein. Darum bat ich den Arzt um Aufschub. Wenn ich ohnehin nicht mehr lange zu leben hatte, dann wollte ich die restliche Zeit nutzen. Eben erst hatte ich nach langer Zeit wieder zu unterrichten begonnen, und ich wollte nicht gleich wieder aus allem herausgerissen werden. »Warten wir noch vierzehn Tage«, bat ich.

Und dann geschah etwas Seltsames. Als ich zwei Wochen später zur Untersuchung vor der geplanten Aufnahme in die Klinik kam, waren die Werte ausnahmslos wieder im normalen Bereich.

»Das verstehe ich nicht«, sagte der Arzt völlig überrascht. »So etwas habe ich noch nie erlebt.«

Beispiellos, so hieß es, war auch mein gesamter Heilungsprozess. Es sind keine Schäden zurückgeblieben – bis heute habe ich unter keinerlei Folgen zu leiden gehabt.

Als vor einigen Jahren in der Bonner Tageszeitung über meine Arbeit berichtet wurde, rief mich ein früherer Arzt der Bonner Universitätsklinik an.

»Sind Sie Rosi Gollmann?«, fragte er.

Ich bejahte.

»Haben Sie Mitte der sechziger Jahre als Hepatitis-Patientin in der Bonner Universitätsklinik gelegen?«

»Ja«, war meine Antwort.

»Als ich in der Zeitung über Sie und Ihre Aktivitäten las, konnte ich nicht glauben, dass Sie noch leben. Sie sind es also wirklich …«

Ich bin viel zu rational veranlagt, um in diesem Zusammenhang von einem Wunder zu sprechen. Viel eher verstand ich meine Heilung als Antwort auf die Frage, wie es mit der Andheri-Hilfe weitergehen sollte. Ich hatte sie beginnen dürfen und sollte das Begonnene offenbar weiterführen. Meine Zeit auf Erden war noch nicht abgelaufen, meine Aufgabe noch nicht erfüllt.

Kapitel Neun

# Das Unmögliche wagen

Damit das Mögliche entsteht, muss immer wieder das Unmögliche versucht werden.
*Hermann Hesse*

Immer stärker wurde bei meiner Ankunft in Andheri mein Gefühl, nach Hause zu kommen. Mittlerweile war das St. Catherine's Home inmitten der Armut der nahen Slums und des Elends in den Außenbezirken Bombays zu einer kleinen Oase geworden, ein Ort der Hoffnung, an dem die inzwischen etwa achthundert Kinder nicht nur ein liebevolles Umfeld fanden, sondern auch in einer gesunden Umgebung aufwachsen konnten. So war unser junger Verein gern bereit, unsere Hilfe auf die »Helpers of Mary« auszudehnen. Denn die finanzielle Unterstützung dieser mutigen jungen Frauen war absolut notwendig, nahmen sie sich doch selbstlos der Allerärmsten an, scheuten sich nicht, das harte Los mit ihnen zu teilen – sei es im Slum von Dharavi, bei den Leprakranken in Borivili oder in den Dörfern der Kastenlosen und Ureinwohner, die ein ungerechtes Gesellschaftssystem auf die unterste soziale Stufe verbannt hatte. Immer mehr junge Frauen schlossen sich den Marys an, sie kamen mittlerweile auch von außerhalb des Heims, angezogen von dem bedingungslosen Ja zu den Armen.

Auch eine junge Frau namens Maryann, die in Andheri aufgewachsen war, überlegte, wie ich hörte, ob sie der Gemeinschaft der »Helpers of Mary« beitreten sollte. Ich kannte Mary-

1962: Erste Begegnung mit Maryann

ann schon seit meiner ersten Reise nach Andheri, und mir war aufgefallen, wie verantwortungsvoll sie war und wie liebevoll sie mit den Kleinen umging, besonders mit Sweety, dem geblendeten Mädchen, das inzwischen zehn Jahre alt war. Maryann war mir über die Jahre ans Herz gewachsen, und ich dachte darüber nach, ihr einen Vorschlag zu machen.

Ein Jahr nach meiner ersten Indienreise, am 4. Februar 1963, verstarb meine Mutter. Obwohl sie seit Jahren kränklich gewesen war, kam ihr Tod dennoch völlig überraschend. An jenem Tag hatte sie plötzlich so starke Schmerzen, dass ich unseren Hausarzt mitten aus der Sprechstunde rufen musste: Herzinfarkt lautete die Diagnose. Mit Blaulicht brachte die Ambulanz uns zum Krankenhaus, ich fuhr mit ihr. Meinen Bruder hatte ich ebenfalls verständigt, und so standen wir im Aufzug des Krankenhauses zu beiden Seiten ihrer Trage, um sie zur Station zu begleiten. Unsere Mutter schenkte jedem von uns noch einen liebevollen Blick, dann ein tiefer Atemzug – und als die Schwestern sie oben in Empfang nehmen wollten, war sie bereits verstorben. Welch ein Schock für uns beide, aber erst recht für unseren Vater, der wegen einer Erkältung daheim geblieben war.

Am nächsten Tag wollte er sich von seiner geliebten Frau verabschieden, und ich fuhr mit ihm zum Krankenhaus. Unterwegs hielt mein Vater an einem Blumengeschäft und erstand einen Strauß weißen Flieder. Den legte er ihr in der Leichenhalle in die Arme – es war ihr 42. Hochzeitstag. Das Brautbukett meiner Mutter bestand aus weißem Flieder, und mein Vater hatte es sich nie nehmen lassen, seiner Frau zu jedem Hochzeitstag weißen Flieder zu schenken, auch wenn er zu dieser frühen Jahreszeit noch so teuer oder während des Krieges schwer zu bekommen war.

Nun lebte ich mit meinem Vater allein in unserer Wohnung. Sowohl mein Schuldienst als auch die Arbeit für den wachsenden Verein beanspruchten mich immer mehr. So übernahm mein fürsorglicher Vater die Rolle des Hausmannes: Er erledigte den Einkauf und das Kochen, sorgte dafür, dass die Wohnung sauber war, wusch und bügelte – und hielt mir so den Rücken frei für all meine Aufgaben.

Sechs Jahre nach dem Tod meiner Mutter starb auch er in meinen Armen. Nach einem kurzen Krankenhausaufenthalt war er als unheilbar nach Hause entlassen worden. Pater Martin und ich wechselten uns in der Tag-und-Nacht-Pflege ab. Am Ostermontag aber musste Pater Martin mich allein lassen, weil er zugesagt hatte, einen Gottesdienst in der Kölner Gegend zu halten, und solche seelsorgerischen Pflichten nahm er sehr ernst. Dafür kam mein Bruder mit seinen vier Kindern, und nachdem wir uns alle verabschiedet hatten, verließ uns unser Vater und Großvater. Gerade hatten wir seine Augen geschlossen, da schreckte mich das Klingeln des Telefons auf: Es war Pater Martin, der sich aus dem Operationssaal eines Kölner Krankenhauses meldete. Auf dem Weg zum Gottesdienst hatte er einen Autounfall erlitten – vielleicht als Folge der vielen durchwachten Nächte. So fuhr ich vom Totenbett des Vaters zum Krankenbett meines Weggefährten.

Nach dem Tod meines Vaters war ich ganz allein. Ich lebte nur noch von Broten und Kaffeeteilchen, für mehr blieb mir keine Zeit.

»Du brauchst jemanden, der für dich sorgt«, erklärte Pater Martin bei einem seiner Besuche.

Da dachte ich an Maryann. Wäre es für ein Mädchen wie sie nicht eine schöne Perspektive, für eine gewisse Zeit zu mir nach Bonn zu kommen und mir bei meinen vielfältigen Aufgaben zu helfen? Sie könnte mir die häuslichen Pflichten abnehmen und bei der Arbeit für unsere Projekte mit anpacken. In zwei Jahren würde sie eine Menge lernen und hätte die Möglichkeit, sich mit diesen neuen Fähigkeiten in Indien eine Zukunft aufzubauen. Eine andere junge Inderin könnte dann wiederum für zwei Jahre ihren Platz in der Andheri-Hilfe einnehmen.

Während unserer nächsten Indienreise im Jahr 1971 wurden meine Erwägungen konkreter. Natürlich besprachen Pater Martin und ich uns zuerst mit Schwester Anna Huberta. Gemeinsam erwogen wir das Für und Wider der Verpflanzung eines so jungen Menschen. Das Positive überwog, und so richteten wir die entscheidende Frage an Maryann selbst: »Willst du mit uns nach Deutschland kommen?« Zuerst zögerte sie, denn eine deutsch-indische Familie, deren Kinder sie seit einiger Zeit in Bombay betreute, hatte ihr ebenfalls angeboten, sie mit nach Deutschland zu nehmen. Außerdem bewegte Maryann noch immer die Frage, ob ihre Zukunft in der Gemeinschaft der Marys liegen sollte.

Schließlich entschied sich Maryann und sagte zu unserer Freude: »Ja, ich komme!«

So konnten wir alles für ihre Reise vorbereiten: Zunächst musste in Indien für Maryann ein Pass beantragt werden, dann in Deutschland ihre Einreiseerlaubnis. Während der Zeit des Wartens erreichte uns eine Anfrage von Schwester Anna Huberta: »Würdet ihr noch ein weiteres junges Mädchen aus unserem Heim aufnehmen?« So zogen am 16. August 1971 gleich zwei junge Inderinnen, Maryann und Catherine, zu mir in die Mietwohnung, in der ich so viele Jahre lang mit meinen Eltern gelebt hatte.

Für die beiden Mädchen, die nichts anderes kannten als die Außenbezirke Bombays und stets in dem feucht-heißen, vom Monsun geprägten Klima gelebt hatten, war die Umstellung natürlich enorm. Ihre erste Nacht verbrachten sie in dicke Trachtenmäntel eingepackt – von wohlmeinenden Europäern dem St. Catherine's Home gespendet und nun mit den beiden Mädchen wieder nach Deutschland gereist – und vergraben unter dicken Federbetten. So schliefen sie vierundzwanzig Stunden durch, das erste Mal in ihrem Leben in richtigen Betten.

Zum kühleren Klima kam die fremde Sprache, das ungewohnte Essen und die neue Umgebung, und in den ersten Wochen plagte die beiden Mädchen das Heimweh. Unsere erste ehrenamtliche Mitarbeiterin, Frau Bergmann, nahm sich ihrer liebevoll an, während ich in der Schule war. Sie machte sie mit den Anfängen der deutschen Sprache vertraut und half ihnen beim Einkauf – vor allem auch von indischen Kochzutaten und Gewürzen, die sie nicht missen sollten.

Und so wurde in der Bonner Michaelstraße indisch gekocht. Aus der heißen Pfanne stieg der beißende Geruch von feurig scharfen Chilis auf. Die Köchinnen öffneten vorsorglich die Fenster, damit mich bei meiner Heimkehr aus der Schule nicht dieser durchdringende Geruch empfing. So aber traf es die übrigen Hausbewohner und die Nachbarn: Aus allen Wohnungen hörte man Husten und Niesen und das schnelle Zuschlagen von Fenstern. Und doch lachten am Ende alle mit.

Im Laufe der Zeit gewöhnten sich Maryann und Catherine bei uns ein, irgendwann hörten sie auf, die Tage zu zählen, und es war auch nicht mehr die Rede davon, dass sie wieder nach Indien zurückwollten. Sie nannten mich »Mutti«, und Pater Martin war durch seine Besuche für sie wie ein Vater geworden. Wir nahmen sie überallhin mit, zu Festen und Treffen mit unseren Freunden. Und wenn wir Zeit hatten, packten wir die beiden jungen Inderinnen in Pater Martins Auto und unternahmen gemeinsame Ausflüge innerhalb Deutschlands sowie in die Nachbarländer.

Nach zwei Jahren stellte sich die Frage, wie es weitergehen sollte.

Für Pater Martin und mich stand wieder eine Projektreise an, und wir boten den jungen Frauen an mitzukommen. Wir wollten ihnen die Möglichkeit geben, ihre Heimat wiederzusehen und dort die weitreichende Entscheidung zu treffen, in welchem Land sie künftig leben wollten. Bei der Zwischenlandung in Delhi gerieten wir in einen tagelangen Streik der Fluglinie, und in diesem Chaos gingen Maryanns und Catherines Pässe verloren. Von da an waren die beiden von einer einzigen Sorge erfüllt: Wie kommen wir ohne Pässe wieder nach Deutschland? Ihre Entscheidung war also bereits gefallen.

Als sich unser Aufenthalt dem Ende näherte, wurden in Bombay die neuen Pässe gerade noch fertig, und so, wie wir gekommen waren, reisten wir zu viert wieder zurück nach Deutschland.

In der kleinen Wohnung in der Michaelstraße wurde es mit den Jahren immer enger, denn der wachsende Kreis der Andheri-Freunde brachte manches Positive mit sich: Geld- und Sachspenden flossen reichlich, so dass wir bald nicht mehr wussten, wo wir die Sachen lagern sollten. Überall stapelten sich die für Indien bestimmten Waren, alles stand voller Kisten, und da die Treppe eng und geschwungen war, wurde jeder Abtransport zu einem wahren Alptraum. Immerhin verschickten wir allein im Jahr 1971 rund dreißig Tonnen Kisten mit Babynahrung, Kinderkleidung, Medikamenten, Toilettenartikeln und vielem mehr auf dem Seeweg nach Indien, und alles wurde von uns in der kleinen Wohnung verpackt. Ich hatte inzwischen mit einer Reederei eine jährliche Freifracht von zwanzig Tonnen für die Strecke von Hamburg nach Bombay erwirkt, so dass wir die Transportkosten so niedrig wie möglich halten konnten. Noch immer galt für mich der Grundsatz: Spenden fließen ungeschmälert nach Indien, alle sonst anfallenden Kosten wie Transport, Telefongebühren, Porto und Büroartikel deckten wir durch die Beiträge unserer Mitglieder von zehn D-Mark pro Jahr ab. Mit den Aufgaben wuchsen aber auch unsere Probleme: Aus Platznot mussten wir schweren Herzens manche Sachspende ablehnen. Das spürte man nicht nur in Andheri, denn entsprechend standen bald auch weniger Bastelarbeiten für die vielen deutschen Basare zur Verfügung. Zwar hatte ich im Erdgeschoss unseres Hauses einen Abstellraum für lediglich zehn D-Mark im Monat anmieten können, doch Feuchtigkeit und Ratten verrichteten dort nach kurzer Zeit ihr zerstörerisches Werk. Die ganze Situation war untragbar geworden. Es musste dringend eine Lösung gefunden werden.

Sie kam schneller als erwartet, wie ich das in meinem Leben immer wieder erfahren durfte. »Sie müssen bauen!«, drängte mich eines Tages ein begüterter Besucher. »So geht es nicht weiter. Wenn die Andheri-Hilfe eine Zukunft haben soll, braucht sie eine eigene Bleibe. Bauen Sie!«

Bauen? Von welchem Geld?

»Besorgen Sie mir ein Grundstück«, schlug der Geschäftsmann vor, »dann baue ich das neue Andheri-Haus.«

Das war ein großzügiges Angebot, doch wie sollte ich in der damaligen Bundeshauptstadt Bonn, wo die Preise so hoch waren wie nirgendwo sonst in Deutschland, an ein Grundstück kommen?

Am folgenden Wochenende, als Pater Martin wieder zu Besuch kam, überraschte ich ihn mit der Bitte: »Komm, wir müssen ein Grundstück suchen.«

»Ein Grundstück suchen?«, fragte er erstaunt. »Wofür denn?«

»Für das neue Andheri-Haus!«, war meine Antwort. Und ich erzählte ihm von dem großzügigen Angebot des Geschäftsmannes.

So fuhren wir aufs Geratewohl durch Bonn, ließen uns einfach treiben. Meine Gedanken wanderten viele Jahre zurück in jene vorweihnachtliche Zeit, als wir gemeinsam durch das Bonner Umland gefahren waren, um für die zweihundert Plätzchenteller der Lindenhof-Kinder zwei Zentner Backzutaten zusammenzubetteln. Auch das war uns gelungen, sogar zweimal. Wieso sollten wir nicht einen Ort finden, wo ein Grundstück zum Verkauf angeboten wurde?

Ohne Ziel fuhren wir in Pater Martins kleinem Wagen in Richtung Norden und standen plötzlich vor der St. Hedwigskirche, die uns beiden bis dahin unbekannt war. Die Küsterin richtete gerade den Altar für den Gottesdienst am nächsten Tag her.

»Möchten Sie den Pfarrer sprechen?«, fragte sie uns.

Ich antwortete spontan: »Ja«, Pater Martin im selben Moment: »Nein.« Wir lachten und trugen dann dem freundlichen Pfarrer unser Anliegen vor.

»Hundert Meter weiter ist gerade ein Bauplatz frei geworden«, meinte der Pfarrer und ging mit uns vor die Tür, um ihn uns zu zeigen. »Ein holländischer Orden hat ihn von der Stadt gekauft. Aber nun wird in der Nähe eine Autobahn gebaut. Der zu erwartenden Lärmbelästigung wegen machte der Orden einen Rückzieher und gab das Grundstück an die Stadt zurück. Vielleicht ist es ja noch frei.«

Er nannte uns den Namen und die Adresse eines Stadtverordneten, der mit der Sache vertraut war – und schon wenige Minuten später standen wir vor ihm. »Ja«, bestätigte er uns, »das Grundstück ist noch frei.«

Wir nahmen Kontakt zur Stadt Bonn auf und erfuhren im Laufe der Gespräche, dass man die Andheri-Hilfe gern als Käuferin sehen würde, nicht aber einen ortsfremden Unternehmer mit vielleicht noch anderen geschäftlichen Absichten. Verständlicherweise zog daraufhin unser Gönner sein Angebot zurück. Was nun? Sollten wir dennoch versuchen zu bauen, jetzt, wo wir ein Grundstück in Aussicht hatten? Oder sollten wir aufgeben? Das war eigentlich gar nicht meine Art. Schließlich ging es um die Zukunft der Andheri-Hilfe.

Und so beschlossen wir, die Entscheidung unseren Andheri-Freunden zu überlassen. In einem Rundbrief schilderte ich die Situation und bat um Stellungnahme. Die Antwort von allen Seiten lautete: »Bauen Sie! Wir machen mit.«

Was für eine Ermutigung bedeutete diese einhellige Zustimmung für uns! Wir garantierten, keine einzige Mark, die für Projekte in Indien gespendet wurde, für den Hausbau zu verwenden. Deshalb richteten wir bei einer Bank, zu der wir bis dahin noch keine Geschäftsbeziehung hatten, ein eigenes Konto ein – klar und deutlich getrennt von den anderen Spendenkonten. Wer den Bau einer Andheri-Hilfe-Zentrale unterstützen wollte, konnte dort seine persönlichen »Bausteine« einzahlen.

Verträge mit der Stadt wurden geschlossen, Baupläne erstellt, und bald leisteten Pater Martin und ich als Vereinsvorstände die rechtlich bindenden Unterschriften beim Notar. Euphorisch verließen wir das Notariat, draußen aber blickten wir uns ernüchtert an: Welches Wagnis waren wir eingegangen? Wir hatten uns zur Zahlung des Grundstückspreises binnen eines Monats verpflichtet, und der Bau sollte spätestens innerhalb der nächsten zwei Jahre fertiggestellt sein. Und dabei verfügten wir zu jenem Zeitpunkt über keine einzige Mark, weder für das Grundstück, das zusammen mit den Erschließungskosten rund 40 000 D-Mark kosten sollte, noch für den Bau mit weiteren geschätzten 260 000 D-Mark.

So groß dieses Wagnis auch war – unterstützt von unseren mutigen Freunden, die bereit waren, zu uns und unseren Plänen zu stehen, schafften wir es: Ein Drittel der Gesamtsumme konnten Pater Martin und ich zusammen mit einer Zuwendung der deutschen Ordensniederlassung der Schwestern von Andheri abdecken. Ein weiteres Drittel trugen unsere Freunde durch ihre »Bausteine« bei, und das letzte Drittel bestand aus Sachspenden in Form von Baumaterialien. Unaufhörlich schrieb ich Firmen an, schickte Erinnerungsbriefe nach, und mit so manchem persönlichen Gespräch verlieh ich meiner Bitte Nachdruck. Das bedeutete einen großen Aufwand, doch er lohnte sich. So waren die Backsteine der Außenfassade, die Fußböden und auch ein Teil der Fenster Sachspenden – allerdings mit der Konsequenz, dass wir zum Beispiel das Haus nach den angebotenen Fenstern bauen mussten, anstatt die Fenster den Bauplänen entsprechend zu bestellen. Auch die spätere Inneneinrichtung kostete uns nichts: Sie setzte sich aus bunt gemischten Möbeln, die wir geschenkt bekommen hatten, zusammen.

Im April 1971 wurde mit dem Bau begonnen, Ende September desselben Jahres zogen wir bereits ein – und hatten dank des unermüdlichen Einsatzes vieler ehrenamtlicher Bauhelfer sogar noch etwas Geld übrig, einen Notgroschen für besondere Fälle. Besonders wichtig war für mich, dass trotz der großzügigen finanziellen Unterstützung des Baus der Andheri-Zentrale die Spenden für die Projekte in Indien nicht zurückgingen, im Gegenteil. 1972 konnten wir sogar deutlich höhere Zuwendungen verzeichnen als im Vorjahr.

Nie hätte ich mir träumen lassen, dass ausgerechnet ich einmal stellvertretend für die Andheri-Hilfe Bauherrin sein würde. Und obwohl ich nicht im Geringsten darauf vorbereitet war, wuchs ich auch in diese Aufgabe hinein. Ich war an ein riesiges Arbeitspensum und die doppelte Belastung durch Beruf und Vereinsarbeit seit langem gewöhnt, aber diese dritte Aufgabe überstieg doch meine Kräfte. Aus diesem Grund reduzierte ich zum Beginn des Schuljahres 1971/1972 mein Deputat als Lehrerin um die Hälfte und nahm eine Gehaltsminderung von ebenfalls fünfzig Prozent in Kauf. Ursprünglich war dieser Einschnitt nur für ein Jahr geplant. Aber das war illusorisch, denn meine Arbeitsbelastung für die Andheri-Hilfe wuchs mit dem Umzug ins neue Haus stetig. Schon bald zeigte sich, dass unsere Entscheidung für den Bau des Andheri-Hauses richtig gewesen war. Der zusätzliche Raum, den wir nun zur Verfügung hatten, wirkte sich sofort förderlich für unsere Arbeit aus. Von da an mussten wir keine Sachspenden mehr ablehnen, konnten sie sachgemäß einlagern, in aller Ruhe den Versand nach Indien planen und professionell abwickeln oder die Ware für die Basare in Deutschland vorbereiten. Nun konnten wir auch endlich das Angebot der zahlreichen ehrenamtlichen Helfer in Anspruch nehmen: Oft saßen wir gemeinsam um den großen Tisch, um den Versand von Rundbriefen und Kalendern vorzubereiten. Dabei gab es viel zu erzählen, zu berichten und auch zu lachen. Helfen macht eben Freude!

Wir verfügten über Büroräume, in denen Mitarbeiter konzentriert und effektiv die Kontakte zu unseren Freunden vor Ort sowie zu unseren Partnern in Indien pflegen konnten. Für indische Besucher stand sogar ein eigenes Gästezimmer zur Verfügung. Unser neuer Mehrzweckraum – er diente uns zugleich als Wohnzimmer – sah viele Schüler, Vereine, Basarteams und andere Unterstützergruppen, die von Maryann liebevoll bewirtet wurden. Hier fanden später auch die sogenannten »Wohnzimmergespräche« mit anderen Organisationen der Entwicklungszusammenarbeit statt.

Diese vielen stets motivierenden Begegnungen zahlten sich im wahrsten Sinne des Wortes aus: Gingen im Jahr 1970 rund 400 000 D-Mark an Spenden ein, so waren es ein Jahr später bereits circa 700 000 D-Mark. Das Sachspendenaufkommen stieg noch deutlicher an: von 170 000 D-Mark im Jahr 1970 auf 370 000 D-Mark im Folgejahr.

In der neuen Zentrale wehte ein frischer Wind, viele junge Menschen gingen nun bei uns ein und aus, machten begeistert mit und steckten andere an. Aus meiner bescheidenen Initiative, angeregt durch den Bericht in einer Illustrierten, war eine Organisation, ja, eine Bewegung geworden – ein Zusammenschluss von aktiven Menschen, die viel bewegten.

Zwölf Jahre später stand ich wieder vor einer wichtigen Entscheidung: Gerade einmal 55 Jahre alt, musste ich den Schuldienst ganz aufgeben. Das war für mich ein schwerer Schritt, denn ich liebte meinen Beruf. Aber das Werk, einmal begonnen, forderte mich nun ganz, wollte ich nicht auf halbem Weg stehen bleiben. Am letzten Arbeitstag verließ ich meine Schule ganz unbemerkt durch einen Nebenausgang, damit niemand meine Tränen sah. Der Abschied von der Schule, zehn Jahre vor der regulären Pensionierung, tat weh.

Nun war ich ganz frei, frei für die selbstgewählte Aufgabe, und während der letzten 30 Jahre, die seitdem vergangen sind, habe ich auch diesen entscheidenden Schritt nicht einen Augenblick bereut. Der Wunsch meines Jugendfreundes Hans-Robert, den er mir am Tag seiner Priesterweihe schrieb, ist auf wunderbare Weise in Erfüllung gegangen: »Gottes Helfer will ich sein. Tue Du desgleichen, und Du wirst so glücklich werden, wie ich es heute bin. Dein H.-R.«

Die Andheri-Hilfe wuchs kontinuierlich. Sie gewann bei Spendern wie auch bei öffentlichen Stellen einen guten Ruf.

Die Aufgaben im Partnerland und in Deutschland nahmen zu. Welches Glück, sich so gezielt und erfolgreich einsetzen zu dürfen für eine bessere und gerechtere Welt; ein wenig beizutragen zu einem Ausgleich zwischen dem Wohlstand hier und der Armut dort! Jeden Tag wurde mir neu bewusst, wie richtig meine Entscheidung im Alter von achtzehn Jahren für ein Leben ohne eigene Familie gewesen war, auch wenn sie vielen unbegreiflich gewesen sein mag.

Ich verzichtete auf die Liebe zwischen Mann und Frau. Muss ich deshalb Liebe ganz entbehren? Durchaus nicht. Ich fühle mich überaus glücklich in einer großen Familie: Da ist der große Kreis von inzwischen etwa 20 000 Andheri-Freunden, mit denen mich das gleiche Ziel verbindet. Da ist der kleinere Kreis von aktiven Stiftungsfreunden, zu denen ich intensiven Kontakt pflege. Da ist aber auch meine »Wahlfamilie« von insgesamt vierzehn Inderinnen, die im Laufe der Jahre in unser Haus nach Bonn kamen. Sie trafen zwar mit einem leichten Koffer an Habseligkeiten hier ein, dafür trugen sie eine umso schwerere Last aus der Vergangenheit: Jede dieser jungen Frauen hatte ihre eigenen harten Lebenserfahrungen hinter sich, die zum Teil schmerzliche Wunden zurückgelassen hatten, Wunden, die viel Geduld, Fürsorge und Liebe erforderten, um zu heilen. Teilweise waren die Wunden aber auch so tief, dass sie immer wieder aufbrachen. Bis heute kennt kaum eine der jungen Frauen ihre eigenen Wurzeln, und das ist ein Schmerz, der niemals wirklich heilt.

Drei unserer jungen Inderinnen kehrten später in ihre Heimat zurück – nicht ohne vorher ihre Zukunft abzusichern. Neun Frauen gründeten in Deutschland eine eigene Familie. So habe ich selbst eine große Familie mit Töchtern, Schwiegersöhnen, Enkeln und Urenkeln. Heißt es nicht schon im Alten Testament: »Die Kinderlose lässt im Haus du wohnen, als frohe Mutter vieler Kinder.«

Maryann beim religiösen Tanz

Maryann hatte keine Heiratspläne. Sie ist aus meinem Leben und dem der Andheri-Hilfe nicht mehr wegzudenken. Mit den Jahren wuchs zwischen uns eine echte Mutter-Tochter-Beziehung, und so war es nur folgerichtig, dass ich mich zur Adoption entschloss. 1983 wurde sie als Maryann Gollmann die »eheliche Tochter der ledigen Rosi Gollmann«. Seit mehr als vierzig Jahren ist Maryann nun bei mir, nimmt mir im Haus alle Arbeit ab, weiß aber auch, dass ich immer für sie da bin, wenn sie mich braucht. Bei Veranstaltungen und Reisen ist sie wenn möglich dabei und genießt Respekt und Anerkennung von allen Seiten. Wann immer sie gebraucht wird, hilft sie bei der Arbeit für die Andheri-Hilfe mit, vor allem bei den Basaraktionen. Unvergessen sind für zahlreiche Andheri-Freunde ihre graziösen und von tiefer Innerlichkeit geprägten Tänze. Oft beeindruckte sie zum Beispiel durch einen Anbetungstanz mit brennenden Kerzen in den Händen während des Gottesdienstes. Viele erinnern sich noch heute an ihre außergewöhnliche, getanzte Interpretation des Vater-Unsers. An einem Wochenende tanzte sie doch tatsächlich dreizehn Mal dieses Gebet – und auch beim letzten Tanz war ihre Darbietung genauso tief empfunden wie beim ersten Mal. Nie werde ich vergessen, wie ihr bei der Bitte: »Vergib uns unsere Schuld«, die sie kniend mit emporgereckten Händen darstellte, die Tränen in den Augen standen.

Maryann hat sich und ihre Arbeit vor einiger Zeit im Andheri-FORUM, unserer Hauszeitung, mit folgenden Worten vorgestellt: »Als Findelkind hatte ich nie die Chance, zu lernen oder gar zu studieren. Das bedrückt mich oft. Aber wenn ich trotzdem meinen Teil beitragen darf, anderen Menschen zu helfen, bin ich doch sehr froh. Ich sorge dafür, dass die Besucher und Gäste aus Indien und Bangladesch sich in unserem Haus wohlfühlen, und bewirte auch oft die ehrenamtlichen Helfer … Ich bewege nicht die Welt, aber ich trage durch meine einfache Arbeit dazu bei, ärmste Menschen glücklich zu machen. Was das bedeutet, weiß wohl niemand so gut wie ich, die ich die Not am eigenen Leibe kennengelernt habe.«

An meiner Seite kehrte Maryann oft wieder nach Andheri zurück und konnte miterleben, wie sehr sich dort die Situation zum Besseren wendete.

Kapitel Zehn

# Hilfe für zehntausend Heimkinder

Kinder sind lebendige
Türen in die Zukunft.
*Hans Wallhof*

Wie es so ist mit guten Neuigkeiten – sie sprechen sich rasch herum. So war es auch mit den Verbesserungen, die mit Hilfe vieler Spender im St. Catherine's Home verwirklicht werden konnten. Eines Tages erreichte uns ein alarmierender Brief aus Kadaba, einem kleinen Ort im südwestlichen Bezirk von Mangalore im indischen Bundesstaat Karnataka. Der Leiter des St. Vincent's Home, Father Gomes, beschrieb mit verzweifelten Worten folgende Notsituation: Seine beiden Kinderhäuser für je fünfzig Mädchen und Jungen waren vom Einsturz bedroht. Der Architekt habe streng davor gewarnt, die Kinder weiterhin in diesen Unterkünften zu belassen, da sie täglich unter deren Trümmern begraben werden könnten. »Was soll ich tun?«, schrieb er, »ich kann diese Kinder doch nicht auf die Straße schicken. Doch für einen Neubau fehlen die Mittel.« Father Gomes bat in seinem Schreiben um die entsprechende Summe – und zwar um 50 000 D-Mark –, um die dringend notwendigen Unterkünfte für die Kinder zu errichten. Und er brauchte das Geld sofort. Ich war hin- und hergerissen. In unserer Vereinssatzung hatten wir uns vor allem gegenüber den Kindern im St. Catherine's Home zur Hilfe verpflichtet, und die zur Verfügung stehenden Gelder waren zu diesem Zeitpunkt bereits für bestimmte Maßnahmen zugesagt. Konnte man aber eine so dringende Bitte einfach ignorieren? Father Gomes' SOS-Ruf wühlte mich tief auf. Ich dachte an die Kinder, an die Gefahr, der sie ausgesetzt waren. Was sollte ich tun?

Diese Frage ließ mich in der folgenden Nacht nicht zur Ruhe kommen. Aber der nächste Morgen brachte bereits die »Antwort«, und zwar in Form einer Mitteilung vom Amtsgericht in Aachen. Eine uns eng verbundene Spenderin war verstorben und hatte in ihrem Testament die Andheri-Hilfe bedacht. Ich konnte es kaum fassen: eine so großherzige Verfügung. Erst recht traute ich meinen Augen kaum, als ich die uns zugedachte Summe las: Sie betrug exakt 50 000 D-Mark, genau so viel, wie Father Gomes von uns erbeten hatte. Da diese Spende ohne Zweckbindung erfolgt war, hielt ich die Lösung für Father Gomes' Problem und die Not seiner Kinder in Händen. War es ein Wunder – oder einfach nur ein »Zufall«?

Es gab mir sehr zu denken, dass genau in dem Moment, als eine Anfrage eintraf, die unseren Rahmen sowohl in finanzieller als auch in konzeptioneller Hinsicht sprengte, uns exakt die dafür nötigen Mittel zuflossen. Hieß das nicht, dass wir über die selbstgesteckten Grenzen hinausgehen sollten? Für mich war es jedenfalls ein untrügliches Zeichen, auf dem eingeschlagenen Weg weiterzugehen, bei den bisherigen Aktivitäten nicht stehen zu bleiben, sondern für neue Anforderungen offen zu sein.

Gleichzeitig wurde mir aber auch die große Verantwortung bewusst, die damit auf mich und unseren Vorstand zukam. Es ging schließlich um Gelder, die man uns oft unter persönlichen Opfern anvertraut hatte. Bisher waren alle Spenden ausschließlich den Schwestern von Andheri und den Marys zugeflossen, die uns persönlich bestens bekannt waren. Father Gomes jedoch war uns fremd, hier ging es zum ersten Mal um die Öffnung für einen neuen, uns unbekannten Partner. Konnten wir ihm und seinen Angaben trauen, konnten wir im fernen Deutschland blindlings seinen Angaben Glauben schenken, oder war es nicht geboten, zunächst Erkundigungen einzuholen?

Ich konsultierte erfahrene Einrichtungen in Deutschland, wo man mir zuverlässige indische Kontaktstellen nannte, die für die Region Mangalore zuständig waren. So wandte ich mich an die bischöfliche Institution, die Canara Organisation for Development and Peace (Kanara Organisation für Entwicklung und Frieden), mit der Bitte um vertrauliche Auskunft. Die Antwort war positiv. Die Notsituation im St. Vincent's Home wurde uns sogar noch drastischer und detaillierter beschrieben als von Father Gomes selbst.

So sagten wir unsere Hilfe zu. In der Diözese Mangalore war Father Edwin Pinto, dem außer dem Heim von Father Gomes noch dreiundzwanzig weitere Einrichtungen unterstanden, für die Sozialarbeit zuständig. Ihn beauftragten wir mit der Durchführung des Neubaus im St. Vincent's Home und der korrekten Verwendung unserer testamentarischen Spende.

Als Father Pinto einige Zeit später zu einer sechsmonatigen Weiterbildung im Bereich Sozialarbeit und Entwicklung nach Kanada reiste, nahm er die Gelegenheit zu einem mehrtägigen Zwischenaufenthalt in der Bonner Andheri-Hilfe wahr.

Mit leidenschaftlichen Worten schilderte uns der Geistliche die Probleme der Menschen in seiner Heimat. Wie sehr ihm besonders die Kinder in den vierundzwanzig Heimen, die ihm unterstanden, am Herzen lagen, bestätigten seine detaillierten Kenntnisse, die er von jedem einzelnen Kinderheim besaß. Nächtelang saßen wir beieinander. Mich interessierten besonders die familiären und sozialen Hintergründe der Heimkinder. Von Father Pinto erfuhr ich, dass es nur wenige elternlose Kinder waren, die der Heimunterkunft bedurften, sondern hauptsächlich sogenannte »Sozialwaisen«, die in ihren eigenen Familien nicht aufwachsen konnten.

»Warum denn nicht?«, fragte ich, mit Absicht ein wenig provozierend.

Darauf schilderte mir Father Pinto Situationen, die ich schon aus dem St. Catherine's Home kannte: dass es ungezählte Familien gab, die finanziell nicht in der Lage waren, ihre Kinder zu ernähren. Nicht etwa aus Lieblosigkeit, sondern gerade aus echter Sorge gaben diese Eltern ihre Kinder in die Heime.

Wie damals, während meines ersten Besuches in Andheri, fragte ich mich: Ist es richtig, auf die Armut der Eltern mit Kinderheimen zu reagieren? Ist es tatsächlich eine Lösung, immer mehr Heimplätze für diese Kinder zu schaffen? Genügt es, durch Kinderheime die Symptome der Armut anzugehen, anstatt das Übel an der Wurzel zu packen und den Ursachen nachzugehen?

»Ist es denn für Sie befriedigend«, fragte ich Father Pinto, »immer wieder auf der Suche nach Hilfe zu sein, um die Heime zu erhalten? Bei jedem Dach, das zusammenbricht, zu hoffen, dass jemand Geld geben wird, um es zu reparieren? Und das alles ohne Aussicht auf Veränderung?«

»Sie haben vollkommen Recht«, erwiderte Father Pinto. »Schon lange denke ich über Maßnahmen nach, um den Heimen zu helfen, sich auf Dauer selbst zu finanzieren. Ich habe dazu schon einige Pläne im Kopf. Aber ich fürchte, das werden alles nur Träume bleiben. Um den Hunger von Kindern zu stillen oder deren Krankheiten zu heilen, geben die Menschen hier in Europa gern. Aber wer ist schon bereit, in langfristige Maßnahmen zu investieren?«

Für mich war dieses Gespräch überaus wichtig: In Father Pinto hatten wir einen fähigen Partner in Indien gefunden, mit dem wir nicht nur gemeinsam für die täglichen Bedürfnisse der Kinder sorgen, sondern auch an einer tragfähigen Zukunft für sie bauen konnten.

Zunächst waren die Heime noch notwendig, und darum entwickelten wir gemeinsam mit Father Pinto Strategien, sie so

Die Einweihung des neuen Kinderheims in Kadaba

auszurüsten, dass die Kinder dort unter menschenwürdigen Bedingungen leben konnten. Wir waren uns aber einig darüber, dass die Waisenhäuser auf Dauer von fremder Hilfe unabhängig werden mussten. Und dafür gab es noch viel zu tun!

Ein gutes Jahr später durfte ich bei der Einweihung der beiden neuen Gebäude in Kadaba dabei sein und gemeinsam mit den Kindern und ihren Betreuern ein fröhliches Fest feiern. Außerdem hatte ich so die Gelegenheit, mich von der sinnvollen und korrekten Anlage der testamentarischen Verfügung zu überzeugen. Wie in Andheri wurde ich auch dort mit Blüten überschüttet und mit Blumenkränzen geschmückt. Solche Gesten der Dankbarkeit beschämten mich stets, aber ich lernte mit der Zeit, wie wichtig es für diese Menschen ist, nicht nur Empfangende zu sein, sondern auch selbst etwas geben zu dürfen.

Die neuen Kinderhäuser waren einfach und funktional, dazu hell und freundlich. Ich konnte deutlich sehen, wie wohl sich die Kinder in ihnen fühlten. Unsere Zuwendung hatte gereicht, mit einer gut funktionierenden Bewässerung einen Nutzgarten anzulegen, in dem Reis, Süßkartoffeln sowie verschiedene Obst- und Gemüsesorten gediehen – eine wichtige Ergänzung für die Ernährung der Kinder.

Mein Besuch in Kadaba gab mir die Möglichkeit, zusammen mit Father Pinto siebzehn weitere Heime im Gebiet von Mangalore kennenzulernen. Wie betroffen war ich von den primitiven, armseligen Verhältnissen dort! Die meisten Kinder waren unterernährt, viele in einem miserablen gesundheitlichen Zustand, litten an Hauterkrankungen, Anämien und vielen mir unbekannten Krankheiten. Ich sah in ihre ausgezehrten Gesichter, spürte ihre Not. Da bedurfte es keiner großen Worte: Hier war Hilfe dringend notwendig, und zwar so schnell wie möglich!

Heute noch sehe ich das »Infant Mary Orphanage« in Kulshekar vor mir. Das ganze Heim bestand aus einem engen, dunklen, schlauchartigen Raum. Da saßen die über hundert Kinder des Heims in langen Reihen nebeneinander, um aus Blechschüsseln ihre karge Mahlzeit zu sich zu nehmen. Da machten sie ihre Schulaufgaben, und am Abend breiteten sie an derselben Stelle ihre dünnen Tücher aus, um darauf zu schlafen. Wir investierten 50 000 D-Mark Spendengelder, um einen schlichten, aber menschenwürdigen Neubau mit zwei Stockwerken zu ermöglichen, einschließlich einer Küche mit Kaminabzug, eines Lagerraums für die Vorräte und vor allem mit dringend notwendigen sanitären Anlagen. Welch positive Auswirkung diese Veränderungen auf die Kinder hatte, konnte ich bei meinem nächsten Besuch feststellen: Hatten sie beim ersten Mal bedrückt und apathisch auf ihren Plätzen gehockt, so sprangen sie jetzt lachend und sprudelnd vor Fröhlichkeit um mich herum. Ich hatte gar nicht genug Platz auf meinem

Schoß für die vielen Kleinen, die ihre Ärmchen nach mir ausstreckten.

Zuerst die größte Not lindern, dann die Ursachen für die vielen Infektionserkrankungen beseitigen und schließlich gemeinsam mit den Menschen vor Ort Projekte finden, die geeignet waren, um das Heim in absehbarer Zeit in die Selbstständigkeit zu führen – das war die Strategie, die wir gemeinsam mit Father Pinto in Bonn entwickelt hatten. Wir leisteten also schon damals Hilfe zur Selbsthilfe, wie man es später nennen sollte.

Unser Vorstand beschloss, für dieses ehrgeizige Ziel die nötigen Mittel zur Verfügung zu stellen, und innerhalb von drei bis vier Jahren flossen rund 750 000 D-Mark Spendengelder als Starthilfe in den Bezirk Mangalore. Auch im St. Paul's Orphanage in Naravi waren 1978 die Erfolge durch unsere Finanzierung einer Tierhaltung und die Förderung des heimeigenen Ackerbaus unübersehbar: Grüne Reisfelder mit drei Ernten jährlich deckten den Bedarf der fast fünfhundert Kinder bereits für acht Monate im Jahr.

Die Erfahrung, die wir im St. Catherine's Home mit den Verbesserungen im Gesundheitsbereich gemacht hatten, erwiesen sich auch in den Heimen von Mangalore als richtungsweisend. Auch dort wurde ein deutscher Arzt indischer Abstammung gefunden, Dr. Tata, der im Rahmen eines freiwilligen Einsatzes alle Kinder der vierundzwanzig Heime untersuchte. Leider war das Ergebnis ebenfalls alarmierend. Um den Gesundheitszustand der Kinder zu verbessern, wurden sie mit Medikamenten gegen Wurmbefall versorgt und vor allem ihr Immunsystem durch Vitamingaben gestärkt. Dazu kamen präventive Maßnahmen wie Schutzimpfungen vor Beginn jedes Schuljahrs. All das führte zu einer wesentlichen Verbesserung der gesundheitlichen Verfassung der Kinder. Außerdem konnte Father Pinto einen jungen indischen Arzt einstellen, der im regelmäßigen

Gemeinsam wird überlegt und geplant

Turnus alle Waisenhäuser besuchte und die Kinder medizinisch betreute. Jedes Haus erhielt eine Erste-Hilfe-Ausrüstung sowie einfache Instrumente und Medikamente. In jedem Waisenhaus wurde eine Schwester bestimmt, die einen Kurs in Krankenpflege absolvierte, um einfache Erkrankungen oder Verletzungen sofort versorgen zu können. Für besonders schwere Fälle wurde jedes Heim einem Krankenhaus in der näheren Umgebung zugeordnet. Dabei stellte sich heraus, dass zwei dieser Hospitäler mangelhaft ausgestattet waren, zum Beispiel fehlte ein Röntgenapparat. Die Andheri-Hilfe machte die Anschaffung dieser Geräte möglich.

Was ich hier in wenigen Sätzen beschreibe, setzte einen massiven Einsatz an Überlegungen, Planungen und finanziellen Mitteln voraus und war nur möglich durch eine hochmotivierte Zusammenarbeit aller Beteiligten. Eine Maßnahme musste stets in die andere greifen, damit das Ganze ein Erfolg werden konnte.

Wie schon in Kadaba waren die Veränderungen nach einigen Jahren beeindruckend – die Situation in den vierundzwanzig Heimen hatte sich über alle Erwartungen hinaus verbessert: Die Kinder lebten gesünder, menschenwürdiger und gewannen dadurch an Lebensqualität dazu. Die landwirtschaftlichen Projekte entwickelten sich so gut, dass sogar benachbarte Bauern auf deren spezielle Methoden neugierig wurden und gern in den Heimen »in die Lehre gingen«, um ebenfalls effektivere Anbautechniken auf ihren Feldern anzuwenden.

Für mich persönlich konnte es keinen größeren Lohn geben, als die unglaublichen Ergebnisse unserer Arbeit zu sehen. Am glücklichsten machte mich die Verwandlung der Kinder. Wie betroffen war ich noch bei meinem ersten Besuch im Philomena-Orphanage in Uppangady von ihrer Apathie und der Freudlosigkeit in ihren Gesichtern. Kaum zu glauben, dass es wenige Jahre später dieselben Kinder waren, die mir mit übermütigem Stolz ihre Viehhaltung präsentierten! In Deutschland müsste man gewiss lange suchen, um so heiß geliebte Ferkel zu finden. Im Mädchenheim in Gangulli sah ich, wie jedes Kind mit großem Eifer und echter Freude ein eigenes ihm zugeteiltes Stückchen Garten betreute. War mir in den ersten Jahren aufgefallen, dass die Heimkinder fast überall unzureichend gekleidet waren, so konnten wir auch hier Abhilfe schaffen. In drei der insgesamt vierundzwanzig Kinderheime wurden Nähstuben eingerichtet, die bald nicht nur die eigenen Kinder mit den notwendigen Kleidungsstücken versorgten, sondern auch die der umliegenden Heime. Gleichzeitig erhielten heranwachsende Mädchen dort die Möglichkeit, den Beruf der Schneiderin zu erlernen, eine Chance, die ihnen im späteren Leben von großem Nutzen sein würde.

Viele weitere Maßnahmen wurden im Umfeld der Heime getroffen: Es wurden hygienische Küchen angebaut, Fischteiche angelegt und Biogasanlagen geschaffen. Auch die schulische und berufliche Ausbildung der Heimkinder wurde intensiviert, schließlich ging es um ihre Zukunft.

Am wichtigsten aber war, das konnte ich immer wieder beobachten, die liebevolle Zuwendung. Bekamen die Kinder keine Liebe, war alles andere vergeblich, und weder gutes Essen noch eine saubere Umgebung hätten sie dazu motivieren können, aus ihrem Leben etwas zu machen. Es verwundert kaum, dass mit den positiven Veränderungen in den Heimen auch die Betreuer freier wurden und den Kindern mehr persönliche Zuwendung schenken konnten. Und letztlich ist das wohl das wichtigste Ergebnis aller Mühe; denn kein Mensch, besonders kein Kind, kann ohne Liebe leben.

Zwölf Jahre nachdem der erste Brief von Father Gomes uns erreicht und die überraschende testamentarisch festgelegte Spende uns dazu ermutigt hatte, ein weiteres Mal unsere Grenzen zu überschreiten, wurde der Weg frei für die dauerhafte finanzielle Unabhängigkeit aller vierundzwanzig Waisenhäuser in Mangalore: Wir halfen der Diözese bei der Finanzierung eines Geschäfts- und Bürokomplexes. Mit den Mieterträgen aus diesem Gebäude konnten die Finanzlücken geschlossen werden, die sich beim Unterhalt aller vierundzwanzig Heime noch ergaben. Was Father Pinto bei unserem ersten Treffen in Bonn wie ein Traum erschienen war, wurde durch unsere »Entwicklungszusammenarbeit« – im wahrsten Sinne des Wortes – Wirklichkeit. Wir alle haben uns in jenen Jahren des partnerschaftlichen Miteinanders entwickelt. Nicht nur die Heime, nicht nur ihre Bewohner, sondern auch wir – die Förderer und der Vorstand der Andheri-Hilfe und nicht zuletzt ich selbst, wir alle sind immer unterwegs, bereit zu neuen Wegen.

Gemeinsam haben wir viel erreicht: Mehr als 10 000 Kindern verhalfen wir zu menschenwürdigen Lebensverhältnissen, und nicht nur die Heime in Mangalore standen nun auf eigenen Füßen, auch Waisenhäuser in anderen Gebieten konnten wir in die Selbstständigkeit führen.

Ein besonderes Geschenk für mich war, dass auch das St. Catherine's Home in Andheri unsere Hilfe bald nicht mehr benötigte. Eine Spenderin, die es von Anfang an unterstützt hatte, erhielt zu ihrem großen Erstaunen einen freundlichen Brief der Schwestern: Sie bedankten sich für die jahrelangen Zuwendungen und ließen die Dame wissen: »Jetzt schaffen wir es allein!«

»Das habe ich ja noch nie erlebt«, sagte die Spenderin zu mir, »dass jemand auf weitere Hilfe verzichtet. Was ist da doch geleistet worden!«

Und dennoch. Ein großes Dennoch blieb: Sollte die Andheri-Hilfe mit dem ständig wachsenden Spendenaufkommen über Jahre hinaus nur bei der Instandsetzung und Unterstützung von indischen Waisenhäusern mithelfen?

Was wäre, wenn all die Kinderheime gar nicht mehr benötigt würden? Wenn Kinder dort aufwachsen könnten, wo ein guter Schöpfergott sie hingepflanzt hat: in der eigenen Familie? Was können wir tun, fragte ich mich, damit Mütter nicht mehr gezwungen sind, ihre Säuglinge, die sie doch ohne Zweifel liebten, auszusetzen oder die Kleinkinder an den Waisenhauspforten abzuliefern? Ist es die Aufgabe von sozial oder religiös motivierten Menschen, sich dieses »Streuguts« anzunehmen? Sind Heime die Lösung? Oder schaffen Waisenhäuser erst Waisenkinder?

Kapitel Elf

# Acht Kokosnüsse und die Heimkehr der Kinder

Der Mensch kann nicht entwickelt werden,
er kann sich nur selbst entwickeln.
*Rosi Gollmann*

Diese Fragen ließen mich nicht mehr los. Sie beschäftigten mich ständig, auch als ich Anfang der siebziger Jahre gemeinsam mit Pater Martin eine Reihe von Dörfern im Bundesstaat Karnataka besuchte. Father Pinto, der für die dortigen Projekte zuständig war, begleitete uns.

Auch heute noch, wie vor vierzig Jahren, leben siebzig Prozent der indischen Bevölkerung auf dem Land, davon der größte Teil unterhalb des Existenzminimums, das heißt von damals umgerechnet 17 D-Mark pro Monat. Wer konnte es den Eltern in einer solchen Notlage verdenken, dass sie ihre Kinder in Waisenhäuser gaben? Sie wussten, dass die Kinder dort gut »versorgt« wurden und man ihnen gab, was sie als Eltern nicht leisten konnten: ausreichend zu essen, nötige Kleidung, eine gesundheitliche Versorgung und außerdem noch schulische Bildung.

Von den Problemen der Dorfbewohner wusste ich aus Statistiken. Was aber sind nüchterne Zahlen gegen den eigenen Augenschein? Zwar war mir bei meinen Besuchen der Mary-Stationen in der Umgebung von Bombay die Armut in den Dörfern nicht verborgen geblieben, doch stand ich auch dieses Mal wieder betroffen inmitten der Ansammlung von windschiefen, wenn auch sauber gehaltenen Hütten, die sich aneinander zu schmiegen schienen wie eine Herde verschreckter Schafe.

Bis heute erinnere ich mich lebhaft an meine ersten Begegnungen mit den Bewohnern dieser Dörfer. Waren sie zuerst noch scheu den beiden unbekannten Weißen gegenüber, fassten sie bald Vertrauen und kamen freundlich auf Pater Martin und mich zu. Vor allem die Kinder umringten mich nach kurzer Zeit und betrachteten mich neugierig aus ihren großen Augen, als sei ich ein Wesen von einem anderen Stern.

Unvergessen blieb für mich unser Besuch in dem Dorf Bisvalvadi. Dort war Father Pinto bestens bekannt, der uns in seinem wie immer sauberen Hemd und den mit hellem Garn selbst geflickten Hosen mit großen Schritten vorausging.

»Ich habe heute Freunde mitgebracht«, stellte er uns vor, »unsere Schwester Rosi Gollmann und Father Martin, euren Bruder.«

Sofort rannten ein paar größere Jungen los, um von irgendwoher Stühle zu holen. Ich winkte freundlich ab. »Danke«, ließ ich Father Pinto übersetzen, »das brauchen wir nicht.« Und so setzten wir uns zu den Dorfbewohnern auf den Boden. Ich liebe diese Gespräche mitten unter den Menschen – mit ihnen auf Augenhöhe –, das verbindet wie kaum etwas anderes.

Eine junge Frau brachte uns einen Becher Tee, wir nahmen diese freundliche Geste dankbar an. Und dann erzählten die Menschen von ihrem Leben, von ihren kleinen Freuden, aber auch von ihren Sorgen und Mühen. Mehr noch als ihre Worte sprach aber zu mir, was ich mit meinen eigenen Augen sah. Viele der Kinder waren nur notdürftig bekleidet und außerdem unterernährt. Nach dem ersten Kennenlernen zeigte man uns die kleinen Felder und Gärten – aber was war dort zu sehen? Die Erde war vertrocknet, der Boden zeigte tiefe Risse.

Unser Berater und Freund: Father Edwin Pinto

»Wie soll uns dieses trockene Land ernähren?«, sagte einer der Kleinfarmer und wies resigniert über das karge Land. Weil ihre Felder nicht zum Überleben reichten, suchten viele ihr Auskommen als Tagelöhner bei den Großbauern, die sich eigene Bewässerungsanlagen leisten konnten. Arbeit für alle Kleinfarmer hatten aber auch sie nicht, und ohnedies bezahlten sie nur einen Hungerlohn.

»Wir haben zum Leben zu wenig und zum Sterben zu viel«, brachte es eine Mutter auf den Punkt. Zwei Kinder schmiegten sich an sie, und auf dem Arm trug sie einen Säugling. Sie war noch jung, und dennoch wirkte ihr hübsches Gesicht ausgemergelt und von der täglichen Sorge gezeichnet. »So sehr wir uns auch bemühen, wir wissen nicht, wie wir unsere Kinder sattbekommen sollen. Es reicht kaum für eine Mahlzeit am Tag.«

»Einige Familien hier im Dorf«, ergänzte ihr Mann, »haben ihre Kinder anderweitig untergebracht. Und wenn es so weitergeht, muss ich wohl meinen Ältesten in eines von Father Pintos Kinderheimen geben.«

Ich überlegte, was wohl »anderweitig untergebracht« bedeuten mochte, wagte aber nicht nachzufragen. Ich fühlte zutiefst mit den Dorfbewohnern, aber mit Mitleid war diesen an den Rand der Existenz gedrängten Menschen nicht geholfen. Noch einmal gingen Father Pinto, Pater Martin und ich durch das Dorf und über die Felder ringsum. »Wie kann man die Situation dieses Dorfes verbessern?«, war die Frage, die uns dabei beschäftigte. Wenig später saßen wir wieder alle auf dem Dorfplatz im Schatten eines großen Baumes beisammen. Hundert Augenpaare waren erwartungsvoll auf uns gerichtet. Mir wurde klar, dass sie sich konkrete Hilfe von uns erhofften.

Stattdessen fragte ich in die Runde: »Was könnt ihr tun, damit es euch und euren Kindern bald besser geht?«

Eine leichte Unruhe kam auf. Das hatten sie nicht erwartet. Auf vielen Gesichtern war Verwunderung zu lesen, wenn nicht gar Enttäuschung.

»Ihr könnt eure Situation nur selbst verändern«, fügte ich hinzu, »aber wir stehen dabei an eurer Seite.«

Ich konnte förmlich hören, wie ein Aufatmen durch die Reihen ging. Wir ließen sie also nicht allein. Und so entwickelte sich bald ein angeregtes Gespräch.

»Habt ihr schon einmal überlegt, was die Ursachen für eure Not sind?«, fragte ich.

Die Männer und Frauen begannen, diese oder jene Gründe aufzuzählen, merkten aber bald, dass sie der Frage noch genauer auf den Grund gehen mussten. »Wir verstehen, wie wichtig diese Frage ist«, versicherten sie mir, »und wir werden uns mit ihr beschäftigen.«

Meine nächste Frage richtete sich an jeden Einzelnen: »Wer von euch ist bereit, sich selbst mit aller Kraft dafür einzusetzen, dass sich in eurem Dorf etwas verändert? Wer will sich – wenn nötig, auch unter persönlichen Opfern – für Verbesserungen für euch und eure Kinder engagieren?«

Viele streckten den Arm in die Höhe. Ja, sie wollten keine Mühe scheuen, um ihr Schicksal zu wenden. Und doch las ich Unsicherheit und Skepsis in ihren Mienen.

»Was kann ich als Einzelner denn schon verändern?«, fragte ein Mann aus der Runde, und viele nickten zustimmend. Ein anderer entgegnete: »Dann müssen wir uns eben zusammentun! Gemeinsam werden wir es schaffen.«

»Ihr könnt Arbeitsgruppen bilden«, schlug ich vor. »Zum Beispiel ihr Frauen. Und ihr Kleinbauern. Vielleicht auch ihr Jugendlichen. Gemeinsam könnt ihr eure Situation überdenken und miteinander nach neuen Wegen suchen.«

Der Anfang war gemacht, die Dorfbewohner schöpften Hoffnung. In den folgenden Wochen und Monaten formierten sich die ersten Gruppen. Viele Ideen wurden eingebracht, Vorschläge gesammelt, diskutiert, wieder verworfen oder für gut befunden. Father Pinto, der das Dorf regelmäßig besuchte, hielt uns – wir waren längst wieder nach Deutschland zurückgekehrt – über die steten Fortschritte auf dem Laufenden.

Ein Dorf fasste Mut. Die Menschen hatten erkannt, dass sie aus ihrer Situation selbst herausfinden mussten, und waren bereit, auch unter Opfern aktiv mitzumachen. Und so wagten auch wir nach einer Zeit der sorgfältigen Vorbereitung etwas völlig Neues: Unsere Andheri-Hilfe gewährte den Bewohnern von Bisvalvadi Kleinkredite für Einkommen schaffende Maßnahmen. Nach intensiven Überlegungen waren die Dorfbewohner zu dem Schluss gekommen, dass zum Beispiel eine eigene Hühnerhaltung als Einnahmequelle sehr erfolgreich sein würde. Wir stimmten dem zu.

Diese Kleinkredite für ein paar Hühner waren der Anfang einer Entwicklung, wie ich sie mir damals nicht hätte träumen lassen. Mein erster Besuch in Indien lag etwa zehn Jahre zurück. Seither hatte ich immer wieder neue Eindrücke und Einsichten gewonnen, die mich vom ersten, rein karitativen Hilfsansatz in eine gezielte Entwicklungsarbeit hineinwachsen ließen, und zwar in der Begegnung und im fruchtbaren Dialog mit den Menschen vor Ort. Dabei war ich selbst stets eine Lernende und bin es bis heute. Mit offenen Augen, die die Not sahen, mit einem Herzen, das die Verzweiflung der Armen fühlte, und mit einem klaren Verstand, der analysierte und plante, baute ich Schritt für Schritt eine Organisation der Entwicklungszusammenarbeit auf.

Damals sprach man noch von »Entwicklungshilfe«; mir aber lag der Begriff des Miteinanders, des Zusammenarbeitens schon immer bedeutend näher, denn der Mensch kann nicht entwickelt werden. Er kann sich nur selbst entwickeln. Den Armen bei dieser »Selbstentwicklung« Hilfestellung zu leisten, sie dabei zu stützen – das Wort »unterstützen« benutze ich nicht gerne –, war die Aufgabe, nach der ich zwar selbst nicht gesucht hatte, die mir aber in den Weg gelegt wurde. Ich bin nicht an ihr vorbeigegangen. Ich habe sie aufgehoben. Sie war oft schwer – aber immer bereichernd und beglückend. Ich möchte sie nicht missen.

Damals bedeutete es einen Schritt in unbekanntes Terrain, als unser Vorstand der Vergabe von Kleinkrediten zustimmte, noch bevor derartige Maßnahmen zu einem vielbenutzten Instrument in den Entwicklungsländern wurden. Denn die Andheri-Hilfe war ja erst wenige Jahre zuvor mit dem Ziel gegründet worden, das St. Catherine's Home in Andheri und die Helpers of Mary zu fördern. Inzwischen hatten wir unsere Förderung auf eine Reihe weiterer Kinderheime in verschiedenen Teilen Indiens ausgedehnt und engagierten uns darüber hinaus gemeinsam mit der Canara Organisation for Development and Peace (CODP) im Gebiet von Mangalore für arme Kleinfar-

Hühnerhaltung als finanzieller Neubeginn

mer. Und dies war, wie sich später herausstellen sollte, eine folgenschwere und zukunftsweisende Entscheidung.

Die Andheri-Hilfe Bonn verpflichtete sich, unserem Partner CODP für die Dauer von fünf Jahren einen jährlichen Betrag von 50000 D-Mark zur Verfügung zu stellen. Diese Gelder sollten als Kleinkredite jenen Bauern zugutekommen, die sich selbst aktiv für die Verbesserung ihrer Situation einsetzten. Eine Bank in Mangalore, von der Ernsthaftigkeit der Kleinfarmer überzeugt, stellte einen Kredit in der gleichen Höhe bereit wie die Summe, die wir für das jeweilige Dorfentwicklungsprogramm einbrachten. Aus diesem Fond erhielten nun pro Jahr rund siebzig bis hundert Kleinstfarmer aus den betroffenen Dörfern – darunter auch aus Bisvalvadi – zinslose Darlehen. Mitarbeiter unserer Partnerorganisation standen ihnen beratend zur Seite, damit die Kredite sinnvoll investiert wurden: sei es für ein dringend notwendiges Bewässerungssystem auf den Feldern, sei es für neues Saatgut oder Düngemittel. Andere Kleinfarmer entschieden sich für die Haltung von Tieren und wurden entsprechend geschult.

Die Ergebnisse übertrafen alle Erwartungen: Die Einnahmen der Dorfbewohner stiegen, und dem täglichen Hunger war bald ein Ende gesetzt. Die Kreditnehmer schafften es, ihre Darlehen exakt und pünktlich zurückzuzahlen, so dass die rückfließenden Gelder wiederum anderen bedürftigen Familien als rotierende Kredite zur Verfügung standen.

Die Geschichte von Joackim D'Souza steht beispielhaft für viele: Joackim besaß zwei Ar Land, doch da seine einzige Wasserquelle der Monsunregen war, brachten ihm seine Felder meist eine so karge Ernte, dass er trotz aller Mühe seine Familie davon nicht ernähren konnte. Auch mit den umgerechnet vierzig Cent, die ihm seine zusätzliche Arbeit als Kuli auf den Feldern eines reichen Großgrundbesitzers pro Tag einbrachte, blieb der Hunger täglicher Gast in seinem Haus. Sein hartes Los änderte sich, als er durch einen Kleinkredit eine Bewässerungsanlage mit elektrischer Pumpe anschaffen konnte. Dazu nahm er im Rahmen des Farmerprojekts an einer fachlichen Beratung darüber teil, welche Pflanzen sich für seine Felder am besten eigneten. Die Bewässerungsmöglichkeit und der Anbau neuer Gemüse- und Getreidesorten brachten Joackim und seiner Familie die entscheidende Wende. Bei einem meiner Besuche zeigte er mir voller Stolz seine Felder und berichtete mir strahlend von seinen drei Ernten im Jahr, mehr als er je zu hoffen gewagt hatte. Was mich aber besonders freute: Durch die Verbesserung seiner wirtschaftlichen Situation konnte Joackim nun seine Kinder zur Schule schicken.

Als Zeichen seiner Dankbarkeit schenkte er mir eine reife Reisrispe von einem seiner Felder. Sie war mir wertvoll, und ich trug sie lange in meiner Geldbörse mit mir, bis sie eines

Tages zu Staub zerfiel. Seine Geschichte stellt unter Beweis, dass Familien zu fördern gleichzeitig bedeutet, Kinder zu fördern.

Unsere Zusammenarbeit mit indischen Kinderheimen setzten wir währenddessen fort. Im Oktober 1981 erreichte uns ein neuer Hilferuf, und zwar aus Tamil Nadu, dem südöstlichen indischen Bundesstaat, einem uns bislang noch fremden Gebiet. Allein in der Gegend um die Stadt Tiruchirappalli bedurften neunzehn Heime mit rund 1650 Kindern dringender Hilfe. Drei Jahre zuvor hatte eine verheerende Flutkatastrophe dort weite Teile verwüstet, und als Folge der Notlage vieler betroffener Familien hatten sich die Kinderheime dramatisch gefüllt. Aus ganz Tamil Nadu meldete man uns 274 Heime mit insgesamt 29 748 Kindern, die dringend auf Hilfe angewiesen waren. Schriftliche Kontakte entstanden, Pläne und Kostenvoranschläge gingen uns zu. Nach der Entscheidung unseres Vorstands, zunächst 100 000 D-Mark für die dringendsten Aufgaben dieser Heime einzusetzen, um menschenwürdige und kindgerechte Lebensbedingungen zu schaffen, reiste ich mit Pater Martin nach Tamil Nadu.

Auf dem Weg dorthin machten wir in Mangalore Station und besuchten einige der von uns geförderten Dörfer. So kamen wir auch wieder in das Dorf Bisvalvadi, dem wir vor Jahren den ersten Kleinkredit anvertraut hatten. Mit großer Herzlichkeit hieß man uns willkommen. Zu Ehren unseres Besuchs hatten die Dorfbewohner ein kleines Fest vorbereitet. Voller Stolz zeigten sie uns, was sie erreicht hatten: Die Hühnerzucht und die anderen Aktivitäten hatten tatsächlich den erhofften Erfolg gebracht. Ein Dorf lebte auf!

Während dieser Feier sah ich mich plötzlich einer für mich zunächst unerklärlichen »Zeremonie« gegenüber: Acht Kinder – ich hatte sie bei meinem ersten Besuch im Dorf nicht gesehen –

traten der Reihe nach auf mich zu. Jedes überreichte mir eine Kokosnuss und sagte: »Danke!«

»Was soll das bedeuten?«, fragte ich meine indischen Begleiter, »was sind das für Kinder, und wofür danken sie mir?«

Nun erfuhr ich eine Geschichte, die mich tief beeindruckte und richtungsweisend für mich und unsere spätere Arbeit werden sollte: In ihrer großen Not hatten einige Eltern dieses Dorfes ihre Söhne und Töchter gegen Geld Kinderhändlern überlassen. Man hatte ihnen versprochen, dass ihre Kinder bei leichter Arbeit ausreichend Essen und Schulbildung erhalten würden. Tatsächlich landeten sie aber als Arbeitssklaven in Bombay. Dort wurden sie schamlos ausgebeutet, von guter Verpflegung oder gar Schulbildung keine Spur. Dann kam im Dorf die positive Wende. Mit dem ersten Geld, das die Eltern durch das Spar- und Kreditsystem aufbrachten, kauften sie ihre Kinder wieder zurück. Sie nahmen dabei in Kauf, dass die Händler deutlich höhere Preise forderten, als sie den Eltern damals gezahlt hatten. Ein besonders intelligenter und kräftiger Junge wurde besonders hoch taxiert. Um auch ihn zurückkaufen zu können, legte die ganze Dorfgemeinschaft zusammen.

Zurückgekaufte Kindersklaven – das also waren die Jungen und Mädchen, die mir überglücklich, wieder daheim zu sein, jeweils eine Kokosnuss übereichten! Wie sehr mich dieses Erlebnis berührte, kann ich kaum beschreiben. Noch nie war ich so hautnah mit den positiven Folgen unserer Zusammenarbeit mit den Dorfbewohnern konfrontiert worden, wie bei jenem Fest in Bisvalvadi. Hier war der Beweis, dass Eltern sich nur in übergroßer Not von ihren Kindern trennen. Die Arme voller Kokosnüsse und innerlich tief bewegt drängte sich mir wieder, klarer als je zuvor, die Frage auf: Ist das Weggeben von Kindern wirklich die Lösung?

Diese acht Kinder waren für mich der lebendige Beweis: Es ist keine Lösung, Einrichtungen zu schaffen, in die die Eltern ihre

Kinder abgeben. Was dagegen viele Probleme auf einmal löst, ist die Förderung der Familien und die Stärkung ihrer Selbstverantwortung. Dazu gehört auch die Verbesserung ihrer materiellen Möglichkeiten, damit Kinder kindgerecht in Geborgenheit zuhause aufwachsen können – mit allem, was sie für ein menschenwürdiges Leben brauchen. Ganz klar stand mir vor Augen: Wir müssen in Familien statt in Kinderheime investieren!

Am nächsten Tag ging unsere Reise weiter nach Tamil Nadu. Einen Tag und eine Nacht dauerte die Fahrt, während der es für Pater Martin und mich nur eine einzige Frage gab: Können wir nach dem Erlebnis mit den acht Kokosnüssen unser Angebot, 100000 D-Mark für die Kinderheime einzusetzen, aufrecht halten? Uns war klar, welche Enttäuschung eine Absage für unsere Partner bedeuten würde. Doch ich fühlte, dass wir in Zukunft andere Wege gehen mussten.

Unsere indischen Partner, die Verantwortlichen der Waisenhäuser in den Diözesen Tamil Nadus, empfingen uns herzlich und voller Vorfreude auf die in Aussicht gestellte finanzielle Hilfe. Aber dann nahte die Stunde der Wahrheit. Als wir alle um den großen Tisch im schlichten Zimmer des Bischofs versammelt waren, eröffnete ich das Gespräch. Und es fiel mir wirklich nicht leicht. Zuerst lobte ich den Einsatz der Verantwortlichen in ihren Heimen und ihr Bemühen um eine bessere Versorgung der ihnen anvertrauten Kinder.

»Es tut mir leid«, fuhr ich dann fort, »aber ich bringe euch nicht die Nachricht, die ihr von mir erwartet. Im Gegenteil, was ich euch sagen werde, wird eine große Enttäuschung für euch sein.« Und ich berichtete ihnen von den acht freigekauften Kindern in Bisvalvadi, von ihrem Glück und dem ihrer Eltern, vor allem aber davon, wie es durch die Förderung der Familien zur Rückkehr der Kinder in ihr Zuhause kommen konnte.

Glücklich daheim

Ich fühlte die Betroffenheit unserer Partner. Nach einer Weile des Schweigens ergriff ich wieder das Wort: »Ist es langfristig gesehen nicht eine bessere, glücklichere und vor allem nachhaltigere Lösung, Familien zu fördern statt Kinderheime?«, fragte ich. »Ich kann nach meinen jüngsten Erfahrungen nicht mehr an die Zukunft der Kinder in Heimen glauben. Bitte, versteht, dass wir aus der Verpflichtung unserem Gewissen gegenüber euch die versprochene Förderung für eure Waisenhäuser nicht gewähren können.«

Schweigen umgab mich. Enttäuschte, ja, entsetzte Gesichter, wohin ich blickte.

»Keine Sorge«, fuhr ich fort, »wir lassen euch und die euch anvertrauten Kinder nicht im Stich. Gemeinsam mit euch wollen wir für die Kinder in euren Heimen nur das Beste erreichen – für heute und für die Zukunft der Kinder.«

So entstand bald eine lebhafte Diskussion. Viele Vor- und Nachteile wurden erwogen. Intensiv rangen wir gemeinsam um die Antwort auf die Frage: Wie helfen wir diesen Kindern am besten? Am Ende einer harten, durchdiskutierten Nacht gab es keine Zweifel mehr: Der natürliche und gottgewollte Platz eines Kindes ist die eigene Familie. Es muss unser Ziel sein, durch eine gut geplante Förderung der Familien die Kinderheime überflüssig zu machen oder zumindest auf ein Minimum für Extremfälle zu reduzieren. So entstand unser gemeinsames Motto, das mehr als eine bloße Formel war: »Happy Children in Happy Families!« – glückliche Kinder in glücklichen Familien!

Wieder wagten wir das schier Unmögliche. Schließlich ging es nicht nur um die 274 Heime, sondern um die Zukunft unserer Projektförderung ganz allgemein. Tatsächlich bedeutete dieser Schritt einen entscheidenden Richtungswechsel in der Arbeit der Andheri-Hilfe und gleichzeitig eine Neuorientierung für unsere Partner vor Ort. Die Andheri-Freunde in Deutschland gingen diesen neuen Weg bereitwillig mit uns, wussten sie doch schon längst von unserem Prinzip, nicht nur Symptome der Armut zu bekämpfen, sondern das Übel an der Wurzel zu packen.

Wie richtig unsere Entscheidung war, zeigten die Ergebnisse: In den folgenden Jahren konnten wir in vielen Gebieten Indiens fast 40 000 Kinder aus den Heimen zu ihren Eltern zurückführen. Das gelang uns durch die Förderung der Eltern, durch Verbesserung ihrer wirtschaftlichen Lage sowie durch parallele Aufklärungs- und Bildungsarbeit.

Ein tiefes Umdenken setzte ein – nicht zuletzt bei den Eltern der Kinder. Es war nicht leicht, grundlegende und eingefahrene Strukturen Schritt für Schritt zu verändern. Dabei waren alle gefordert: die Familien mit der Bereitschaft, die Verantwortung für ihre Kinder selbst wahrzunehmen, wir, die wir ihnen durch Verbesserung ihrer wirtschaftlichen Lage die Voraussetzungen dafür schufen, und nicht zuletzt unsere indischen

In Geborgenheit aufwachsen

Partner, die mit innovativen Ansätzen diese neu ausgerichtete Entwicklungszusammenarbeit mit anpackten.

Neu waren auch die Wege, die in intensiver Zusammenarbeit mit den Menschen vor Ort für deren Förderung erwogen, geplant und umgesetzt wurden. Auch hier galt unser Prinzip: Die Andheri-Hilfe stülpt den Menschen vor Ort keine Projekte über. Nur gemeinsam mit den betroffenen Menschen und nur, wenn sie zu aktiven Trägern ihrer eigenen Entwicklung wurden, ließ sich der Teufelskreis der Armut durchbrechen.

Doch damals, als wir in Tamil Nadu gemeinsam den Richtungswechsel in der Kinderförderung einschlugen, waren wir von unserem fast schon utopisch erscheinenden Ziel, die Kinderheime überflüssig werden zu lassen, noch weit entfernt. Noch waren die Familien alles andere als »happy«, ja, sie konnten sich noch nicht einmal vorstellen, es irgendwann einmal zu sein. »Das war schon immer so«, brachte ein alter Mann während eines Gesprächs die Einstellung vieler Dorfbewohner auf den Punkt, »und so wird es auch immer bleiben.« Doch zum Glück teilten nicht alle seinen Fatalismus. Und tatsächlich sollten es in erster Linie die Frauen sein, die bereit dazu waren, Hoffnungsträgerinnen für sich selbst, für ihre Familien – vor allem für ihre Kinder – und für die Dorfgemeinschaften zu werden.

Kapitel Zwölf

# Frauen verändern die Welt

Hoffnung sieht, was noch nicht ist,
aber werden wird.
*Charles Péguy*

»Liebt ihr eure Kinder nicht?«, fragte ich bewusst provozierend in die Runde. »Warum gebt ihr sie einfach weg?«

Wieder einmal waren Pater Martin und ich zu Besuch in Dörfern, in denen manche Familien ihre Kinder der Heimerziehung übergeben hatten. Wir wollten von ihnen selbst hören, was die Gründe dafür waren. Mit meiner Frage hatte ich den Finger tief in eine offene Wunde gelegt. Erst zögernd, doch dann immer offener brach es aus meinen Gesprächspartnern heraus. Vor allem die Frauen schilderten uns ihre schwierige Situation, ihren harten Alltag.

»Warum habt ihr es denn so schwer? Muss euer Leben so hart sein?«, wollte ich wissen.

Diese Frage überraschte, hatten sie doch bisher ihr schweres Los als gegeben hingenommen. Die Gründe und Ursachen für ihre Not zu hinterfragen, mögliche Wege in eine neue hoffnungsfrohe Zukunft zu suchen – das war für sie etwas völlig Neues. Sie griffen diesen Denkanstoß jedoch begierig auf. Bald zählten sie eine Reihe von Ursachen für ihre Lebenssituation auf und entwickelten auch Ideen, wie sie diese verbessern könnten.

»Wir könnten Gemüse anpflanzen und auf dem Markt verkaufen«, sagten einige Frauen. Eine andere meinte: »Ich kann

Einkommen schafft Selbstrespekt und Anerkennung

gut nähen. Wenn ich eine Nähmaschine hätte, dann könnte ich damit Geld verdienen.« Oder: »Aus unserem Palmöl machen wir hier in unserem Dorf die besten Seifen der ganzen Gegend. Wir könnten eine große Menge produzieren und in der Stadt auf dem Markt verkaufen.«

Die Ideen begannen nur so zu sprudeln. Und wie die Kleinfarmer erkannten auch die Frauen, dass sie ihre Pläne nur gemeinsam umsetzen konnten, und schlossen sich bald zu Selbsthilfegruppen zusammen.

Vielerorts waren es vor allem Frauen, die mutig den Anfang wagten. Die Aussicht, ihre Kinder bald wieder bei sich zu haben, beflügelte sie in ihren Überlegungen und Planungen. Wir stellten ihnen Kleinkredite in Aussicht, sobald ihre Ideen ausgereift waren. Zuvor aber sollten sie ein eigenes Startkapital ansparen. Das war nicht einfach für sie. Uns aber war es wichtig, dass die Frauen, von denen die meisten noch nie in ihrem Leben Geld in ihren Händen gehalten hatten, damit nicht überfordert wurden. Die Frauen mussten den Wert des Geldes erfassen und einen verantwortungsvollen Umgang damit erlernen. Denn wer könnte es einer Mutter verdenken, wenn sie von der ersten Zahlung, die sie erhält, zunächst ihren Kindern etwas zu essen kauft, den zerschlissenen Sari durch einen neuen ersetzt, also Dinge anschafft, die so sehr fehlen? Darum ist es eine wichtige Voraussetzung für die Vergabe von Kleinkrediten, dass Frauen den Umgang mit Zahlungsmitteln lernen. Nur dann können sie später als Geschäftsfrauen erfolgreich sein.

Für den entscheidenden Schritt zu Einkommen schaffenden Maßnahmen mussten die Frauen die Gegebenheiten des Marktes prüfen. Danach war eine Prognose möglich, ob das geplante Projekt erfolgreich sein würde. Unter diesen Voraussetzungen war unsere Andheri-Hilfe schon in den siebziger Jahren bereit, Kleinkredite einzusetzen, und zwar lange bevor das Mikro-Kredit-System in der Entwicklungspolitik allgemeine Bekanntheit erlangen sollte.

In Bangladesch machte sich der Banker und spätere Friedensnobelpreisträger Mohammad Yunus mit dieser Form der Hilfestellung für arme Menschen weltweit einen Namen.

In jüngster Zeit sind die Kleinkredite in heftige Kritik geraten. Wo die Kredite nicht nach ausreichender Vorbereitung und begleitenden Maßnahmen vergeben werden, geraten die Kreditnehmer oft in folgenschwere Schuldenabhängigkeit: Weil sie die für tragfähige Kleinunternehmen erhaltenen Gelder für alltägliche Notwendigkeiten ausgeben, sind sie später nicht in der Lage, die Raten zu den festgesetzten Terminen zurückzuzahlen. Dafür haftet die gesamte Dorfgemeinschaft, was zu Unzufriedenheit und sogar Feindschaften führen kann. Wenn diese Menschen dann in ihrer Verzweiflung von anderer

Stelle Kredite aufnehmen, um das erste Darlehen fristgerecht zurückzahlen zu können, tappen sie oft in eine Schuldenfalle, aus der es kein Entrinnen gibt.

Schlaue Geschäftsleute haben das erkannt und bieten gerade dort Kredite an, wo die Banken aufgrund mangelnder Sicherheiten sie verweigern. Den mit den privaten Geldverleihern vereinbarten horrenden Zinssatz von etwa zehn Prozent durchschauen unerfahrene Menschen oft nicht und halten das Angebot für äußerst günstig. Dass dieser Satz nur für einen einzigen Monat gilt und sich die Zinsen somit pro Jahr auf 120 Prozent oder oft mehr belaufen, ist ihnen nicht bewusst. Um die nächste fällig werdende Rate zurückzahlen zu können, werden immer neue Darlehen zu immer ungünstigeren Konditionen aufgenommen, und so setzt sich die Kette der Verschuldung fort. Ein Teufelskreis.

Ich selbst habe Kinder in Fabriken angetroffen, die mir erklärten: »Ich muss hier schuften, um die Schulden meines Vaters abzuarbeiten.« Anderen Kindern begegnete ich in privaten Unternehmen, wo sie wie Leibeigene gehalten wurden: »Ich werde mein Leben lang hier arbeiten«, erzählte mir ein etwa zwölfjähriger Junge, »um wenigstens die Zinsen für die Schulden meiner Eltern abzudienen.«

Diese Situation ist untragbar.

Auch die indischen Zeitungen berichten fast täglich von Tragödien: Familienväter, die sich nicht mehr zu helfen wissen, begehen Selbstmord. Sie sind nicht mehr in der Lage, ihre Situation zu überblicken. Ihre Frauen und Kinder bleiben mit dem Schuldenberg als Leidtragende zurück.

Die indische Regierung reagierte darauf mit einem Sozialprogramm: Sie stellte den Hinterbliebenen eines solchen Selbstmordes einen Pauschalbetrag als Nothilfe zur Verfügung. Später erklärte sie sich sogar bereit, offene Schulden zu übernehmen – allerdings nur, soweit es sich um reguläre Darlehen handelt. Bei jenen Krediten, die bei kriminellen Wucherern aufgenommen wurden, greift das Programm nicht. Leider wissen die meisten der betroffenen Frauen nichts von dieser staatlichen Hilfe, und wenn doch, dann haben sie niemanden, der ihnen hilft, ihren Anspruch geltend zu machen.

So kann eine ursprünglich gute Sache – ein Mikro-Kredit für eine Gruppe von armen Menschen ohne Bildungshintergrund – fatale Folgen nach sich ziehen. Hier wird wieder der Wert der integrierten Projektarbeit deutlich: Eine Maßnahme muss in die andere greifen, wenn das Ganze erfolgreich sein soll. Darum können solche Dorfentwicklungsprojekte nicht fertig aus der Schublade gezogen werden: Sie verlangen Geduld, Behutsamkeit und hervorragende Kommunikation; kurz: ein echtes Miteinander aller Beteiligten, damit die Menschen selbst Träger ihrer eigenen Entwicklung werden können.

In den Selbsthilfegruppen der Frauen kristallisiert sich in der Regel recht bald heraus, welche unter ihnen geeignet sind, die Führung der Gruppe zu übernehmen. Sie werden von den anderen Frauen gewählt und erhalten im Rahmen unserer weiteren Förderungen Schulungen, um ihrer Aufgabe und dem Vertrauen der Gruppe gerecht zu werden.

Wichtig ist natürlich immer der erste Schritt der Gruppenbildung selbst. Um die Interessen aller Dorfbewohner vertreten zu können, müssen möglichst viele Frauen zur Mitarbeit gewonnen werden. Nicht immer ist dies einfach, denn viele Traditionen und Gewohnheiten stehen dem entgegen: »Die Frau gehört ins Haus!«, heißt es vielfach noch – und: »Die Frau hat nichts zu sagen!« Darum gehen diejenigen, die sich bereits in der Gruppe engagieren, oft von Haus zu Haus, sprechen ihre Nachbarinnen an und laden sie zu den Treffen ein. Dabei stoßen sie häufig auf den Widerstand der Ehemänner. Dass ihre Frauen die Initiative ergreifen und sich in Gruppen zusammenschließen, ist vielen suspekt. Häusliche Auseinanderset-

Gemeinsam sind wir stark: Frauentreffen

zungen und Handgreiflichkeiten sind keine Seltenheit. Manche Frauen werden eingesperrt, beschimpft, überfallen und geschlagen – eine der Frauen ist auf dem Weg zum Treffen sogar zu Tode gekommen. Dennoch lassen sich die Frauen nicht entmutigen, im Gegenteil: Sie erweisen sich als das starke Geschlecht, dessen Aufbruch die Männer nicht verhindern können.

So habe ich es immer wieder hautnah vor Ort erlebt: Kein Opfer war diesen Frauen zu groß, wenn es um das Startkapital für ein Unternehmen ging, das ihre Einkommenssituation verbessern sollte. Um dieses zusammenzusparen, verzichteten sie auf jeglichen Luxus wie Blumen im Haar oder einen neuen Sari. Manche legten von ihrer kargen Reisration wöchentlich eine Handvoll zur Seite. Wenn genügend Reis zusammengekommen war, wurde er verkauft, und der Erlös bildete den ersten Geldbestand der Gruppe. Die Frauen waren stolz auf das anwachsende Eigenkapital, noch mehr aber auf die Solidarität, die aus der Überzeugung erwuchs, es gemeinsam aus eigener Kraft zu schaffen, statt auf Almosen angewiesen zu sein. Die persönlichen Opfer und die Widerstände vonseiten der Männer stärkten ihr Wir-Gefühl und ihren Zusammenhalt nur noch mehr.

Hatten die Frauen einen gewissen Betrag angespart, erhielten sie von uns einen Kleinkredit. Nun ging es um die Verwaltung und den Einsatz der Gelder. Die Frauen entschieden gemeinsam, wer zunächst in den Genuss eines Kredits kommen sollte, und gemeinsam berieten sie auch, wie er am sinnvollsten einzusetzen sei.

Diese Form der Selbstbestimmung war ein weiterer Baustein zu ihrer Stärkung und spornte sie ungemein an. Viele Male war ich dabei, wenn die Selbsthilfegruppen ihre Entscheidungen trafen, und oft konnte ich nur staunen angesichts der Tüchtigkeit von Frauen, die wenige Monate zuvor noch so schüchtern gewesen waren. Zu erleben, wie ihr Selbstbewusstsein wuchs und sie nach und nach zu starken Frauen wurden, die ihr Schicksal aktiv in die Hände nahmen, gehört für mich zu den beglückenden Erlebnissen unserer Arbeit. Beeindruckt war ich von ihren Fähigkeiten, bewunderte die Prioritäten, die sie setzten. Ihre Kinder bei sich zu behalten und sie zur Schule zu schicken, sahen sie als eine ihrer wichtigsten Aufgaben an, sobald sich ihre finanzielle Situation auch nur ein klein wenig verbessert hatte. Besonders ernst nahmen sie außerdem die Rückzahlung der erhaltenen Kredite, damit die Summe rotierend wieder frei wurde für die Förderung anderer Mitglieder ihrer Gruppe und später sogar für Frauen anderer Dörfer.

So kritisch die Männer dieser Bewegung auch anfangs gegenüber gestanden hatten, mit der Zeit bewunderten sie die Veränderungen, die die Frauen für die Familien und die Dorfgemeinschaft erreicht hatten.

Bei einem Besuch in einem südindischen Dorf erlebte ich das besonders eindrücklich: Auf der einen Seite des neu errichteten Dorfzentrums saßen die Frauen und berichteten stolz von ihren Erfolgen. Die Männer auf der anderen Seite schwiegen zunächst. Da forderte ich sie heraus: »Und was sagt ihr dazu?«, wollte ich wissen.

»Die Frauen haben viel erreicht«, räumte einer der Männer ein, »und sie werden noch viel mehr schaffen!«

»Und was tut ihr?«, fragte ich zurück.

»Wir unterstützen unsere tüchtigen Frauen«, sagte ein anderer. »Ja, es stimmt. Früher wollten wir die Arbeit der Gruppe mit allen Mitteln verhindern. Heute sind wir diejenigen, die unsere Frauen zu den Treffen schicken. Wenn nötig, übernehmen wir dann die Aufgaben daheim.«

»Tatsächlich?«, fragte ich erstaunt.

»Ja«, bestätigte ein anderer. »Wir passen auf die Kinder auf, und mitunter kochen wir auch das Essen.«

Und das im männerdominierten Indien mit seiner starren Familienhierarchie!

Über die Familien hinaus gewannen die Frauen immer mehr an Ansehen. Sie setzten sich auch bei den amtlichen Stellen für Verbesserungen im Dorf ein: für sauberes Trinkwasser, für den Bau von Straßen, für Busverbindungen, Elektrizität und vieles mehr. Bei solchen Erfolgen ist es kein Wunder, dass immer häufiger Frauen für den Dorfrat kandidierten und auch gewählt wurden.

Meinten wir früher, die Welt der indischen Frauen verändern zu müssen, so haben sie selbst unter Beweis gestellt: Es sind die Frauen, die die Welt verändern. Sie tun es mit ihrem Einsatz, ihrer Kreativität und ihrer Kraft.

Man muss nur einmal die »Power« dieser Frauen erlebt haben, die dort entsteht, wo sich viele Frauengruppen zu einer Föderation zusammengeschlossen haben. Wenn die Mitglieder

Frauen gehen für ihre Rechte auf die Straße

von mehreren hundert Frauengruppen zu Tausenden in Protestmärschen auf die Straße gehen und lautstark für ihre Rechte, die ihrer Familie und besonders die ihrer Kinder eintreten, können sich auch die zuständigen Regierungsstellen ihren Forderungen nicht mehr verschließen.

Übrigens erfährt auch die indische Gewerkschaftsbewegung belebende Anstöße von den Frauen. So gründeten weibliche Hausangestellte, die oft besonders erniedrigend behandelt und schlecht bezahlt wurden, eine eigene Gewerkschaft, die von unserer Andheri-Hilfe begleitet und unterstützt wird.

Die Frauen nahmen in unserer Entwicklungszusammenarbeit einen immer wichtigeren Platz ein. Gleichzeitig erweiterte sich auch der Kreis unserer Projektpartner. Waren es anfangs vorwiegend kirchliche Stellen, die mit uns zusammen fruchtbare Prozesse anschoben, so bildeten mit der Zeit deren Mitarbeiter oder andere motivierte Menschen in den Dörfern und Städten Indiens und Bangladeschs eigene Initiativen, wuchsen rasch in die neuen Aufgaben hinein und gründeten schließlich eigene NGOs (non-government organisations), regierungsunabhängige Organisationen. Wir fördern sie gern, unabhängig von Religion, Region oder Bildungshintergrund.

Für eine Förderung von Seiten der Andheri-Hilfe ist es bis heute allein von Bedeutung, dass die betroffenen Menschen das Vorhaben selbst mitgetragen, dass sie die eigene Notsituation erkannt und sinnvolle Vorschläge zu deren Überwindung erarbeitet haben. Wir reichen dazu lediglich eine helfende Hand, und auch das nur so lange wie nötig. Wir beraten und begleiten und stellen notwendige Finanzen zur Verfügung. Auf das eigene Bemühen der Menschen und auf eine wenn auch noch so geringe finanzielle Beteiligung verzichten wir nie. Stets ist es unser Ziel, dass wir über kurz oder lang nicht mehr gebraucht werden. Wie viel Zeit eine Gruppe braucht, um auf eigenen Beinen zu stehen, hängt meist von ihren Voraussetzungen und dem Grad der Bildung ihrer Mitglieder ab. Die einen schaffen es bereits nach zwei Jahren, die anderen benötigen eine längere Förderung. Wenn ein Projekt aus eigener Kraft getragen werden kann, ziehen wir uns nach Absprache mit den Betroffenen und der Partnerorganisation zurück. Mehr als 3000 Projekte konnten nach erfolgreicher Hilfe zur Selbsthilfe abgeschlossen, das heißt in die Hände der betroffenen Menschen übergeben werden.

Für mich sind das die schönsten Momente: Wir haben Unterstützung leisten können – jetzt aber kommen die Menschen ohne uns zurecht.

Kapitel Dreizehn

# Beim Ersten beginnen

Was keiner wagt, das sollt ihr wagen.
Wo alles dunkel ist, macht Licht.
*Walter Flex*

Es war im Frühjahr 1987. Das Telefon läutete, und eine Frauenstimme meldete sich: »Hier ist das Bundespräsidialamt. Sind Sie Frau Rosi Gollmann? Der Herr Bundespräsident möchte Sie gern sprechen.« Ich dachte zunächst an einen Scherz. Doch es war ernst, und wir vereinbarten einen Gesprächstermin in der Villa Hammerschmidt in Bonn.

Richard von Weizsäcker begrüßte mich so freundlich, dass ich gleich alle Scheu verlor. Er plante einen Staatsbesuch in Bangladesch, und der dortige deutsche Botschafter hatte ihm empfohlen: »Wenn Sie in dieses Land reisen, sollten Sie vorher unbedingt Rosi Gollmann kennenlernen.«

»Ich möchte gern mehr erfahren von Ihrer Aktion Blindenhilfe«, bat mich der Bundespräsident. »Man erzählt mir unglaubliche Dinge davon. Wie kam es dazu?«

Und während ich ihm berichtete, lief bei mir wie in einem Film alles wieder ab, was etwa fünfzehn Jahre zuvor begonnen hatte.

1971 kam es zwischen Ost- und Westpakistan zu einem heftigen Separationskrieg. Der östliche Teil wollte frei sein vom wirtschaftlich besser gestellten Westpakistan, frei von der Last der

Unterlegenheit, um den eigenen Aufstieg selbst anzugehen. Es war ein kurzer, aber harter Krieg mit vielen Todesopfern und einem großen Flüchtlingsstrom aus dem Kriegsgebiet nach Indien. Es herrschte große Not. Die Helpers of Mary aus Andheri zogen in die riesigen Elendslager, um zehn Millionen Flüchtlingen aus Ostpakistan ein wenig Hilfe anzubieten. Unsere Andheri-Freunde reagierten schnell und großherzig: Für Nahrung und medikamentöse Versorgung dieser Flüchtlinge konnten wir rund 87 000 D-Mark an die Marys weiterleiten. Die kriegerischen Auseinandersetzungen waren schneller beendet als erwartet, und die Flüchtlinge kehrten in ihre Heimat, in den neu gegründeten Staat Bangladesch (Land der Bengalen), zurück. So wurden die den Flüchtlingen zugedachten Spenden frei für Kinder, die der Krieg zu Waisen gemacht hatte.

Wir nahmen Kontakt mit der in Dhaka ansässigen »Christian Organisation for Relief and Rehabilitation« (CORR) auf, die man uns als kompetent und zuverlässig empfohlen hatte. Meine Weihnachtsferien 1973 nutzte ich, um zusammen mit Pater Martin die beiden Waisenhäuser in dem neu gegründeten Staat kennenzulernen und uns davon zu überzeugen, dass die Gelder zuverlässig eingesetzt worden waren. Spät am Abend landete unsere Maschine in Dhaka, der noch von den Auswirkungen des Krieges gezeichneten Hauptstadt. Der Direktor von CORR, Jeffrey Pereira, hatte uns freundlicherweise in seiner Wohnung eine einfache Unterkunft angeboten.

Neugierig auf das mir bislang unbekannte Land, machte ich mich am nächsten Morgen noch vor dem Frühstück auf eine erste kleine Erkundungstour. Ich trat auf die Straße hinaus, und sofort bot sich mir ein ungewohntes Bild: Ein blinder Bettler saß am Straßenrand. Bittend hielt er den Passanten seine kleine Blechschale entgegen. Ein paar Schritte weiter entdeckte ich weitere Blinde und an der nächsten Straßenecke sogar eine ganze Gruppe. Wohin ich auch blickte, überall sah ich blinde

Blind – aber voll Hoffnung auf Licht

Bettler; ich hörte auf, sie zu zählen, und vermutete ein Treffen der Blinden von Dhaka. Zurück in unserem Quartier, erkundigte ich mich nach dieser seltsamen Versammlung.

»Ein Blindentreffen?«, antwortete mir unser Gastgeber. »Nein, nein. Das ist unser normaler Alltag.«

»Wie viele Blinde gibt es denn in Bangladesch? Und was wird für sie getan?«, wollte ich weiter wissen.

»Die genaue Zahl weiß niemand, es werden Hunderttausende oder gar eine Million sein. Und Behandlungsmöglichkeiten? Wie soll unser armes Land das leisten?«

Ich war tief betroffen. In den folgenden Tagen waren sie allgegenwärtig, die blinden Menschen: Dort hockten sie am Straßenrand und warteten auf ein Almosen, da führte ein Kind einen Blinden an der wartenden Autoschlange von Wagen zu Wagen, wo er um sein Überleben bettelte. Tief prägten sich mir diese Bilder ein und ließen sich nicht mehr verdrängen.

Besonders erschütterte mich die Begegnung mit den betroffenen Kindern. Sonst blicken diese ja immer so fröhlich in die Welt – die Augen jener Kinder aber waren tot und wie von einem weißen Schleier überzogen. Jedes Jahr, so erfuhr ich, erblindeten dreißig- bis fünfzigtausend Kinder.

Wir besuchten die beiden Kinderheime im Nordosten des Landes, in Chittagong, denn das war ja der eigentliche Anlass unseres Bangladesch-Besuches. So hart das Schicksal der Kriegswaisen auch war, wie unübersehbar ihre Not – Tag und Nacht drängten sich mir die Bilder der Blinden auf. Ich hörte nicht auf, unseren Begleiter Jeffrey Pereira mit Fragen zur Blindheit in Bangladesch zu bedrängen.

»Sie sollten mit einem der wenigen Augenärzte in unserem Land sprechen«, schlug Jeffrey vor, den ich inzwischen als engagierten Partner kennengelernt hatte. Er selbst litt sehr unter der Not seiner Landsleute und setzte sich ein, wo immer er konnte, ob privat oder mit seiner Organisation CORR.

Und nun vermittelte er uns die Begegnung mit Dr. Rabiul Husain. Wieder einmal ahnte ich nicht, welch weitreichende Folgen dieses Treffen für die Zukunft haben sollte.

In einem kleinen Raum – er nannte ihn seine Praxis – saßen wir mit Dr. Rabiul Husain zusammen.

»Ich freue mich sehr«, begrüßte uns der sympathische junge Arzt in ausgezeichnetem Englisch mit britischem Akzent, »dass Sie sich für die Situation der ungezählten Augenkranken und Blinden in unserem armen Land interessieren.«

»Warum haben Sie sich für diese Fachrichtung entschlossen und sind Augenarzt geworden?«, wollte ich wissen.

»Ich habe in England Medizin studiert und wollte Chirurg werden. Aber ein Kurzbesuch in meiner Heimat veränderte alles: In meinem Dorf begegnete ich einer früheren Nachbarin.

›Ich habe so sehr auf dich gewartet‹, begrüßte sie mich. ›Jetzt bist du Arzt und kannst mir helfen. Meine Augen wollen nicht mehr.‹

Begegnung auf Augenhöhe

Recht auf Arbeit statt Almosen

Frauen mit Lasten,
doch ohne Rechte

Arm – aber in der
Großfamilie geborgen

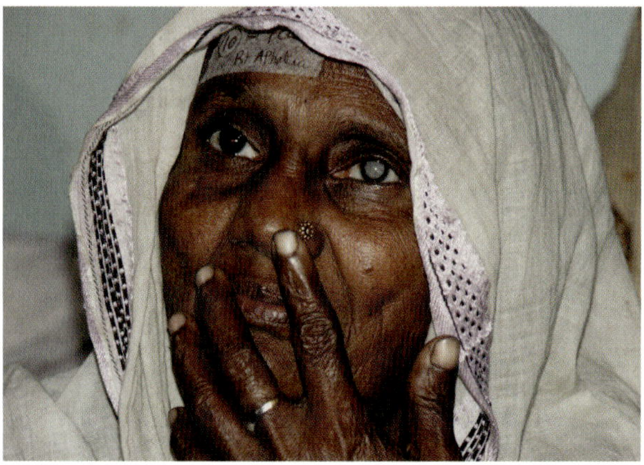

Blinde Großmutter
wartet auf die
lichtbringende
Operation

Frauen verändern die Welt

Anerkennung der Rechte erfordert Einsatz

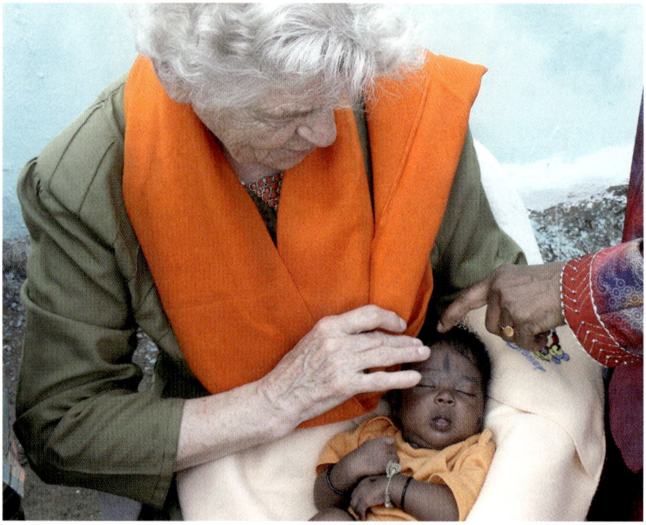

Im Projekt gegen Mädchentötung: Sie darf leben

Erste Schreibversuche
auf einer Tafel

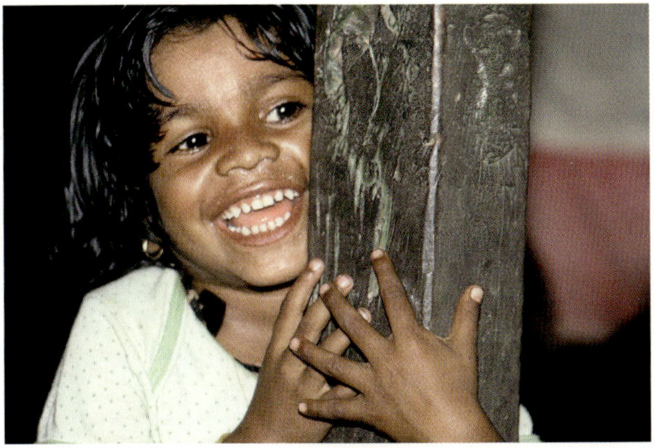

Kinder brauchen
Zukunft

1998: Mit Papst Johannes Paul II.

1987: Verleihung des Bundesverdienstkreuzes 1. Klasse durch Richard von Weizsäcker

2012: Mit Markus Lanz in Indien unterwegs

Immer an Rosi Goll-mann Seite: Adoptivtoch-ter Maryann

Franz Alt – getreuer Projektleiter und Freund

Mit Angela Merkel und Liz Mohn

2002: Mit Thomas Gottschalk auf der Preisverleihung »Das goldene Herz«

Lange Wege auf der Suche nach Wasser

Wasser bringt Leben

Hilflos stand ich der blinden Frau gegenüber. Ohne augenmedizinische Ausbildung konnte ich weder eine Diagnose stellen noch die Kranke behandeln. So brachte ich sie in eine etwa 150 Kilometer entfernte Stadt zu einem Augenarzt, nachdem ich die Kosten für die aufwendige und teure Fahrt zusammengebracht hatte.

›Zu spät‹, lautete das enttäuschende Resultat des Facharztes nach der Untersuchung. ›Sie werden für immer blind bleiben.‹ Das war die Stunde«, erzählte Dr. Husain, noch immer bewegt, »in der ich beschloss, Augenarzt zu werden. Inzwischen bin ich verheiratet und habe zwei kleine Söhne. Meine Entscheidung habe ich nie bereut. Die vielen Augenkranken in unserem Land brauchen mich, und seit ich mein Fachstudium in England beendet habe, bin ich für sie da.«

»Wie kommt es denn«, fragte ich weiter, »dass es in diesem Land so viele Blinde gibt? Ich hörte, dass von den rund achtzig Millionen Einwohnern Bangladeschs eine Million blind seien.«

»Die Menschen hier sind arm«, erklärte uns Dr. Husain, »und können sich keine gesunde Nahrung leisten. In Verbindung mit schlechten hygienischen Verhältnissen führt das zu massenhaften Erblindungen. Und es gibt kaum Fachärzte, die in einem frühen Stadium eingreifen könnten. Meistens liegt eine genetische Veranlagung vor – nicht häufiger als bei Ihnen in Deutschland –, die hier aufgrund der schlechten Voraussetzungen allerdings oft schon im Kindesalter zur Blindheit führt. Die Erblindung bei Kindern ist häufig eine Folge von anderen Erkrankungen, besonders von starkem Wurmbefall und extremen Durchfallerkrankungen. Allein im vergangenen Winter hatten wir mehr als hunderttausend solche Fälle bei Kleinkindern, denen die Abwehrkräfte fehlten. Die Hälfte starb, und die meisten der überlebenden Kinder, etwa 50 000, verloren ihr Augenlicht.«

Wir schwiegen. Die Stille zwischen uns war fast mit Händen greifbar. Jeder hing seinen Gedanken nach. Ich sah die vielen Blinden vor mir und die sich dahinter verbergende Armut und Not.

»Was können Sie da tun?«, wandte ich mich an Dr. Husain.

»Ich tue, was möglich ist«, sagte Dr. Husain schlicht. »Mit ein paar Kollegen habe ich die ›Bangladesh National Society for the Blind‹ (BNSB) gegründet. Unser Ziel ist es, den etwa achtzig Prozent Blinden mit Heilungschancen das Augenlicht wiederzugeben, Neuerblindungen vorzubeugen und nicht heilbaren Blinden durch entsprechende Hilfestellungen ein eigenständiges Leben zu ermöglichen.«

»Und wie erreichen Sie die Augenkranken?«, wollte ich wissen.

»Da liegt das Problem«, war seine Antwort, »neunzig Prozent unserer Bevölkerung leben auf dem Land, und die Infrastruktur außerhalb der Städte ist katastrophal. Außerdem fehlt den meisten Menschen das Geld, um von ihrem Dorf in die Stadt zu einem Augenarzt zu fahren. Deshalb gehen wir Augenärzte zu ihnen.«

»Sie reisen in die Dörfer?«, fragte ich, fasziniert von diesem Gedanken.

»Ganz genau«, erklärte Rabiul Husain. »Vier Monate im Jahr sind wir unterwegs, im Jeep, per Lastwagen, mit der Eisenbahn oder auf einer Barkasse. In einem jeweils zentral gelegenen Dorf veranstalten wir ein Eye-Camp, eine Art ambulante Augenklinik, ähnlich einem Feldlazarett. Dorthin kommen dann die Augenkranken, meist von Angehörigen geführt. Oft sind es Hunderte, mitunter auch Tausende, die auf Licht hoffen.«

Ich war beeindruckt von diesem jungen Arzt und dem Feuer, mit dem er über sein Engagement für die Armen seines Landes sprach.

»Und wer bezahlt Ihre Einsätze?«, fragte ich.

Warten auf die Operation

Dr. Husain lächelte.

»Ich selbst kann hier in meiner kleinen Praxis genug verdienen, um mich und meine Familie zu ernähren«, sagte er, »für den Einsatz in den Eye-Camps nehme ich keinen Lohn. Aber vorerst können wir mit unserem mobilen System nur das weitere Umfeld von Chittagong erreichen, die anderen Gebiete unseres Landes sind augenmedizinisch noch nicht erschlossen. Diese Situation schreit nach einer Lösung. Dass da draußen auf dem Land noch so viele Menschen sind, denen keiner hilft, das lässt mich einfach nicht zur Ruhe kommen.«

Er schwieg. Ich spürte, dass auch ich dieses neue Wissen um so viel Not nicht einfach würde von mir abschütteln können. Hier waren Menschen, die dringend Hilfe brauchten.

»Wenn Bangladesch nicht ein Land von Blinden werden soll«, fuhr Dr. Husain bedrückt fort, »ist noch viel zu tun. Man muss etwas gegen die Armut und Unterernährung, den Ärztemangel und die Unwissenheit unternehmen. Nur so können wir wenigstens die Kinder vor der Erblindung und einer chancenlosen Zukunft bewahren.«

Herzlich nahmen wir Abschied voneinander.

»Wenn er wollte«, erklärte Jeffrey Pereira auf dem Heimweg, »könnte Dr. Husain steinreich werden. Er hat einen ausgezeichneten Ruf. Wegen des starken Andrangs müssen seine Patienten oft lange Wartezeiten auf sich nehmen. Aber er hat sich ganz den Armen seines Landes verschrieben.«

Mit einem leichten Koffer, denn auf Projektreisen belaste ich mich nicht mit Unnötigem, kehrte ich nach Deutschland zurück. Umso schwerer aber wogen die jüngsten Erlebnisse und Eindrücke.

Nach meiner Rückkehr berichtete ich in einer Vorstandssitzung den Mitverantwortlichen unserer Andheri-Hilfe von meinen Eindrücken. Alle waren tief betroffen.

»Wir müssen etwas für die Blinden in Bangladesch tun!«, sagte ich.

»Wie viele Blinde gibt es dort?«, fragte ein Vorstandsmitglied. Und als ich antwortete: »Niemand kennt ihre Zahl genau; es werden mehrere Hunderttausend sein, vermutlich sogar eine Million!«, sah ich ringsum nur skeptische Blicke. Einer aus der Runde brachte auf den Punkt, was wohl alle mit Besorgnis erfüllte: »Was willst du mit deiner kleinen Schar von Helfern einem so großen Elend gegenüber ausrichten? Wo soll man da anfangen?«

»Mit dem ersten Blinden!«, antwortete ich spontan.

»Wir haben ganz bescheiden angefangen, so wie es in unseren Kräften lag«, berichtete ich nun Jahre später Richard von Weizsäcker bei unserer ersten Begegnung in der Villa Hammerschmidt. »Damals ahnten wir nicht, dass sich daraus unsere

Bundespräsident Richard von Weizsäcker im Eye-Camp

erfolgreiche Aktion ›Blindenhilfe Bangladesch‹ entwickeln würde, die Licht in die Dunkelheit von Hunderttausenden Blinden brachte. Vielleicht möchten Sie auf Ihrer Reise in Bangladesch eines unserer Eye-Camps besuchen«, schlug ich vor, »so könnten Sie sich selbst ein Bild von unserer Arbeit machen.«

Viele Male habe ich solche Eye-Camps besucht. Schon auf dem Weg dorthin begegnete ich den Ausrufern, die mit einem Megaphon durch die umliegenden Dörfer ziehen und die gute Nachricht verkünden: »Ein Eye-Camp findet statt! Alle, die kranke Augen haben oder blind sind, können kostenlos zur Behandlung kommen!« In einer Schule, einer Dorfhalle oder in einem provisorisch errichteten Zelt wird die mobile Klinik eingerichtet. Dann dauert es nicht lange, und aus allen Richtungen machen sich die Kranken und Blinden, von gesunden Angehörigen oder Nachbarn begleitet, voller Hoffnung auf den Weg zum »Hospital«. Oft halten sich gleich mehrere Blinde an einem waagerechten Stab fest und werden so von einem Sehenden geführt. Ich habe Camps mit zweitausend bis dreitausend Patienten erlebt, alle voller Hoffnung auf die wenigen Ärzte und Helfer, die das gewaltige Pensum mit Geduld und Professionalität meistern.

Den meisten Hilfesuchenden kann mit einer gezielten medikamentösen Behandlung geholfen werden. Andere Blinde müssen das harte Urteil hinnehmen: »Zu spät. Leider ist keine Hilfe mehr möglich.« Und bei ungefähr zehn bis zwanzig Prozent der Eye-Camp-Patienten wird das betroffene Auge mit einem Pflaster für die Operation in den folgenden Tagen gekennzeichnet.

Trotz ausreichender hygienischer Ausstattung waren die Umstände dieser Operationen anfangs äußerst primitiv – aber man wusste sich zu helfen. So richtete ein Helfer statt einer OP-Leuchte eine starke Taschenlampe auf das zu operierende Auge, und das so lange, bis seine Arme erlahmten und er abgelöst werden musste.

Ich habe es erlebt, dass Dr. Husain an einem Tag 130 Augen operierte. Hochkonzentriert und unermüdlich setzte er sein Skalpell an, um den Menschen das Licht zurückzubringen. Später sah ich die Operierten auf dünnen Matten Seite an Seite in langen Reihen auf dem Boden liegen, von Helfern aus dem Dorf liebevoll betreut. Zwei bis drei Tage lang bleiben ihre Augen verbunden.

Unbeschreiblich ist jedes Mal der Moment, wenn die Binde vom operierten Auge gelöst wird. Ich erinnere mich zum Beispiel an die Freude des kleinen Mädchens, das seine Eltern bislang nur von ihren Stimmen her kannte. Jetzt steht es vor ihnen, schaut sie mit großen Augen an und fragt: »Du bist meine Mama? Und du mein Papa?« Auch den Jungen sehe ich noch vor mir, der nach seiner Abschlussuntersuchung und mit neuer Brille sofort – zum ersten Mal ohne fremde Hilfe – zum

Fenster läuft. »Ist das eine schöne Welt!«, ruft er aus, »warum durfte ich sie nicht früher sehen?«

Das Glück der Erwachsenen ist ebenfalls kaum in Worte zu fassen: »Jetzt kann ich endlich mein Enkelkind sehen! Allah sei Dank!«, ruft ein Großvater voller Freude. »Nun brauche ich niemandem mehr zur Last zu fallen«, drückt eine ältere Frau ihre Erleichterung aus.

In den meisten Fällen handelt es sich bei den Erkrankungen um den sogenannten »Grauen Star«. Die Augenlinse ist getrübt, das einfallende Licht kann nicht mehr gebündelt werden. Das auf die Netzhaut geworfene Bild wird immer undeutlicher und verschwindet schließlich ganz. In Fachkreisen spricht man vom »Katarakt«, griechisch für Wasserfall, weil die Sicht wie hinter einem Wasserfall mehr und mehr verschwimmt.

In den ersten Jahren wandte man in den Eye-Camps als Operationsmethode den sogenannten »ägyptischen Starstich« an: Die getrübte Linse einschließlich der Linsenkapsel wurde entfernt und nach dem Verheilen der Wunde durch eine einheitliche Starbrille mit dicken Gläsern ersetzt. Die Kosten für eine solche Operation beliefen sich damals auf 26 D-Mark, durch Kostensteigerung später auf 20 Euro. Aber selbst diesen geringen Betrag konnten die meisten Blinden in Bangladesch, das zu den ärmsten Ländern der Welt zählt, nicht aufbringen. Ein Leben in absoluter Dunkelheit wäre ihr Schicksal geblieben, wenn nicht immer wieder Andheri-Freunde mit ihren Spenden Licht in ihr Leben gebracht hätten.

Da war beispielsweise eine Schulklasse, die zwei Monate lang von ihrem Kakaogeld etwas gespart hatte, um einem Blinden eine Operation zu ermöglichen. Oder der neunjährige Junge, der Kieselsteine sammelte, sie bunt bemalte und seine kleinen Kunstwerke den Passanten zum Kauf anbot. Er freute sich gewiss ebenso wie die durch ihn geheilten Blinden, als er den Betrag von 130 D-Mark überweisen konnte. Da war aber auch der deutsche Großunternehmer, der wenige Tage nach seiner eigenen Staroperation den Fernsehfilm über die Hilfsmöglichkeit für die Blinden in Bangladesch sah. Ich durfte mir bei ihm persönlich in Süddeutschland einen Scheck über die stolze Summe von 260 000 D-Mark abholen.

So konnten wir Schritt für Schritt die Blindenhilfe Bangladesch ausbauen, und Dr. Rabiul Husain war uns auf diesem nicht immer leichten Weg ein vertrauensvoller und uneigennütziger Partner.

Um auch die Blinden in weit entlegenen Landstrichen zu erreichen, war es notwendig, über das ganze Land verteilt sogenannte Augen-Basishospitäler zu bauen. So entstanden sieben neue Zentren mit einer Kapazität von jeweils 25 bis 40 Betten für die Augenkranken im jeweiligen Einzugsgebiet. Von hier aus werden Eye-Camps organisiert, die wiederum in die entfernter liegenden Dörfer zu den Patienten ziehen.

Aber genauso wichtig nehmen wir und unsere Partner die Vermeidung von Neuerblindungen. Die exakte Zahl der Kinder, die durch Sehtests in Schulen, durch Früherkennung und rechtzeitige Behandlung vor der Erblindung bewahrt werden konnten, kennt niemand, mit Sicherheit ist sie sehr hoch. Auch auf die Aufklärung der Menschen wird größter Wert gelegt, damit sie selbst lernen, sich vor den Gefahren der Erblindung zu schützen.

Darüber hinaus haben wir Brillenwerkstätten eingerichtet. Sammelten wir in den Anfangsjahren noch ausgediente Sehhilfen und brachten sie – nach der Bestimmung der jeweiligen Gläserstärken durch ehrenamtliche Optiker in Deutschland – auf den Weg nach Bangladesch, so haben wir bald dafür gesorgt, dass die Menschen sich im Land selbst helfen konnten. Zwei deutsche Optiker, im Reisegepäck ausgemusterte, aber noch voll funktionsfähige Geräte, leiteten in einem Kurzeinsatz lernbegierige junge Bangladeschi an. Inzwischen ist in den Augenkliniken die Brillenversorgung gesichert. Im Rahmen von Sehtestaktionen erhalten Schulkinder sofort Brillen, wenn Kurz- oder Weitsichtigkeit diagnostiziert wird. Mit diesen Sehhilfen können sie dem Schulunterricht viel besser folgen.

»Es ist wunderbar, was wir durch die Hilfe aus Deutschland inzwischen leisten können!«, schrieb uns Dr. Husain. »Aber uns sind trotzdem immer noch Grenzen gesetzt: Es fehlen Fachärzte.«

So mussten wir uns um ein weiteres drängendes Problem kümmern: den Personalmangel. Der hohen Zahl der Blinden in Bangladesch stand lediglich eine Handvoll Fachärzte gegenüber.

Sollte das gesamte bislang so erfolgreiche Programm nicht zum Stillstand kommen, brauchten wir eine große Zentralklinik mit Ausbildungsmöglichkeiten für Fachpersonal. Zu einem geeigneten Grundstück am Stadtrand von Chittagong verhalfen uns einheimische staatliche Stellen. Und das Bonner Ministerium für wirtschaftliche Zusammenarbeit machte durch umfangreiche Zuschüsse die Realisierung dieses großen Projekts möglich.

Den Tag der Grundsteinlegung am 19. April 1979 in Anwesenheit von Staatspräsident Ziaur Rahman werde ich nie vergessen. Gemeinsam mit den Angehörigen vieler verschiedener Religionen beteten wir darum, dass wir in der Lage sein würden, diesem Grundstein all die weiteren notwendigen Steine folgen zu lassen. Nahezu fünf Jahre vergingen bis zur Einweihung im Jahre 1983; es waren keine leichten Jahre. Einheimische Architekten erstellten unter Beratung von deutschen Fachleuten die Baupläne. Baufirmen vor Ort wurden angeworben, denn auch hier galt unser bewährtes Prinzip: Es sollte das Projekt der Einheimischen sein, nicht ein Produkt sogenannter deutscher Tüchtigkeit.

Ich muss gestehen: Keines der mehr als dreitausend abgeschlossenen Andheri-Projekte hat mir so viel an Kraft, Mut und Einsatz abverlangt wie dieser »Chittagong Eye-Infirmary and Training Complex« – und das nicht nur der Arbeitsfülle wegen: Flutkatastrophen in Bangladesch, Enttäuschungen über Rückzieher anderer ausländischer Organisationen, die bereits finanzielle Hilfe zugesagt hatten und später wieder entzogen, und zu allem Überfluss auch noch Kritik von Seiten deutscher »Besserwisser«, die eine derartig hochqualifizierte Einrichtung einem »nur« einheimischen Personal nicht zutrauten – das alles machte mir das Leben schwer.

»Hat es sich gelohnt?«, fragte ich darum beim 25. Jubiläum unserer Zusammenarbeit im Jahr 2008 Dr. Husain, der sich mir in all den Jahren nicht nur als kompetenter und motivierter Experte, sondern auch als enger und verlässlicher Freund erwiesen hat.

»Lass doch die Zahlen sprechen!«, war seine Antwort, und er legte mir eine Statistik vor: 130 Betten umfasst das Augenhospital, das längst weit über die Grenzen Bangladeschs hinaus den Ruf als eine der besten Einrichtungen dieser Art genießt. In den vergangenen 25 Jahren wurden hier mehr als fünf Millionen Menschen behandelt. In sechs Operationsräumen konnten über 300 000 Augenkranke und Blinde operiert werden, zuletzt waren es jährlich etwa 16 000. 218 Augenärzte haben dort ihre Ausbildung erhalten, dazu fast eintausend fachlich geschulte Mitarbeiter.

Doch ich wollte noch mehr.

»Was ist mit den durch Mangelernährung blindheitsgefährdeten Kleinkindern?«, fragte ich Dr. Husain während unserer Arbeitstreffen immer wieder. Und bald entstanden – zunächst auf dem Klinikgelände in Chittagong, später auch in anderen Gebieten – sogenannte »Nutrition-Centres«. Tag für Tag, so habe ich es selbst beobachtet, kommen Hunderte von armen Müttern mit ihren Kleinkindern hierher, und zwar so lange, bis deren Erblindungsgefahr überwunden ist. Die Kleinen unter

1994: Bundespräsident Richard von Weizsäcker verleiht Dr. Rabiul Husain (links neben Rosi Gollmann) das Bundesverdienstkreuz 1. Klasse

fünf Jahren werden dort ärztlich betreut und erhalten zusätzliche vitaminreiche Nahrung. Vor allem aber werden die Mütter unterwiesen, selbst für eine gesunde Ernährung ihrer Kinder zu sorgen. Die braucht nicht teuer zu sein: Ein paar besonders Vitamin-A-reiche Gemüsesorten, rings um die Hütten angebaut, können schon Wunder wirken.

Mit nur sieben Eye-Camps hatte alles begonnen. Wenige Jahre später waren es Hunderte, die in allen Gegenden Bangladeschs blinde Menschen zu Sehenden machten. Gleichzeitig sorgten die umfassenden Prophylaxe-Maßnahmen für einen Rückgang der Neuerblindungen. Und es gab sichtbare Zeichen dafür, dass sich der Gesundheitszustand der Kinder allgemein verbessert hatte. Das lag nicht zuletzt daran, dass gezielt für eine bessere Hygiene und ausgewogene Ernährung gesorgt wurde.

1992 erhielten wir endlich die gute Nachricht aus Bangladesch: »Die Zahl der Blinden nimmt nicht mehr zu!«

So sehr wir uns über diesen unglaublichen Erfolg freuten, nahmen wir diese Botschaft nicht als Signal, unsere Hilfe zu reduzieren oder gar einzustellen. Gemeinsam mit Dr. Husain und seinem Team suchten wir unvermindert nach neuen Wegen, um den Augenkranken und Blinden noch bessere Dienste anzubieten.

Denn eine Tatsache beschäftigte mich schon seit mehreren Jahren, so erfolgreich unsere Blindenhilfe Bangladesch auch war: Während die Augenärzte in Bangladesch immer noch die alte Operationsmethode, den Starstich, anwendeten, nach der die Betroffenen eine Starbrille tragen mussten, war diese Technik in den Industrieländern bereits seit zwei bis drei Jahrzehnten von der neuen »IOL«(inter-ocular-lense)-Methode abgelöst worden. Bei uns, wo meist nur ältere Menschen am Grauen Star erkranken, ist die IOL-Operation inzwischen Routine geworden. Bei diesem Eingriff wird zwar ebenfalls die alte, getrübte Linse entfernt, aber statt ihrer führt der Arzt eine neue aus Kunststoff ein. Diese künstliche Linse übernimmt die Aufgabe, das ins Auge einfallende Licht exakt zu bündeln, damit die Netzhaut ein scharfes Bild widerspiegeln kann. Die Kunststofflinse, dem jeweiligen Auge genauestens angepasst, verleiht ein so gutes Sehvermögen, dass die Starbrille unnötig wird und in vielen Fällen auf eine Brille ganz verzichtet werden kann.

Hier bei uns die moderne Operationsmethode – dort in Bangladesch der alte Starstich mit der schweren Brille, die leicht verloren oder kaputt gehen kann. Konnten wir uns mit dieser Zweiklassen-Medizin zufrieden geben? War sie vereinbar mit unserem Bild von der Würde eines jeden Menschen? Bestätigten wir dadurch nicht doch das Bild von der Ersten und Zweiten sowie der Dritten und Vierten Welt? War nicht die Aussicht viel überzeugender, dass ein besseres Sehvermögen durch eine

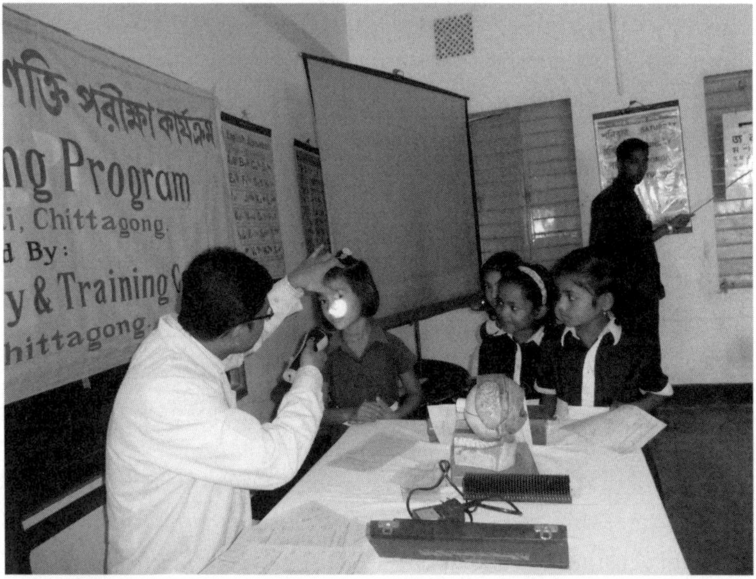


Sehtest in Schulen: Verhütung von Blindheit durch Früherkennung

IOL-Operation sozial benachteiligten Menschen mehr Chancen in der Berufswelt ihres Landes einräumen würde?

Wieder standen wir vor einer großen Herausforderung. Die Augenärzte in Bangladesch mussten die neue Operationstechnik erst erlernen. Andere Präzisionsinstrumente und intraokulare Linsen waren notwendig. Außerdem forderte die neue Methode wegen der weiteren Öffnung des Auges strengere Hygienemaßnahmen. Zunächst schienen die anfallenden Mehrkosten ein kaum überwindbares Hindernis zu sein. Die Operationen wurden deutlich teurer, statt 20 Euro betrugen die Kosten nun 40 Euro, bei stationärer Behandlung in einem der Basishospitäler sogar 50.

»Wie sollen wir das leisten?«, lautete die berechtigte Frage unseres Vorstandes. Aber wir waren noch nie vor einer Herausforderung zurückgeschreckt und taten es auch dieses Mal nicht.

Unsere bisherige Arbeit überzeugte die zuständige Abteilung der Europäischen Kommission in Brüssel: Auf einen detaillierten, exakt ausgearbeiteten Antrag hin sagte sie uns die Kofinanzierung unseres Vorhabens zu. Am 9. März 1998 durfte ich dabei sein, als der erste Patient nach der neuen Methode operiert wurde. Heute sind IOL-Operationen – sofern medizinisch vertretbar – die Regel.

Das alles wäre nicht möglich gewesen ohne eine unglaubliche Welle der Solidarität in Deutschland und darüber hinaus. Es bedeutete ein großes Glück für die Betroffenen in Bangladesch, als die Medien bereits zu Beginn der achtziger Jahre auf unsere Arbeit aufmerksam machten.

Vor allem der Fernsehjournalist und Buchautor Franz Alt ist mit seinen Dokumentarfilmen über die verschiedensten Bereiche der Andheri-Hilfe zu einem unschätzbaren Anwalt für die Hilfsbedürftigen in Indien und Bangladesch geworden. Nie werde ich den ersten Besuch Franz Alts im Bonner Andheri-Haus vergessen. Im Eingangsbereich blieb er vor unserem Andheri-Kreuz stehen: An der Stelle der Querbalken fehlen dem Gekreuzigten die Arme; stattdessen findet sich dort die Inschrift: »Ich habe keine anderen Hände als die euren.« Franz Alt verharrte vor diesem Kruzifix, dann sagte er, wie zu sich selbst: »Das ist die Antwort! Wir müssen etwas tun!« Diesen Augenblick bezeichnete Franz Alt später in einer gemeinsamen Talkrunde bei Johannes B. Kerner als die Sternstunde seines Lebens.

Sein Bericht in der Fernsehsendung »REPORT« sowie die kurz zuvor ausgestrahlte Dokumentation von Peter Grubbe mit dem bezeichnenden Titel »Den Rückweg finden sie allein« ließen das Spendenaufkommen deutlich ansteigen. Und das, obwohl die Programmdirektion kurz vor der Sendung die Nennung des eigens dafür eingerichteten Kontos der Andheri-Hilfe untersagt hatte. Franz Alt schloss seine Schlussmoderation mit

Rosi Gollmann mit der geheilten Hasna

den schlichten Worten: »Helfen Sie! Schreiben Sie einfach an die Andheri-Hilfe Bonn – eine Adresse erübrigt sich!« Diesem Aufruf folgten mehr als dreitausend Zuschauer, die helfen wollten. Das Postauto brachte ihre Zuschriften säckeweise zum Andheri-Haus. Sogar ein Brief mit der Anschrift: »Für die Blinden in Bonn« erreichte uns – obwohl ein geistreicher Postbote ihn im Bonner Bundeshaus abgeliefert hatte! Jede einzelne Zuschrift beantworteten wir damals; eine Schar unermüdlicher Ehrenamtlicher, darunter auch viele meiner Schülerinnen und Schüler, halfen begeistert mit.

Franz Alt drehte zwei weitere Fernsehfilme zum Thema Blindenhilfe in Bangladesch. »Khadizas Weg zum Licht« motivierte 1997 viele Menschen zur Mithilfe, ebenso wie der Beitrag »Vom Glück zu sehen« aus dem Jahr 2003. Im Mittelpunkt dieser Filmdokumentation steht die Geschichte der vierzehnjährigen Hasna. Schon früh verlor sie ihre Mutter. Als ihr Vater wieder heiratet, ist Hasna unerwünscht. Ihr Bruder nimmt sie in seine Familie auf. Doch als Rikschafahrer ist er selbst kaum in der Lage, seine Familie zu ernähren. Daher arbeitet Hasna bereits im Kindesalter als Haushaltshilfe in einer begüterten Familie, bis langsam, aber stetig ihr Augenlicht nachlässt. Mit elf Jahren ist sie blind, hilflos und auf die Barmherzigkeit ihres Bruders angewiesen.

Sie schöpft Hoffnung, als sie im Alter von vierzehn Jahren von der Chance einer kostenlosen Operation im Zentrum von Chittagong erfährt.

Hasna ist die 1 000 000ste Patientin, die in unserem Programm operiert wird, und dieser Tag ist ein wahres Fest für das ganze Land. Ihr operativer Eingriff wird per Video für die Versammlung der prominenten Gäste auf den Vorplatz der Klinik übertragen.

Als am folgenden Tag die Binde von Hasnas Augen entfernt werden soll, sind wir gemeinsam mit dem Fernsehteam dabei. Alle sind voller Spannung: War die Operation erfolgreich? Wird Hasna wieder sehen können? Der Arzt hält seine Hand vor die Augen des Mädchens. »Wie viele Finger siehst du?«, fragt er. Hasnas Miene verändert sich, als sie begreift, dass sie tatsächlich wieder sehen kann. Dann entdeckt sie an der gegenüberliegenden Wand einen Spiegel und läuft auf ihn zu. Sie schaut hinein und schweigt zunächst fassungslos. Jahre sind vergangen, seit sie ihr eigenes Gesicht zum letzten Mal sah, und nun kann sie sich selbst kaum wiedererkennen. Dann bricht es aus ihr hervor: »Das bin ich!«, ruft sie immer wieder, unterbrochen von minutenlangem Lachen und Weinen.

Tief berührt stehe ich etwa zehn Meter von ihr entfernt und rufe: »Hasna!« Und obwohl sie mich noch nie zuvor gesehen hat, läuft sie auf mich zu, sie erkennt meine Stimme von den Besuchen an ihrem Krankenbett.

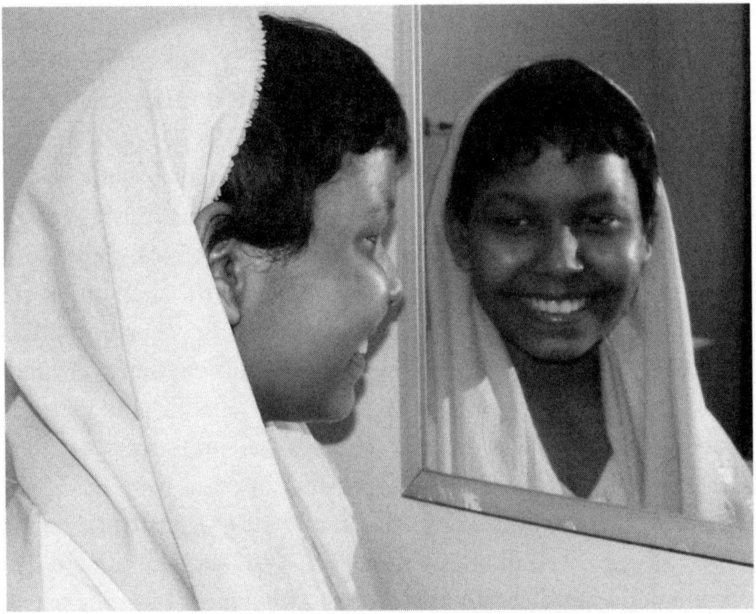

Die 1 000 000ste Operierte: Hasna sieht sich erstmals im Spiegel

»Danke!«, stammelt sie, »ich kann sehen!«

Und weinend vor Glück fällt sie mir in die Arme. Wir alle sind sehr bewegt, nicht nur die Ärzte, sondern auch das routinierte und an manch bewegende Situation gewohnte Fernsehteam aus Deutschland.

Mit einigen Medikamenten in der Hand verlässt Hasna am folgenden Tag das Krankenhaus. Ich beobachte sie, wie sie ihre weit geöffneten Augen immer wieder auf Menschen richtet, die ihr begegnen, wie sie die Gartenanlage ringsum bestaunt, hier und dort nach einer Blume greift und sie wie ein Wunder betrachtet.

Für mich selbst war jener Tag einer der beglückendsten meines langen Lebens. Das Erlebnis der sehenden Hasna würde ich um nichts in der Welt missen wollen.

Wenn ich auf meinen Reisen zu unserem Zentralhospital nach Chittagong komme, führen mich unsere Freunde immer zuerst zum »Rosi-Gollmann-Tree«. Als vor etwa dreißig Jahren das Zentrum eingeweiht wurde, waren einige Gäste gebeten worden, im Eingangsbereich »ihren« Baum zu pflanzen. Viele Zyklone und Unwetter sind inzwischen über diese Bäume hinweggegangen und haben sie leider zerstört. Nur der »Rosi-Gollmann-Tree« hat alle Widrigkeiten überstanden. Von manchem Sturm zerzaust steht er tapfer da. Und obwohl ihn zwei besonders schwere Unwetter sogar seiner Spitze beraubten, denkt er nicht daran aufzugeben, sondern wächst stetig weiter. Meine Freunde sind davon überzeugt – und erklären das jedem Besucher –, dass dieser Baum ein Beweis für wahre Ausdauer und Kraft ist. Ebenso beharrlich und ausdauernd, allen Widrigkeiten trotzend, so sagen sie, setze ich mich für die Blinden in Bangladesch ein. Ich freue mich über dieses Zeichen ihrer Zuneigung, bin aber realistisch genug, um zu wissen, dass nur durch die intensive Zusammenarbeit aller Beteiligten das Projekt gegen Blindheit in Bangladesch so erfolgreich werden konnte: durch die einsatzbereiten Menschen vor Ort, durch unsere Förderer in Deutschland – privat und von amtlicher Seite – und durch die Mitarbeiter unserer Andheri-Hilfe, denen das »Licht für Bangladesch« immer ein besonderes Herzensanliegen war und ist.

Ermutigt von diesen Erfolgen, leisten wir mittlerweile auch auf globaler Ebene einen Beitrag zur »Vision 2020«, einer weltweiten Initiative, die bis zum Jahr 2020 die Hauptursachen von Blindheit erfolgreich bekämpfen will und ganz besonders für die Millionen armer Menschen das Recht auf Augenlicht zu verwirklichen sucht. Sie wurde gemeinsam von der Weltgesundheitsorganisation WHO, der International Agency for the Prevention of Blindness (IAPB) und einer Reihe von nicht regierungsabhängigen Organisationen wie der Andheri-Hilfe ins Leben gerufen.

Hier bekommt unser Name »Andheri-Hilfe« seine besondere Bedeutung: Ursprünglich gewählt als Ortsbezeichnung unseres ersten Projekts, des St. Catherine's Home in Andheri bei Bombay, erfuhren wir später, dass »andhera« das Hindi-Wort für »Dunkelheit – Blindheit« ist. Ob nun in seiner metaphorischen Bedeutung oder – in Bezug auf Blindheit – ganz unmittelbar: Die Andheri-Hilfe will dort Hoffnung bringen, wo Menschen in Dunkelheit leben.

Damals, als ich Bundespräsident Richard von Weizsäcker im Jahr 1987 gegenübersaß und von unserer Arbeit berichtete, war vieles von dem, was wir heute erreicht haben, noch Zukunftsmusik. Herr von Weizsäcker aber war beeindruckt und nahm den Besuch eines unserer Eye-Camps in das Programm seines Staatsbesuchs in Bangladesch auf.

In Mujiganj, unweit von Dhaka, ließ sich der Bundespräsident von Dr. Rubial Husain über die Situation der Blinden seines Landes und das effektive Programm der Andheri-Hilfe informieren und sah interessiert einer Augenoperation im Klassenzimmer einer Dorfschule zu, die beim Schein einer Taschenlampe auf einer Schulbank stattfand. Er erlebte den motivierten Einsatz der einheimischen Ärzte und ihrer Helfer, die unter primitivsten Bedingungen fast Unmenschliches leisten. Ich durfte dabei sein und einen Scheck des Bundespräsidenten entgegennehmen, der die gesamten Kosten dieses Eye-Camps in Mujiganj abdeckte.

»Ich bin stolz auf die Andheri-Hilfe!«, sagte er mir zum Abschied.

Ich bin sehr dankbar, dass die ermutigende Verbindung zu unserem Altbundespräsidenten seither nicht abgebrochen ist. Bis heute schätzen wir ihn als einen besonders wohlwollenden Begleiter unserer Arbeit.

Kapitel Vierzehn

# Kinder brauchen Zukunft

> Kinder werden nicht erst zu Menschen:
> Sie sind bereits welche.
> *Janus Korcak*

Als Kinder fanden wir es selbstverständlich, unserem Vater bei seiner Arbeit zur Hand zu gehen. Wir wohnten direkt gegenüber der Schule, und noch heute sehe ich die Stelle vor mir, an der die Gitterstäbe der Pausenhofumzäunung etwas auseinandergebogen waren. Da zwängten wir uns in der großen Pause heimlich hindurch, denn zuhause wartete bereits ein bepackter Leiterwagen auf uns, den wir in Windeseile zu diesem oder jenem Kunden meines Vaters zogen, um die bestellten Waren abzuliefern. Wenn dann die Schulglocke die nächste Stunde einläutete, saßen wir schon wieder auf unseren Plätzen.

Im St. Catherine's Home habe ich in den sechziger Jahren jungen Mädchen im Alter von dreizehn bis achtzehn Jahren neue kunstvolle Stickereien und Batiktechniken gezeigt, um durch den Verkauf dieser Textilien einen kleinen Beitrag zu den laufenden Kosten des Kinderheims zu erzielen.

Freizeitbeschäftigung oder Kinderarbeit? Wo liegen hier die Grenzen?

Der Unterschied wurde mir 1989 in einem Dorf in der Nähe von Tirunelveli, Südindien, bewusst. Gemeinsam mit den Frauen einer Selbsthilfegruppe saß ich in angeregter Runde. Es war schon spät, als ein uralter Bus heranratterte. Rund dreißig Kinder im Alter von sechs bis fünfzehn Jahren stiegen aus.

»Kommen die Kinder von einem Ausflug zurück?«, erkundigte ich mich bei den Frauen. Die schüttelten die Köpfe.

»Nein«, erklärte mir eine Frau, »sie kommen von der Arbeit.«

»Von welcher Arbeit?«, fragte ich erstaunt nach und betrachtete die Ankömmlinge etwas genauer. Sie wirkten erschöpft, ja, apathisch und konnten sich vor Müdigkeit kaum auf den Beinen halten.

Diese Kinder, so erfuhr ich, hatten einen zwölfstündigen Arbeitstag in einer Streichholzfabrik hinter sich. Und das war nicht etwa eine Ausnahme. Nein, die Kinder arbeiteten von Montag bis Samstag, Woche für Woche, Monat für Monat, Jahr für Jahr – ohne auch nur einen einzigen Ferientag. Früh am Morgen sammelte der Bus die Kinder in ihren Dörfern ein und brachte sie spät abends wieder nach Hause. Bloße Schatten ihrer selbst, fielen diese Kinder nach einem kargen Mahl erschöpft auf ihre Matten und ruhten wenige Stunden, ehe sie erneut wachgerüttelt wurden und noch schlaftrunken den Bus bestiegen, der sie wieder zur Fabrik brachte.

Ich war entsetzt. Mit eigenen Augen wollte ich mir vor Ort einen Eindruck verschaffen. Aber Kinderarbeit ist auch in Indien verboten, und darum war es gar nicht so einfach, Zugang zu den Fabriken zu erhalten. Ich gab keine Ruhe, bis mir ein engagierter junger Mann aus der Region namens Ajit Koli zur Seite gestellt wurde. Gemeinsam mit Ajit begab ich mich auf die Spuren der Kinderarbeiter.

»Hier in diesen vielen kleinen Fabriken«, erklärte mir Ajit bei unserem ersten Besuch, »wird der gesamte Bedarf Indiens an Zündhölzern hergestellt, und zwar in Handarbeit.«

Als wir die erste Fabrikhalle betraten, nahm es mir fast den Atem: Die Luft war erfüllt vom beißenden Schwefeldampf. Es dauerte einen Moment, dann konnte ich die Kinder wahrnehmen, die auf dem blanken Betonboden hockten und vorbereitete Hölzchen in mehrfach unterteilte Holzrahmen sortierten. Waren die Holzrahmen ausreichend gefüllt, wurden sie von den wenigen erwachsenen Arbeitern eingesammelt und in ein Schwefelbad getaucht. Andere Kinder falteten winzige Schachteln aus bereits zugeschnittenen Teilen. Und wieder waren es Kinderhände, die in atemberaubender Geschwindigkeit eine Handvoll Streichhölzer zusammenrafften, sie in die richtige Form klopften und innerhalb von Sekunden in der Schachtel verschwinden ließen. Was wie ein faszinierender Zaubertrick aussah, so schnell ging das Ganze, war bitterer Ernst. Im Schneidersitz, vornübergebeugt, hochkonzentriert, dazu von früh bis spät den giftigen Dämpfen ausgesetzt, leisteten die Kinder diese monotone Arbeit, manche von ihnen nicht älter als fünf, sechs Jahre. Als sie mich bemerkten und erstaunt musterten, ließen sie für wenige Augenblicke ihre Arbeit ruhen. Dafür wurden sie später, wie ich von der Tür aus beobachten konnte, mit Schlägen bestraft.

Ich war schockiert. Diese entsetzlichen Eindrücke musste ich erst einmal verkraften. Tief bewegt ging ich durch das Dorf und stand plötzlich vor der Schule – mit einem Lehrer und nur vier Kindern.

»In den anderen Dörfern hier in der Umgebung ist das nicht anders«, erklärte mir Ajit. »Statt zur Schule gehen zu dürfen, müssen die Kinder in der Fabrik schuften.« Damals gab es in Indien noch keine gesetzliche Schulpflicht.

Kinderarbeiter, so erfuhr ich, waren nicht nur in den Streichholzfabriken zu finden. In fast allen Betrieben, in denen Handarbeit anfällt, waren sie billige und begehrte Arbeitskräfte, die gewissenlos ausgenutzt wurden. Für mich stand rasch fest: Hier lag ein neues und überaus wichtiges Arbeitsfeld für die Andheri-Hilfe. Wir konnten nicht tatenlos zusehen: Diesen ausgebeuteten Kindern musste geholfen werden.

Die Übernahme eines neuen Projektbereichs ist keine Augenblicksentscheidung, auch wenn es oft ein Augen-Blick ist, der die neue Aktivität auslöst. Sie ist immer ein intensiver und komplexer Prozess. Fakten müssen recherchiert, Hintergrundinformationen eingeholt und die Ursachen des Problems analysiert werden. Außerdem steht und fällt die Aussicht auf Erfolg mit den Partnern vor Ort. Und so betrachtete ich es als glückliche Fügung, als im nächsten Jahr während eines Projektleiter-Treffens in Tiruchirappalli ein Priester namens Kulandai Raj auftauchte. Obwohl kein Projektleiter und somit nicht zur Teilnahme an diesem Meeting eingeladen, ließ er sich nicht abweisen und bat um eine Unterredung mit mir. In meinen bereits übervollen »Sprechstundenplan« schoben die Organisatoren schließlich wohlwollend ein Fünfminutengespräch ein. Dabei berichtete mir Father Kulandai Raj so anschaulich und eindrucksvoll von seinen Bemühungen mit Kinderarbeitern und Straßenkindern, die er im Alleingang unternahm, dass niemand von uns beiden auf die Uhr sah: Aus den fünf Minuten wurde eine halbe Stunde.

»Wir müssen dieses Gespräch fortsetzen«, sagte ich, als bereits mein nächster Gesprächspartner ungeduldig seinen Kopf zur Tür hereinsteckte.

»Nächste Woche«, sagte Father Kulandai Raj, »breche ich nach Kanada zu einer Fortbildung auf. Dort werde ich das Thema ›Rehabilitation von Kinderarbeitern‹ vertiefen.«

»Das ist gut«, ermutigte ich ihn. »Und auf Ihrer Rückreise sollten Sie in Bonn einen Zwischenstopp einlegen, damit wir gemeinsam prüfen können, ob und wie eine Zusammenarbeit möglich ist.«

Denn mir war klar: Dies war genau der Mann, den wir für den Kampf gegen Kinderarbeit brauchten – engagiert, couragiert, dazu intelligent und ohne Scheu vor großen Herausforderungen.

Engagiert und couragiert:
Father Kulandai Raj

Etwa acht Monate später hatte Father Kulandai Raj bei seinem Besuch im Andheri-Haus bereits konkrete Vorschläge in seinem »Reisegepäck« dabei. Auf deren Basis führten wir mit unserem Vorstand zahlreiche Gespräche, und diese Überlegungen und Diskussionen verliefen äußerst positiv.

Bei meiner Reise im Folgejahr besuchte ich zusammen mit Father Kulandai Raj zahlreiche Projektstationen. Hier begegnete ich vielen Kindern, die man ihrer Kindheit beraubt hatte. Als Dritter in unserem Bunde begleitete uns Franz Alt mit einem Fernsehteam. Seit seinen ersten Berichten über die Blindenhilfe der Andheri-Hilfe in Bangladesch verband uns eine konstruktive und freundschaftliche Zusammenarbeit. Für Franz Alt war es eine ausgemachte Sache, dass er meine Begegnung mit den Kinderarbeitern filmisch begleiten würde.

Unsere gemeinsame Reise führte uns in die Steinbrüche bei Chennai (früher: Madras). Alle Farbe schien aus der Welt gewichen. Grau waren die Steine, grau der Staub, der sich auf alles und jeden legte. Erst auf den zweiten Blick erkannten wir in

Im Steinbruch bei Chennai

diesem farblosen Einerlei Menschen, die sich wie Ameisen in dem riesigen Steingelände bewegten, die meisten von ihnen Kinder. In der Hocke am Boden kauernd zerkleinerten sie unentwegt Steine; andere schwangen schwere Eisenhämmer, um große Steinbrocken zu feinem Schotter zu zerschlagen. Stundenlang. Tagelang. Wochenlang.

»Dies ist ihr Leben«, sagte Mr. Kumari, ein Projektmitarbeiter.

Andere Kinder trugen große Blechschalen auf ihren Köpfen. Darin war der feingeschlagene Schotter so hoch getürmt wie nur irgend möglich.

»Wie heißt du denn?«, fragte Franz Alt ein Mädchen.

»Kanchena«, wisperte sie so leise, dass wir es kaum hören konnten.

»Und wie alt bist du?«, wollte ich wissen. Doch sie konnte nicht antworten. Tränen liefen ihr über die mageren Wangen. Später erfuhren wir, dass sie sieben Jahre alt war und bereits seit zwei Jahren Steine zerschlug. Kanchena senkte den Kopf und wagte es nicht, uns anzusehen. Sie nahm ihre mit zerkleinerten Steinen gefüllte Schale auf den Kopf und trug sie zum bereit stehenden Lastwagen, um ihren Inhalt auf der Ladefläche abzuladen. Dort trafen wir auch den Vater des Mädchens.

»Warum muss Kanchena so schwer arbeiten, statt zur Schule zu gehen?«, fragten wir ihn.

»Wir sind arm«, war seine Antwort, »zwei meiner Töchter arbeiten hier. Meinen Sohn, den schicke ich natürlich zur Schule.«

Diese Kinder schuften für einen Hungerlohn. Ihre Kindheit ist schnell beschrieben: Sie haben keine. Hilflos sind sie ihrem Schicksal ausgeliefert – Steine klopfen und Steine schleppen für den Straßenbau. Sie kommen morgens, wenn es noch dunkel ist, und ihr Arbeitstag ist erst dann zu Ende, wenn die Dunkelheit bereits hereingebrochen ist. Eine Kindheit ohne Schule, aber mit großer gesundheitlicher Belastung: Tag für Tag zerfrisst der feine Staub ihre Lungen.

Auch unser Begleiter, Mr. Kumari, war betroffen, obwohl er an den Anblick der leidenden Kinder gewöhnt war.

»Kinderarbeit ist in Indien per Gesetz verboten«, erklärte er uns. »Trotzdem ist dieser Steinbruch hier kein Einzelfall. Statistische Erhebungen besagen, dass in unserem Land rund vierzig Millionen Kinder schwer arbeiten müssen, statt zur Schule zu gehen. Das sind offizielle Zahlen. Die genaue Zahl weiß keiner. ›Human Rights Watch‹ schätzt die Dunkelziffer der Kinderarbeiter in Indien auf das Doppelte bis Dreifache.«

Kanchipuram, die berühmte Seidenstadt, war unsere nächste Station, etwa 65 Kilometer von Chennai entfernt. Dort sah ich Tausende von Kindern – vor allem Mädchen – an großen Holzwebstühlen. Indiens berühmte Seidenstoffe werden auch heute noch oft von Kinderhänden gewoben. Zehn bis vierzehn Stunden täglich verbringen sie in den stickigen Arbeitsräumen, mit gekrümmtem Rücken und von Husten gequält, denn die Luft ist angefüllt von feinem Faserstaub, der sich über die Jahre in ihren Lungen absetzt und zu chronischen Erkrankungen führt.

Auch in den Teppichfabriken verderben sich Kinder ihre Haltung, lebenslange Schäden sind die Folge. Nicht selten sind sie bereits im frühen Erwachsenenalter »verbraucht«, zu keiner Arbeit mehr fähig. Manche Kinder erblinden sogar, wenn der feine Staub in den Teppichwebereien unaufhaltsam in ihre Augen dringt. Schutzmaßnahmen gibt es keine.

»Selbst wenn sie im Alter von sechzehn Jahren noch arbeitsfähig sind«, erklärte uns Antony Cruz, unser Partner vor Ort, »setzt der Fabrikbesitzer sie auf die Straße, denn dann müsste er ihnen mehr bezahlen – auch wenn es immer noch ein Hungerlohn wäre.«

Häufig werden die Kinder von den Fabrikbesitzern geschlagen, Mädchen nicht selten sexuell missbraucht.

»Warum kümmern Sie sich um diese Kinderarbeiter?«, fragte ich Antony Cruz. Und er erzählte, dass er selbst einst zu ihnen gehört hatte, bis ihn ein Priester aus seinem Elend befreite und zur Schule schickte.

»Aus Dankbarkeit stelle ich mein ganzes Leben in den Dienst dieser Blüten im Staub«, sagte er. »Was wäre aus mir geworden, hätte mir niemand geholfen?«

Unsere nächste Station führte uns in eine Fabrik für Gartenhandschuhe.

»Kinderarbeit?«, erklärte der Besitzer auf unsere Nachfrage ohne mit der Wimper zu zucken, »die gibt es bei mir nicht.«

In der Fertigungshalle entdeckten wir – natürlich – Kinder. Ich schätzte ihr Alter auf zehn bis vierzehn Jahre. Offenbar konnte der Fabrikant sie nicht mehr rechtzeitig vor uns verstecken.

»Das sind doch keine Kinder«, versuchte er sich nun verlegen herauszureden, »die sind alle zwischen fünfzehn und zwanzig Jahre alt.« Er wusste ganz genau, dass er sich strafbar machte.

Und weiter ging es zu den Müllhalden. Dort sahen wir Kinder, die von früh bis spät Plastikmüll für eine Recyclingfabrik sammelten. Man muss diese Berge voll Unrat einmal selbst betreten haben, um erahnen zu können, was diese Arbeit bedeutet: Tag für Tag schutzlos der erbarmungslosen Sonne preisgegeben, inmitten von stinkendem, verfaulendem Unrat, den ätzenden Dämpfen ausgesetzt. Die Kinder wühlen rastlos im Wohlstandsmüll – oft mit leeren Mägen und ohne ausreichend sauberes Trinkwasser.

»Etwa ein Drittel aller indischen Kinder geht nicht zur Schule«, erklärte uns unser Begleiter. »Ohne Bildung aber bleiben sie ihr Leben lang chancenlos. Und die Akkordarbeit ruiniert ihre schwachen Körper.«

Wo wir auch hinkamen, überall trafen wir Kinder ohne Zukunft an, ohne jede Chance, ihr Potenzial zu entfalten. Ihnen drohte Krankheit und Invalidität, und das in einem Alter, in dem bei uns in Europa das Leben erst richtig beginnt.

Ich führte viele Gespräche mit Kindern, Eltern und auch mit Sachverständigen vor Ort, um die Ursachen für diese unhaltbare Situation zu ergründen. Wie immer sind auch hier die Probleme äußerst kompliziert. Zuallererst ist es die himmelschreiende Armut der Familien, die sie zu solch verzweifelten Lösungen treibt – Lösungen, die keine sind, sondern das Elend nur in die nächste Generation verlängern.

»Wir versuchen, den Kinderarbeitern wenigstens etwas Unterricht zu ermöglichen, zumindest ein paar Stunden am Tag«, erzählte mir Antony Cruz. »Sie kommen in Scharen, und sie kommen gern. Aber weder ihre Arbeitgeber noch ihre Eltern sehen das gern: Den einen geht die Arbeitskraft, den anderen der Lohn verloren. So werden die schulbegeisterten Kinder oft bestraft.«

»Können wir nicht die Eltern erreichen«, entgegnete ich, »sie davon überzeugen, wie dringend notwendig eine Zukunftsperspektive für ihre Kinder ist? Sie müssen erkennen, dass es keine Lösung sein kann, ihre Not auf die schwachen Schultern ihrer Kinder zu verlagern. Und wie können wir mit den Fabrikbesitzern ins Gespräch kommen? Die wissen doch genau, dass es illegal ist, was sie tun.«

Das harte Los der vielen Kinderarbeiter belastete mich schwer. Außerdem wurde mir von Tag zu Tag klarer, dass es sich hier um ein äußerst komplexes Problem handelte, in dem so viele verschiedene Komponenten eng miteinander verknüpft waren, dass nur ein integrierter Ansatz Erfolg versprach. Langfristig angelegte Familien- und Dorfprojekte waren notwendig – so wie damals im Dorf Bisvalvadi.

Doch konnten wir in der Zwischenzeit die leidenden Kinder ihrer Not überlassen? Ein Jahr ist viel im Leben eines Kindes. Wenn ich etwa an die kleine Kanchena dachte, die täglich bis zur äußersten Erschöpfung im Steinbruch arbeitete, war mir klar, dass jeder Tag zählte. Und darum fingen wir ohne jede Verzögerung an.

An manchen Stellen begannen wir, Teilzeitschulen einzurichten, so dass die Kinder zwar weiterhin arbeiteten, aber wenigstens einige Stunden am Tag lernen konnten. Die Übergangsphase war nicht einfach: Würden die Kinder, die immerfort ausgenutzt wurden, uns überhaupt vertrauen? Würden Eltern und Arbeitgeber sie bestrafen? Immer wieder aber war es eine Freude, die Kinder in den provisorischen Schulräumen beim Unterricht zu erleben und zu beobachten, wie sie nach und nach aufblühten. Mit unglaublichem Eifer lernten sie Schreiben, Lesen und Rechnen.

Der Unterricht, auch wenn er zunächst nur wenige Stunden am Tag dauerte, veränderte die Kinder, ließ sie Hoffnung schöpfen und stärkte ihr Selbstbewusstsein immer mehr. Sie wussten nun: Es gab ein Leben außerhalb der Fabrik. Es gab Menschen, denen ihre Zukunft nicht gleichgültig war. Es gab

Kanchena: »Jetzt brauche ich meinen Kopf nicht mehr zum Steineschleppen, sondern zum Lernen«

Perspektiven und Freiräume in ihrem Leben, in dem sie endlich das sein durften, was sie waren: nämlich Kinder.

Eine andere überaus erfolgreiche Lösung boten sogenannte Bridge-Schools, Schulen, in denen die physisch und psychisch bereits geschädigten Kinder behutsam und spielerisch an das Lernen herangeführt wurden. Mit viel Zuwendung und Geduld konnten die ehemaligen Kinderarbeiter später in Regelschulen integriert werden.

Währenddessen gingen unsere indischen Partner in die Dörfer und in die Slums, um die Eltern zu besuchen und bei ihnen einen ebenso wichtigen wie sensiblen Prozess anzustoßen: Sie mussten aus ihrer Verzweiflung aufgerüttelt und motiviert werden, sich gemeinsam für neue Wege einzusetzen, damit sie ihren Kindern eine hoffnungsvolle Zukunft bieten konnten. Das war eine schwierige und zeitaufwendige Arbeit, für die unsere Mitarbeiter speziell geschult werden mussten.

»Kinder bringen mehr ein, als sie kosten«, so lautete das Standardargument der Eltern, das sie zunächst allen Vorschlägen entgegensetzten. Diese weit verbreitete Überzeugung unter den Armen in Indien ist auch der Grund, warum die Familien trotz größter Armut so viele Kinder haben. Kinder müssen von klein auf mithelfen und dazuverdienen, sie erwirtschaften etwa ein Viertel des Einkommens ihrer Familie und sind deshalb oft unentbehrlich.

»Jedes Kind kommt mit zwei Händen und zwei Füßen zur Welt«, erklärte mir ein Vater von sechs Kindern. »Wenn alle mitarbeiten, können wir überleben. Unsere Kinder sind außerdem unsere Altersversorgung.«

Um diese seit Generationen gewachsenen Denkmuster und Strukturen zu verändern, brauchte es einen langen Atem – und den hatten wir. Es war nicht einfach, die Unternehmer dazu zu bringen, dass sie den kleinen, für die Kinder jedoch so wichtigen Veränderungen zustimmten. Doch nach und nach erreichten wir, dass die Arbeitszeit der Kinder verkürzt wurde, dass es regelmäßig Pausen gab. Ja, sogar Mindestlöhne und Gesundheitskontrollen konnten durchgesetzt werden. Und besonders glücklich war ich, wenn es uns gelang, wenigstens eine Stunde Schulunterricht pro Tag zu erwirken.

Mit der Unterstützung engagierter Behördenvertreter gelang es uns in einer südindischen Stadt sogar, die Fabrikbesitzer zu »erpressen«, dem Ende der Beschäftigung von Kindern zuzustimmen. Sie konnten zwischen zwei Alternativen »wählen«: Entweder drohte ihnen eine Anzeige wegen strafbarer Beschäftigung von Kindern, oder sie erklärten sich bereit, einen freiwilligen Wiedergutmachungs-Betrag für jedes Kind zu seiner Entlassung zu bezahlen. Diese Summe benötigten die ehemaligen Kinderarbeiter, um Bücher, Hefte und die Uniform für ihren Schulbesuch zu finanzieren. Kein Wunder, dass die meisten Unternehmer dem zweiten Vorschlag folgten.

Das waren die ersten, wichtigen Erfolge im Kampf gegen die Kinderarbeit. Ein guter Anfang, doch auf lange Sicht natürlich bei Weitem nicht genug. Wir wollten uns nicht mit Stückwerk zufrieden geben, und darum musste das gesamte Umfeld der Kinder mit einbezogen werden: nicht nur die Eltern und Familien, sondern auch die ganze Dorfgemeinschaft samt ihrer Verantwortlichen.

Wieder einmal waren es die Frauen, die zu unseren wichtigsten Verbündeten wurden. Sie schlossen sich in ihren Dörfern zu Selbsthilfegruppen zusammen und setzten langsam, aber unaufhaltsam den notwendigen Wandel zum Wohl ihrer Kinder in Gang. Unsere Projektarbeiter führten ihnen anschaulich die verheerenden Folgen der Schinderei in den Fabriken für ihre Kinder vor Augen. Und so waren es die Mütter, die als Erste verstanden, wie ungeheuer groß die gesundheitlichen Schäden und negativen Folgen tatsächlich waren. Sie erkannten, dass ihre Kinder keine Chance haben würden, wenn man sie schon in so jungen Jahren zu Invaliden werden ließ und ihnen jede Möglichkeit auf Bildung verwehrte. Hatten die Frauen, die selbst nie zur Schule gehen konnten, das einmal begriffen, wurden sie zu motivierten Vertreterinnen der Interessen ihrer Kinder.

Aber auch für uns begann wieder einmal ein spannender Lernprozess. Im Gespräch mit den Frauen mussten wir erkennen, dass es keine Lösung war, die Kinder sofort von ihren Arbeitsstellen wegzuholen, denn die Familien würden in noch größere Not geraten, wenn dieser Verdienst ausfiele. Auch ein Boykott der von Kindern hergestellten Waren würde die Armut zunächst nur erhöhen. Die Familien konnten ohne eine Alternative nicht auf die Einkünfte ihrer Kinder verzichten. Was also war zu tun?

Kinder sollten ihren Arbeitsplatz gegen den Platz auf der Schulbank eintauschen können – das war unser wichtigstes Ziel. Der Wert des Lernens, der Schulbildung und später der Berufsausbildung musste tief im Bewusstsein der Bevölkerung verankert werden.

Noch schüchtern – aber bereits auf dem Weg in eine helle Zukunft

Das hatten die Frauen erkannt.

»Wir müssen ganz unten anfangen«, sagten sie. »Wie wäre es mit einfachen Balawadies« – so nennt man in Indien Kindergärten – »für die Kleinen?«

Als der Vorschlag in die Tat umgesetzt war, zeigte er erstaunliche Erfolge: Auf spielerische Weise lernten die Kinder von drei bis fünf Jahren und wurden so auf den späteren Schulbesuch vorbereitet. Wie überrascht war ich, als diese Kleinen bei einem meiner Besuche voller Überzeugung einfache Protestsongs darboten: »Wir wollen nicht zur Arbeit, sondern zur Schule gehen!«, sangen sie. Tatsächlich besuchten diese Vorschulkinder später fast ohne Ausnahme die Schule, statt zur Fabrikarbeit herangezogen zu werden.

Der wichtigste Schritt aber bestand darin, den betroffenen Familien zu einem lebenssichernden Einkommen zu verhelfen, damit sie auf die Einnahmen aus der Arbeit ihrer Kinder verzichten konnten. Dazu benötigten vor allem die Frauen Ausbildung in grundlegenden handwerklichen Fertigkeiten und die Männer die Anleitung zur Optimierung des Anbaus auf ihren Feldern. Auch bewährte sich der Einsatz von Kleinkrediten. Überall entwickelten sich – motiviert und unterstützt durch den Zusammenhalt in Selbsthilfegruppen – zuvor unbekannte Aktivitäten. Neue Handwerkszweige, zum Beispiel Dorfschneidereien, entstanden. Kleine Verkaufsläden brachten Verdienst, und Gemüsegärten rings um die Hütten und Häuser sorgten für eine bessere Ernährung sowie für zusätzliche Einnahmen durch den Verkauf auf dem nächstgelegenen Markt. Die Menschen veränderten sich und damit die gesamte Situation der Dörfer. Es war, als wären die Menschen aus einer Lethargie erwacht: Sie reparierten ihre Häuser, bemühten sich um bessere hygienische Verhältnisse, richteten kleine Erste-Hilfe-Zentren ein und waren stolz auf ihre neuen einfachen Gemeindezentren. Diese boten nicht nur den nötigen Raum für die Kindergärten und für Nachhilfestunden der Schüler, sondern wurden zugleich zum Zentrum aller Dorfaktivitäten, die dafür sorgten, dass die Bewohner zu einer tragenden Gemeinschaft zusammenwuchsen. Gern förderten wir über unsere zuverlässigen Projektpartner all diese Aktivitäten – letztlich zum Wohl der Kinder.

Immer mehr wurden sich die Menschen nun auch ihrer Rechte bewusst und setzten sich für deren Durchsetzung ein. Auch dabei standen ihnen die einheimischen Projektmitarbeiter zur Seite, informierten und berieten sie.

Wieder einmal erlebte ich, welche Kraft in Menschen mobilisiert werden kann, wenn sie Hoffnung schöpfen und sich ihrer angestammten Rechte bewusst werden. Eltern, die noch wenige Jahre zuvor ihre Söhne und Töchter für zwanzig Cent am Tag in die nächste Fabrik geschickt hatten, gingen jetzt für die Rechte und für das Wohl ihrer Kinder protestierend auf die Straße.

Einst Kinderarbeiter – jetzt aktiv im Kinderparlament

Diesem Druck und auch den Argumenten der bereits spürbaren Verbesserungen konnten sich manche der zuständigen Regierungsstellen nicht mehr länger verschließen. Die Folge waren zum Beispiel strengere Kontrollen in den Fabriken. Zum ersten Mal in der Geschichte Indiens wurden Unternehmer für die Beschäftigung von Kindern bestraft. Zudem erhielten arme Familien staatliche Zuschüsse, die es ihnen ermöglichten, die Negativspirale zu durchbrechen, in der sie sich seit Generationen befanden. Überall war ein Umdenken zu spüren – bei den Familien, den Unternehmern und vor allem auch den Behörden.

Einige Jahre waren seit meinen ersten Begegnungen in den Steinbrüchen bei Chennai vergangen. Bei meinem nächsten Besuch in diesem Gebiet suchte ich die kleine Kanchena vergeblich. Ich traf sie stattdessen in der Schule an, wo durch den Einsatz unserer unermüdlichen Partner inzwischen viele frühere Steinbruchkinder eine grundlegende Bildung erhielten. Ich erkannte Kanchena kaum wieder. Fröhlich und selbstbewusst erklärte sie mir: »Früher habe ich meinen Kopf gebraucht, um schwere Steine zu schleppen. Jetzt brauche ich ihn, um zu lernen. Wenn ich groß bin, will ich Lehrerin werden und anderen Kindern helfen, damit auch sie lernen können, statt zu schuften.«

Bei meinem letzten Besuch in Indien fuhr ich auch wieder zum Steinbruch bei Chennai. Dieser war in der Zwischenzeit zu einer riesigen Grube geworden, so viele Steine hatte man in all den Jahren herausgebrochen, bearbeitet und abtransportiert. Nun arbeiteten dort aber fast ausschließlich Erwachsene unter menschenwürdigeren Bedingungen als noch wenige Jahre zuvor. Ich fragte nach den Kindern und fand sie in ihrer »Parlamentssitzung«.

Um dem Zwang der Kinderarbeit zu entkommen, haben sie hier wie an vielen anderen Stellen des Landes ihre Rechte selbst in die Hand genommen. Ihre jüngste erfolgreiche Initiative sind die Kinderparlamente.

Ich setze mich zu ihnen und höre gespannt zu: Sie verstehen etwas von Verantwortung und Demokratie, diese kleinen »Abgeordneten« und »Minister« – vielleicht mehr als mancher erwachsene Politiker! Sie haben ihre Vertreter gewählt, und ernst und selbstbewusst geht es bei ihrer Parlamentssitzung zu, keineswegs wie bei einem Spiel. Da ist der zehnjährige Vayshetri, Minister für Gesundheit. Gemeinsam mit anderen »Abgeordneten« hat er erreicht, dass stehende Abwässer im Dorf, in denen Malaria übertragende Moskitos brüteten, beseitigt wurden. Sein kleiner Kollege, der Finanzminister, hat im Dorf für die notwendige Beleuchtung ihres Kinder- und Jugendraums Geld gesammelt. Dort können die Kinder nun auch nach Sonnenuntergang »regieren«, lernen und spielen. Der Minister für Erziehung und Bildung wiederum berichtet, dass er sich erfolgreich für Zeitschriften und Bücher in den Schulen bemüht hat. Doch das Diskussionsthema des Tages mit abschließender Petition an den Gemeindevorsitzenden lautet: Schlecht unterrichtende und unregelmäßig erscheinende Lehrer sollen gerügt oder sogar entlassen werden. »Wir haben ein Recht auf guten Unterricht!« Kein Zweifel, die Kinder nehmen ihre Sache ernst. So wundert es nicht, dass die Liste der Errungenschaften dieses vorbildlichen Parlaments lang ist: Durch seine Initiative wurden Bäume gepflanzt, Straßen repariert, und die im Steinbruch arbeitenden Mütter erhielten bessere Arbeitsbedingungen. Sogar Sportveranstaltungen und Wettbewerbe, früher ein undenkbarer Luxus, werden heute organisiert.

Auch Kanchena hat inzwischen ihr Ziel erreicht: Sie ist Lehrerin geworden. Dankbar für die Förderung, die sie selbst erfahren durfte, gibt sie heute ihr Wissen weiter, damit auch andere junge Menschen die Chance auf eine bessere Zukunft erhalten.

Was wäre aus Kanchena und den zigtausend anderen Arbeitssklaven geworden, wenn sich niemand ihrer angenommen hätte? Ich bin dankbar – aber ich denke auch an die vielen Tausende, ja, Millionen uns unbekannter Kinder, die dieses Schicksal in der Vergangenheit erdulden mussten und es heute noch immer müssen. Kinder, die das Erwachsenenalter nicht erreichen werden, weil sie an den Folgen der für sie zu schweren Arbeit sterben. Kinder, die bettelnd auf der Straße landen. Kinder, die nie eine Kindheit erleben dürfen. Es dauert lange, bis ich an dem Abend nach dem Gespräch mit Kanchena einschlafe, von Freude und Sorge gleichzeitig erfüllt.

Ein liebendes Zuhause, die Möglichkeit, fürs Leben zu lernen, sind das Recht eines jeden Kindes. Und doch gibt es eine zweite Gruppe von Kindern, denen das verwehrt bleibt. Nicht nur in Indien, auch in vielen anderen Ländern der Welt leben Kinder auf der Straße. Ich selbst habe mich im Nachkriegsdeutschland im Rahmen der Heimstatt-Bewegung um junge Menschen bemüht, die der Krieg aus der Bahn geworfen hatte. Damals lernte ich, wie schwierig es ist, das Vertrauen von Kindern und Jugendlichen zu erlangen, die daran gewöhnt sind, von der übrigen Bevölkerung nicht viel besser als menschliches Strandgut behandelt zu werden, als Vagabunden und Diebe, entwurzelt und völlig auf sich allein gestellt, verjagt und geprügelt.

Nun erlebte ich indische Straßenkinder. Es gibt viele von ihnen. Jedes hat ein eigenes Schicksal mit einer eigenen Geschichte. Manche dieser Kinder sind von zuhause geflohen, weil sie misshandelt wurden oder unter schlimmen Familienverhältnissen lebten. Andere fürchteten die Strafe der Eltern wegen schlechter Schulnoten. Wieder andere trieb die Not in die Stadt – voller Hoffnung, dort bessere Chancen zum Leben zu finden. Und sicher lockte auch den einen oder anderen jungen Menschen ein Stück Abenteuerlust aus seinem Dorf fort. Kaum aber am Eisenbahn- oder Busbahnhof angekommen – sie schafften das meistens als »blinde Passagiere« –, mussten sie erkennen, welch einer Illusion sie erlegen waren.

Die harte Wirklichkeit hält anderes für sie bereit: Sie schlafen am Straßenrand oder in Parks, am Bahnhof oder in Tempelanlagen. Sie leben vom Betteln und von den Abfällen der Hotels. Sie waschen sich in Tümpeln, die häufig durch Exkremente von Tieren verunreinigt sind. Werden sie krank, hilft ihnen niemand. Auch vonseiten der Behörden erhalten sie keine Unterstützung, ganz im Gegenteil. Können sie sich nicht ausweisen oder haben sie niemanden, der für sie bürgt, steckt man sie oft grundlos ins Gefängnis. Gern schiebt man ihnen Diebstähle in die Schuhe, sie wirken wie Täter und sind doch nur

Arbeiten und leben auf der Müllkippe

Opfer, wehrlose Leidtragende ungerechter Strukturen in einer mitleidlosen Gesellschaft. Werden sie aus der Haft entlassen, führt ihr Weg sie zwangsläufig in die alte Situation zurück: auf die Straße. Wo sollten sie auch sonst hin?

Mitunter finden die Straßenkinder Arbeit. Sie verdingen sich in kleinen Hotels als Tellerwäscher oder wischen die Tische ab. Andere bieten am Bahnhof oder in Großmärkten ihre Dienste als Gepäckträger an. Oder sie versuchen, auf Müllhalden etwas für ihren Lebensunterhalt zu finden, wühlen als »Rag Pickers« auf stinkenden Halden nach allem, was sie noch essen oder verkaufen könnten. Viele dieser Kinder verbringen ihr ganzes Leben auf dem Abfall einer gnadenlosen Gesellschaft, schlafen, essen und suchen ihr Auskommen dort, wo außer ihnen nur noch Ratten und anderes Ungeziefer leben. Ohne feste Bleibe und ohne Bildung werden sie ausgenutzt oder für kriminelle Handlungen missbraucht, werden zu Drogendealern, oft selbst bereits in die Abhängigkeit getrieben. Mit zwanzig bis vierzig Cent am Tag schaffen sie es zu überleben. Verdienen sie an einem Tag einmal mehr, können sie im Kino für einige Stunden ihrer harten Realität entfliehen und in eine schillernde Bollywood-Welt eintauchen, die ihnen für immer verschlossen bleiben wird.

Wie sollten wir diesem Heer von scheuen, misstrauischen, oft misshandelten Kindern und Jugendlichen helfen? Wie konnten wir sie aus dem Kreislauf von Hunger und Obdachlosigkeit, von Illegalität und Kleinkriminalität befreien? Sie in Heimen unterzubringen konnte nicht die Lösung sein. Bei aller Not haben die Kinder auf der Straße die Freiheit erfahren. Wollten wir ihnen die Hand reichen, dann mussten wir ihnen die Möglichkeit einräumen, diese nach ihren eigenen Regeln und Wünschen zu ergreifen.

Gemeinsam mit unseren indischen Partnern, die die Situation der Straßenkinder kannten und sich im Rahmen ihrer Möglichkeiten bereits für sie einsetzten, richteten wir offene Zentren als Anlaufstellen für sie ein. Dort finden sie am Abend eine sichere Bleibe, können sich und ihre Wäsche waschen und sich ein Essen zubereiten. Werden sie krank, erhalten sie ärztliche Betreuung. In gemeinsamen Spielen und Sportangeboten erleben sie Stunden der Unbeschwertheit und Freude. Sie, die ihre Ungebundenheit über viele Jahre lang eingeübt haben, erfahren das Gefühl einer Gemeinschaft. Und ganz allmählich wächst das Vertrauen zwischen diesen Jugendlichen, die in ihrem Leben schon viele schlechte Erfahrungen machen mussten, und ihren Betreuern.

Die Mitarbeiter in unserem Projekt, die sogenannten »Streetworker«, sorgen nicht nur in den Zentren für eine offene und freundschaftliche Atmosphäre. Tagsüber gehen sie hinaus auf die Straßen, in die Parkanlagen, die Tempelbezirke und die Müllhalden. Dort sprechen sie obdachlose Kinder an, gesellen sich zu ihnen, teilen ihr Essen mit ihnen und laden sie in die Zentren ein. Und neugierig geworden, sehen es sich die meisten einmal an, wenn auch zunächst mit Misstrauen. Viele kommen immer wieder, irgendwann sind sie täglich da. Mit großer Geduld gehen die Sozialarbeiter auf jedes einzelne der vielen unterschiedlichen Schicksale ein, bis sich die Kinder mehr und mehr öffnen, ihre Geschichte erzählen und schließlich bereit sind, über ihre Zukunft nachzudenken.

Nicht mehr von einem Tag auf den nächsten zu leben, bedeutet für diese Kinder und Jugendlichen eine wichtige Entwicklung. Sie entscheiden sich selbst, wieder zur Schule zu gehen, einen Beruf zu erlernen oder nach Hause zurückzukehren. Tatsächlich können viele der Straßenkinder nach umsichtiger Kontaktaufnahme mit den Eltern wieder in die Familie eingegliedert werden – ein Prozess, der von den Mitarbeitern sorgfältig beobachtet und begleitet wird, damit die Rückkehr in das »alte Leben« der Kinder auch tatsächlich gelingt. Dass sich das Schicksal eines Straßenkindes, das hoffnungslos wirkt, tatsächlich wenden kann, habe ich inzwischen tausendfach selbst miterleben dürfen.

Im Dezember 1998 erreichte mich eine sehr besondere Einladung: Der 21-jährige Manikandam lud mich zu seiner Hochzeit nach Palayamkottai ein.

»Mein Vater«, so hatte er mir früher einmal anvertraut, »war Alkoholiker, ich kannte ihn nur betrunken. Eines Tages wusste meine Mutter nicht mehr, wie sie uns durchbringen sollte, und schickte mich auf die Straße. Ich lebte unter Dachvorsprüngen und suchte im Müll nach Essbarem. Weil ich weder einen festen Wohnsitz noch einen Ausweis hatte, steckte man mich ohne Grund eines Tages ins Gefängnis, und da blieb ich – drei ganze Jahre!«

Als Manikandam entlassen wurde, traf er einen Streetworker und fasste Vertrauen zu ihm. Er besuchte unser Zentrum in Pa-

Straßenkinder: Ihr Zuhause ist die Straße

layamkottai und erkannte die Möglichkeiten, die sich ihm eröffneten – ihm, den alle anderen längst aufgegeben hatten.

»Mein Traum war es schon seit Kindestagen, Koch zu werden«, erzählte er mir während seiner Hochzeitsfeier. »Jetzt bin ich Meisterkoch!«

Tatsächlich war er der angesehene Koch eines Straßenrestaurants. Nun hatte er ein festes Einkommen und konnte heiraten. Und seine Braut?

»Viele Jahre lang packte ich Streichhölzer in kleine Schächtelchen«, erzählt mir die junge, hübsche Frau. »Dann wurde mir geholfen. Ich ging zur Schule, und später lernte ich nähen.«

Als Hochzeitsgäste kamen als Freunde die Straßenkinder des Zentrums. Aber auch die Oberbürgermeisterin von Palayamkottai hatte der inzwischen selbstbewusste Manikandam eingeladen, und sogar den Polizeipräsidenten, der ihn damals als einfacher Polizist ins Gefängnis gesteckt hatte.

»Warum haben Sie Manikandam damals verhaftet?«, fragte ich den Polizeipräsidenten bei der Hochzeitsfeier. Der kratzte verlegen seinen imposanten Bart.

»Weil er illegal auf der Straße lebte«, gab er zu.

»Das war der einzige Grund?«

»Nun ja«, sagte er, »heute würde ich das nicht mehr tun.«

Ein Professor für Soziologie sollte die Festrede halten, doch nach den ersten Worten versagte ihm die Stimme. Unter Tränen brachte er schließlich nur den einen Satz hervor: »Ich schäme mich für die Kinderarbeit in unserem Land!«

Diese Hochzeit – die erste unter Straßenkindern und Kinderarbeitern in dieser Gegend – war eine Art Meilenstein unserer Arbeit für Straßenkinder. Die indische Presse nahm sie zum Anlass, um dieses Thema endlich aufzugreifen und ausführlich darüber zu berichten. Prominente Sportler und Schauspieler besuchten unsere Zentren und unterstützten deren Arbeit mit finanziellen Zuwendungen.

Das Wichtigste aber war, dass das Thema Kinderarbeit und Straßenkinder in der indischen Gesellschaft nicht länger totgeschwiegen, sondern in der Öffentlichkeit offen diskutiert wurde.

Ehemalige Straßenkinder setzen sich heute selbst für ihre Leidensgenossen ein. Mit Straßentheater machen sie beispielsweise auf die Situation der leidenden Kinder aufmerksam. Auch hier ist Unmögliches möglich geworden, weil so viele Akteure Hand in Hand arbeiten, hier und dort, um Verhaltensmuster, die über Generationen praktiziert wurden, endlich zu verändern.

Solange es Kinder und Jugendliche gibt, die ihrer Kindheit beraubt werden, machen wir weiter. Wir lassen nicht nach, Eltern, Arbeitgeber sowie die Entscheidungsträger in Staat und Wirtschaft auf ihre Verantwortung jungen Menschen gegenüber aufmerksam zu machen und sie in die Pflicht zu nehmen:

Kein Kind, kein Jugendlicher darf mehr zur Kinderarbeit oder zur Obdachlosigkeit verdammt sein.

Wir helfen mit, dass Kinderparlamente und auch Kinderbanken gegründet werden, bei denen Kinder und Jugendliche ihre minimalen Ersparnisse anlegen und lernen, wie man Finanzen verwaltet. Wir tragen dazu bei, dass Bibliotheken entstehen, damit die jungen Menschen Zugang zu Zeitungen und Büchern haben. An manchen Orten gestalten Kinder sogar eigene Magazine. Oder sie organisieren Aufklärungskampagnen zu den Wahlen und erreichen damit auch die Erwachsenen.

Für all das arbeiten wir unermüdlich gemeinsam mit unseren Partnern vor Ort. Denn nie wieder werde ich eine Kerze anzünden können, ohne an die Kinder zu denken, die möglicherweise dieses Streichholz in die Schachtel packen mussten. Nie mehr Gartenhandschuhe überstreifen, ohne mich zu fragen, wer sie wohl und unter welchen Umständen hergestellt hat. Und wenn mir ein kunstvoller Seidenschal geschenkt wird, ist es mir, als könnte ich sie vor mir sehen, die flinken Kinderhände, die ihn womöglich gefertigt haben.

Tragen wir nicht alle Verantwortung dafür, dass wir hier in der sogenannten Ersten Welt alles im Überfluss haben und auch noch zum günstigsten Preis? Die Tendenz, Dinge immer *noch* billiger haben zu wollen und dabei nicht an diejenigen zu denken, die in diesem Schnäppchenspiel den Kürzeren ziehen, ist mit den Werten unserer Gesellschaft nicht zu vereinbaren. Preisvergleich mit Wertmaßstäben – das ist das Gebot der Stunde, wenn wir die Würde und Rechte aller Menschen respektieren wollen. Eine Wirtschaft, in der es ausschließlich um Gewinnmaximierung geht, wird auf lange Sicht keine Zukunft haben, wie die neuesten Entwicklungen auf dem Finanzmarkt zeigen. Zu jammern, zu klagen und die Schuld auf andere zu schieben bringt uns nicht weiter. Im Gegenteil: Der Satz, dass Menschen sich nur selbst ändern können und damit ihr Schicksal wenden, trifft auch auf uns zu. Nur wenn jeder Einzelne bereit ist, seinen Beitrag zu einer besseren Welt zu leisten, wird sie sich auf Dauer ändern. Und davon profitieren am Ende wir alle.

Kapitel Fünfzehn

# Im Namen der Göttin

Die Frauen von heute warten nicht auf das Wunderbare – sie schaffen ihre Wunder selbst.
*Katherine Hepburn*

»Wo ist dein Mann? Und wo sind deine Kinder?«

In den ersten Jahren meiner Arbeit in Indien musste ich mich diesen Fragen häufig stellen. Den Menschen dort meinen Stand zu erklären war mitunter nicht einfach. Eine selbstbewusste, mitten im Leben stehende Frau ohne Mann und ohne Kinder erweckte immer wieder Verwunderung und oft sogar Befremden. In der indischen Gesellschaft wird der Wert einer Frau zunächst einmal über ihre Familie – ihren Ehemann und ihre Kinder, vor allem ihre Söhne – definiert. So ist es kein Wunder, dass die Themen Heirat, Ehe und Mutterschaft zu den besonders sensiblen Bereichen im Leben einer Frau gehören. Vielleicht horchten gerade deshalb meine Gesprächspartnerinnen auf, wenn ich ihnen von mir und meinem Leben erzählte. Dass für eine Frau ein geachtetes, erfülltes und außerdem selbstbestimmtes Leben ohne Ehe möglich ist, ließ sie über ihren eigenen Wert und ihre Würde nachdenken.

Betrachte ich die Erfolge der Selbsthilfegruppen, dann scheint es mir, als seien die indischen Frauen nicht mehr aufzuhalten in ihrem Bestreben, ihre Gesellschaft von innen heraus zu erneuern. Kein Zweifel, sie sind auf dem Weg. Und dennoch bin ich immer wieder auf Frauen gestoßen, die von einem solchen Selbstverständnis noch total ausgeschlossen waren.

Bei meinen Besuchen in den Dörfern fielen mir einzelne Frauen auf, die stets ganz in Weiß gekleidet waren und weder Schmuck noch die sonst so beliebte Blume im Haar trugen. Das wunderte mich, denn Inderinnen lieben es, sich farbenfroh zu kleiden und sich zu schmücken.

»Wer sind diese Frauen, die immer nur Weiß tragen?«

»Es sind Witwen«, erfuhr ich, »Weiß ist die Farbe der Trauer.«

»Aber warum tragen sie nicht einmal Schmuck?«, hakte ich nach.

»Das ist ihnen verboten«, lautete die Antwort, »eine Witwe legt nach dem Tod ihres Mannes alles ab, was sie früher trug, um ihm zu gefallen. Es schickt sich nicht für sie, sich weiterhin zu schmücken.«

Immer wieder begegnete ich ihnen, den Witwen in ihren schlichten weißen Saris. Ob jung oder schon älter, sie alle wirkten ernst und unglücklich. Im Alltag sah ich sie oft, aber bei Dorffesten suchte ich sie vergeblich.

»Wo sind denn die Witwen?«, fragte ich die anderen Frauen bei einem solchen Fest.

Da erfuhr ich die ganze schreckliche Wahrheit: Stirbt der Ehemann, gilt auch das Leben seiner Frau als »beendet«. Ein Grund dafür ist, dass man der Ehefrau Mitschuld am Tod ihres Mannes gibt. Es ist ein weit verbreiteter Brauch, dass die Witwe sich am vierzigsten Tag nach dem Tod des Mannes noch einmal festlich gekleidet und mit Schmuck und Blumen behangen öffentlich zeigt. Damit wird sie aus der Dorfgemeinschaft »verabschiedet«, denn von da an bleibt sie von allem, was ihr Leben bisher ausmachte, endgültig ausgeschlossen. Nicht nur muss sie bis an ihr Lebensende Trauer tragen und auf Schmuck verzichten. Auch bei Festlichkeiten wird sie nicht mehr geduldet, nicht einmal an der Hochzeitsfeier ihrer eigenen Kinder darf sie teilnehmen. Sie wird gemieden, denn ein noch immer nicht überwundener Aberglaube besagt, dass ein Unheil jeden trifft, auf den der Schatten einer Witwe fällt. Um das zu vermeiden, wechseln ihre Mitmenschen mitunter auch heute noch die Straßenseite.

Was für ein Leben! Ich war entsetzt über das Los dieser Frauen. Sie haben ihren Ehemann und den Vater ihrer Kinder verloren und stehen nun allein da in einer von Männern dominierten Welt, ohne Ansprüche auf eine Lebensversicherung oder Witwenrente. Doch damit nicht genug, werden sie auch noch zu Geächteten, ausgeschlossen von der Gesellschaft, deren Teil sie einmal waren.

Besonders vielen jungen Witwen begegnete ich in den Küstengebieten. Ihre Männer waren Opfer der stürmischen See geworden.

Ist es verwunderlich, dass es in Indien noch immer Frauen gibt, die die rituelle Selbstverbrennung bei der Totenzeremonie ihres Mannes, Sati genannt, dem trostlosen Dasein als Witwe vorziehen, obwohl die Witwenverbrennung gesetzlich schon seit langem verboten ist?

Bei einem Treffen der Frauengruppe stellte ich eine erst kürzlich aus der Gesellschaft ausgeschlossene Witwe in ihre Mitte: »Wie gut, dass ihr diese Frau nicht aus eurem Kreis verbannt, dass sie weiterhin zu euch gehört! Habt ihr schon einmal darüber nachgedacht, dass ein solches Schicksal jede von euch treffen kann – vielleicht schon morgen?«

Betroffenes Schweigen folgte auf meine Worte.

»Und dass ihr dann«, fuhr ich fort, »nachdem ihr euren Mann verloren habt und voller Sorge und Trauer seid, auch noch von allen anderen geächtet würdet?«

Allen war sehr wohl bewusst, wie ungerecht die Behandlung der Witwen war. Aber wer hatte schon den Mut, gegen althergebrachte Bräuche die Stimme zu erheben?

Nun aber, da ich das Thema so offen angesprochen hatte, wagten sie es, sich zu äußern. Es dauerte nicht lange, bis auch in anderen Frauengruppen die Vorschriften für Witwen diskutiert wurden. Und schließlich wagten einige Frauen etwas bis dahin Unerhörtes.

Es geschah am Feiertag der indischen Unabhängigkeit, am 15. August. Überall, in der Stadt wie auf dem Land, wird dieser Tag mit Freudenfesten begangen. Das ganze Dorf und seine Bewohner sind geschmückt, alle feiern, singen, tanzen – mit Ausnahme der Witwen. Im Jahr 1993 jedoch kam es während dieses Festes in einem Dorf in Zentralindien zu einer kleinen Revolution: Die Frauen beließen es nicht länger beim Reden, vielmehr ermutigten sie die Witwen, ihre weißen Gewänder gegen farbige Saris einzutauschen, und halfen ihnen, Schmuck anzulegen und sich frische Blüten ins Haar zu stecken.

Gekleidet und geschmückt wie seit dem Tod ihrer Ehemänner nicht mehr, kamen die Witwen zum Dorffest, zuerst schüchtern und zögernd, dann immer mutiger. Die Männer reagierten empört.

»Das hat es ja noch nie gegeben!«, hieß es, und es fiel manch unfreundliches Wort. Doch die Frauen ließen sich nicht einschüchtern. Mutig verteidigten sie den Bruch mit der sinnlosen Tradition, und mitten in der frohen Feierstimmung kam es zu ernsten Wortgefechten. In ihrer einfachen, aber überzeugenden Art erklärten die Frauen: »Auch Witwen haben ein Recht auf Teilnahme am Leben, sie sind nicht tot, nur ihre Männer sind gestorben. Daran tragen sie keine Schuld. Warum lädt man ihnen ein so schweres Schicksal auf?«

Heftig verlief die Diskussion, die Mehrzahl der Männer wollte den Bruch mit der Tradition nicht hinnehmen. Schließlich stellte eine der Frauen die entscheidende Frage: »Und was ist mit euch? Kleidet ihr Männer euch etwa ein ganzes Leben lang in Weiß, wenn eure Frau stirbt?!«

Schweigend saßen die Männer da. Und dann geschah das Unglaubliche: Die Dorfgemeinschaft akzeptierte tatsächlich die Witwen in ihrer Mitte. Wie ein Lauffeuer verbreitete sich diese Sensation in der Umgebung, und viele andere Frauengruppen folgten nun dem mutigen Beispiel. Nach und nach nahmen immer mehr Dörfer die Witwen wieder als vollwertige Mitglieder in ihrer Mitte auf – nicht nur bei Festen, sondern auch im Alltag.

Bei meinen letzten Besuchen sah ich immer weniger Witwen in weißen Saris unter den anderen, farbenfroh gekleideten Frauen. Ich bin überzeugt, die Witwen werden in der indischen Gesellschaft bald den ihnen zustehenden Platz erobert haben.

»In der Kindheit ihrem Vater untertan, in der Jugend ihrem Mann und – nach dessen Tod – ihren Söhnen, soll die Frau niemals unabhängig sein.«

Diese vor zweitausend Jahren in dem bedeutenden brahmanischen Gesetzbuch »Manu Smriti« formulierte Regel stellen immer mehr couragierte Frauen in Frage. So auch im Fall einer anderen Tradition. Im Jahr 1997 begegnete ich auf einer Projektreise mit Franz Alt einem rund dreitausend Jahre alten Brauch: dem der geweihten Tempelfrauen.

Auch in westlichen Kulturen gab es früher Tempeljungfrauen. Sie waren gebildet, hatten das heilige Feuer zu hüten und standen beim Volk in hohem Ansehen. In vielen Gebieten Indiens ist jedoch dieser religiöse Brauch zu einem Missbrauch verkommen. Ganz gleich, ob man die Frauen nach dem Namen der Göttin, der sie geweiht werden, Mathamma, Devadasi, Jogini oder Basivini nennt: Ihr entwürdigendes Schicksal ist überall gleich.

Außerhalb eines Dorfes in der Nähe von Hyderabad im indischen Bundesstaat Andhra Pradesh sitzen wir mit etwa zwanzig Mathamma zusammen. Es sind Mädchen und Frauen verschiedenen Alters. Gemeinsam ist ihnen nur der auffallende Ernst, der ihre hübschen Gesichter zeichnet. Sie wurden wie viele andere kleine Mädchen von ihren Familien der Göttin Mathamma geopfert – einer besonderen Bitte oder Notsituation wegen. Die Mädchen werden im traditionellen Tempeltanz unterwiesen und manchmal auch wegen ihrer besonderen Nähe zur Göttin verehrt. Erreichen sie das Alter der Geschlechtsreife, steht ihnen ein Initiationsritus bevor. Durch heilige Waschungen vorbereitet und mit einem neuen Sari, Ketten, Armreifen und Blumen reich geschmückt, beginnen sie ihren lebenslangen »Dienst«. Dieser ist allerdings weit entfernt von dem, was man unter der Verehrung einer Göttin verstehen könnte: Die Mädchen müssen nach immer wilder werdenden, aufreizenden Tänzen jedem Mann, der sie begehrt, sexuell zur Verfügung stehen, besonders den Angehörigen höher stehender Kasten.

»Ich war ein Spielball der Männer«, sagt die 29-jährige Kunkum, »viele tausend Mal.« Und Tolla vertraut uns an: »In einer Nacht haben mich fünf Männer missbraucht. Als ich am nächsten Morgen meiner Mutter davon berichtete, sagte sie nur: ›Mach weiter so! Die Göttin will das!‹ Damals glaubte sie noch blind an diese unselige Tradition.«

Eine der jungen Frauen fasst ihre ganze unglückliche Situation so zusammen: »Ich bin eine Mathamma, Opfer von jahrelanger Vergewaltigung, von tausendfachem Missbrauch. Meine Geschichte ist eine Geschichte der Gewalt und des Leidens. Meine Mutter gebar drei Töchter. Meine Eltern aber hatten sich sehnlichst einen Sohn gewünscht, vor allem für ihre Alterssicherung, anstatt die Mitgift für drei Mädchen aufbringen zu müssen. So weihten mich meine Eltern in jungem Alter der Göttin Mathamma in der Hoffnung, dafür mit dem ersehnten Sohn belohnt zu werden. Zunächst war es für mich eine Freude, tanzen zu lernen. Aber das änderte sich, als ich reif gewor-

Tolla – einst Tempelprostituierte –
kämpft jetzt für das Ende dieser Entwürdigung

den war. Seitdem muss ich Tag für Tag vor Männern tanzen. Mein Körper gehört jedem, der ihn begehrt. Zu heiraten, eine eigene Familie zu haben, wird für mich ein unerfüllbarer Traum bleiben. Die Männer nehmen meinen Körper, oft sind es mehrere Männer hintereinander, immer wieder. Ich habe mich zu fügen, und auch meine Eltern lassen sich durch meine Klagen nicht erweichen, denn sie fürchten den Fluch der Göttin. Doch tief im Innern weiß ich: Zwar stehlen die Männer mir immer wieder meinen Körper, aber meine Seele, die zutiefst getroffen ist und unendlich leidet, können sie mir nicht nehmen. Das macht mich stark, lässt mich durchhalten und weiter hoffen, dass ich doch einmal befreit werde von diesem Schicksal der Tempelprostitution – damit dann auch mein Körper wieder mir gehört.«

Niemand weiß genau, wie viele junge Mädchen und Frauen in Indien den Göttinnen geweiht sind, die verehrt und zugleich als Lustobjekte missbraucht werden. Allein in Andhra Pradesh schätzt man die Zahl derer, die sich als Tempeltänzerinnen prostituieren müssen, auf rund 25 000, obwohl dieser Brauch seit 1988 gesetzlich unter Strafe gestellt ist.

Unvergesslich wird mir das Treffen von etwa vierhundert Mathamma im Bundesstaat Andhra Pradesh sein:

Aus allen Richtungen kommen sie – zu Fuß, mit dem Fahrrad oder in Gruppen auf Lastwagen. Es sind Frauen, die eines gemeinsam haben: Sie alle sind aus dem entwürdigenden Mathamma-System ausgestiegen. Das verdanken sie Nune Vengaiah, einem Mann, der nach außen schlicht und bescheiden wirkt, aber eine starke Persönlichkeit ist. Nune gehört einer der untersten Kasten des Hinduismus an, den Madiga. Als Dalit weiß er, was Diskriminierung heißt. Er weiß auch, dass es ein umso schlimmeres Schicksal ist, innerhalb der missachteten Gruppe der Unberührbaren auch noch eine Mathamma zu sein.

»Dieser teuflische Kult, durch den viele unserer Mädchen und Frauen zu Lustobjekten der Männer gemacht werden, muss endlich ausgerottet werden«, erklärt er uns, und er kann seinen Zorn über diesen grausamen Brauch kaum zügeln. Vor etwa fünfzehn Jahren hat er sich mit einigen Gleichgesinnten zusammengetan und nahe Nellore die Organisation »DUTIES« gegründet.

»Das Schicksal der Mathamma lässt mich nicht zur Ruhe kommen«, sagt er. »Und wie soll ich, selbst Familienvater, zusehen, wie die Kinder der Mathamma missachtet, bespuckt, geschlagen und mit Steinen beworfen werden? Der Zugang zu öffentlichen Schulen wird diesen ›Kindern der Götter‹ – so werden sie genannt, weil niemand ihre Vaterschaft kennt – verweigert. Sie sind für immer gebrandmarkt, ohne Zukunftschancen.«

Mathamma-Hochzeit als erster Schritt des Ausstiegs

Nune spricht zu den versammelten Mathamma, die zu ihm aufblicken wie zu einem Retter. Und doch erwartet dieser bewundernswerte Mann kein Lob. Ja, er hat sogar in Kauf genommen, dass man wegen seines ungewöhnlichen Engagements sein Haus in Brand steckte und das Wasser seines Brunnens vergiftete. Doch Nune kämpft weiter und prangert das Unrecht, das man den tempelgeweihten Frauen antut, öffentlich an. So verbreitete er zum Beispiel Poster mit einem »doppelgesichtigen Mann«, der auf der einen Seite die Göttin anbetet und auf der anderen deren Dienerinnen Gewalt antut.

»Sind Sie und Ihre Familie durch Ihren Einsatz nicht mehrmals in Lebensgefahr geraten?«, fragte ich Nune einmal. »Und hat es sich überhaupt gelohnt?«

»Nicht nur einmal«, antwortete er lachend, »sondern viele hundert Male hat es sich gelohnt. Und ich bin überzeugt davon, dass es bald tausend Male sein werden.«

Tatsächlich gelingt es immer mehr Mathamma, sich durch Nunes Unterstützung aus den Ketten des unmenschlichen Systems zu befreien. Unsere Andheri-Hilfe fördert diese Arbeit gern.

»Wir werden nicht eher ruhen«, versichert mir einer von Nunes Mitarbeitern, »bis wir diesem unheiligen Treiben ein Ende bereitet haben.«

Die Frauen legen mir bunte Blumengirlanden um und erwarten ein paar Worte von mir.

»Ich komme als eure Freundin zu euch, als eure ältere Schwester«, erkläre ich ihnen, »nicht als Geldgeberin. Geld ist nicht das Wichtigste: Auf eure Zusammenarbeit, auf euer Durchhalten, auf euren Einsatz kommt es an! Ihr habt es geschafft, nun befreit auch andere: Geht in die Nachbardörfer, ermutigt auch andere Mathamma auszusteigen, damit sie wie ihr ein selbstbestimmtes Leben führen können!«

Obwohl die Tempelprostitution vor mehr als zwanzig Jahren gesetzlich verboten wurde, ist diese Tradition in der indischen Gesellschaft noch immer verankert. Zahlreiche Aufklärungskampagnen in Form von Plakaten, Cartoons und bebilderten Broschüren, die auch für Menschen verständlich sind, die nicht lesen können, haben in den vergangenen Jahren das Problem thematisiert. Inzwischen wurden an vielen Orten, oft im Zusammenhang mit der Entwicklung des gesamten Dorfes, gemeinsam mit der Bevölkerung und den Betroffenen Wege gefunden, um den Frauen zu einem neuen, selbstbestimmten und gleichberechtigten Leben zu verhelfen. Ein möglicher Ausweg aus ihrer erniedrigenden Situation ist die Ehe. Vor etlichen Jahren war ich selbst Zeugin einer dieser ersten Mathamma-Hochzeiten, bei der 165 »Aussteigerinnen« heirateten. Zwar handelte es sich dabei nicht um »Liebesehen«, sondern es ging darum, ein menschenunwürdiges Dasein gegen den Schutz durch einen Ehemann und die Anerkennung seitens der Gesellschaft einzutauschen. Meistens waren es Männer, die früher die Liebesdienste der Mathamma in Anspruch genommen hatten, die sie nun heirateten und in vielen Fällen zu ihrer Zweitfrau machten. Dennoch war es ein wichtiger erster Schritt und ein alamierendes Signal für die Gesellschaft, in der die Tempelfrauen leben. Sie bleiben weiterhin der Göttin geweiht und sind darauf stolz. Doch der ehemals damit verbundene Zwang zur Prostitution gehört für sie endgültig der Vergangenheit an.

Tolla hat sich als eine der Ersten gegen den unheiligen Brauch gewehrt. Sie heiratete bei einer der ersten Massenhochzeiten und lebt nun mit ihrem Mann, ihren zwei Kindern und ihrer Mutter zusammen. Die Regierung – inzwischen auf die neue Bewegung aufmerksam geworden – hat einen Beitrag zum Erwerb eines eigenen Hauses beigesteuert. Aber damit war Tolla noch nicht zufrieden. Zuerst bemühte sie sich lediglich, die eine oder andere Tempelprostituierte in den Nachbardörfern zum Aussteigen zu bewegen. Inzwischen hat diese mutige Frau eine eigene Organisation gegründet, mit der sie den Missbrauch des Mathamma-Systems endgültig ausrotten will. Zehn weitere Gruppen haben sich mittlerweile ihrem Kampf angeschlossen.

Heute engagiert sich unsere Andheri-Hilfe gemeinsam mit DUTIES in Andhra Pradesh in 550 Dörfern und mit der Partnerorganisation SNEHA in Karnataka in weiteren 100 Dörfern im Kampf gegen die Entwürdigung der Tempelfrauen.

Dabei geht es uns keineswegs um die Abschaffung der einst heiligen und guten Tradition: Die aus der Tempelprostitution »ausgestiegenen« Mathamma sind stolz, auch weiterhin gottgeweiht zu bleiben, verrichten Dienste im Tempel und stellen damit den ehrwürdigen Brauch in seiner ursprünglichen religiösen Bedeutung wieder her – jedoch ohne den Missbrauch der Prostitution.

Verachtet – Kind einer Mathamma

Ganz besonders wichtig sind uns die sogenannten »Kinder der Götter«. Im Moment besucht nur jedes dritte dieser häufig immer noch verfemten Kinder unter fünfzehn Jahren die Schule. Das muss sich ändern, und darum wurden Kinder-Clubs und Abendschulen eingerichtet, in denen die Söhne und Töchter der Mathamma auf den Besuch einer regulären Schule vorbereitet werden.

Gemeinsam mit unserem Partner Nune konnten allein in den letzten drei Jahren mehr als 1500 ehemalige Tempelprostituierte rehabilitiert werden. Inzwischen verdienen sie ihren Lebensunterhalt auf menschenwürdige Weise. Auch die indische Regierung stellt verschiedene Programme der Sozialhilfe für ehemalige Mathamma zur Verfügung, und unsere Mitarbeiter sorgen dafür, dass die Frauen davon erfahren und sie tatsächlich in Anspruch nehmen können. Auch mit Kleinkrediten stehen wir ihnen zur Seite.

Viel wurde erreicht. Und doch gibt es immer noch viel zu viele Tempeltänzerinnen, die nicht nur ihrer Göttin dienen müssen, sondern auch den Männern. Auch hier braucht es eine Sensibilisierung der Öffentlichkeit, es braucht mutige Frauen, die bereit sind, über das, was ihnen angetan wird, zu sprechen. Es braucht die Unterstützung der Behörden, es braucht Kontrollen und mitunter auch die Anprangerung und Bestrafung der Täter, damit sich endlich etwas zum Wohl der Frauen bewegt.

Begegne ich diesen Frauen, erlebe ich immer wieder, dass die Lösung der Probleme in ihnen bereits vorhanden ist. Wenn sie lernen, an sich selbst zu glauben, sind sie auch in der Lage, ihre Forderungen umzusetzen.

Sie bedürfen zudem der Bestärkung, dass sie das gleiche Recht auf Leben haben wie die Männer und dass ihre Töchter ebenso wertvoll sind wie die Söhne. Dass dies leider nicht nur im ländlichen Indien, sondern auch in seinen modernen Metropolen noch lange keine Selbstverständlichkeit ist, musste ich in diesem Frühjahr während meiner Reise mit Markus Lanz wieder einmal schmerzlich erleben.

Kapitel Sechzehn

# Der Friedhof der toten Mädchen

Ein Haus ohne Tochter ist wie
eine Wiese ohne Blume.
*Berthold Auerbach*

Februar 2012: Fünfzig Jahre nach meiner ersten Indienreise bin ich wieder unterwegs in diesem Land, das ich seither so lieben gelernt habe. Gemeinsam mit dem Fernsehjournalisten Markus Lanz und einem dreiköpfigen Team des ZDF besuche ich zwei aktuelle Projekte im Gebiet von Madurai im südindischen Bundesstaat Tamil Nadu. Die wievielte Indienreise es ist? Ich weiß es nicht, ich habe meine Reisen nicht gezählt. Und dennoch sind die Eindrücke auch dieses Mal wieder neu und aufregend für mich – zugleich ist alles so vertraut. Indien ist ein Stück Heimat für mich geworden, das wird mir bewusst, als wir direkt nach unserer Ankunft in einem gemieteten Kleinbus zu einem etwa zwei Stunden entfernten Dorf aufbrechen. Joseph Vincent und seine Frau Daisy sowie unser erfahrener Projektbeauftragter für den südindischen Raum, S. Santiago, begleiten uns.

»Du blühst hier ja richtig auf«, stellt Markus Lanz mit einem Lächeln fest. Wir hatten uns 2008 in einer Sendung des WDR kennengelernt, wo wir beide als Diskussionsteilnehmer zum Thema »Spenden« eingeladen waren. Sofort fanden wir uns auf derselben Wellenlänge und blieben in Kontakt. Zweimal lud er mich in seine Talk-Sendung ein. Er interessierte sich für unse-

Geernteter Reis trocknet auf der Straße

re Arbeit. »Ich fahr mal mit«, erklärte er eines Tages. Und nun waren wir tatsächlich gemeinsam in Indien unterwegs.

Er hat Recht, hier in Indien fühle ich mich wie zu Hause. Ganz still sitze ich im Bus und nehme wieder einmal die Bilder der Landschaft in mich auf. Reisfelder in allen Reifestadien ziehen an uns vorüber. In sattem Grün liegen die frisch angelegten Äcker da. Einige Reisfelder sind bereits abgeerntet; von anderen wird die Ernte gerade eingebracht. Wie eh und je werden die vollen Garben in mühsamer Arbeit geschlagen, damit sich die Körner aus den Rispen lösen. Der Reis, zum Trocknen auf der Straße ausgebreitet, bremst immer wieder unsere Fahrt durch die Dörfer. Das Land ist fruchtbar. Sofern der Monsunregen nicht ausbleibt, gedeihen außer Reis auch Zuckerrohr, Mais, Erdnüsse, Peperoni und viele andere Obst- und Gemüsesorten. Überall sehe ich Menschen, die mit einfachen Arbeitsgeräten die Felder bestellen. Wenn ich in Deutschland mit dem Zug durch ländliche Gegenden fahre, liegen die Äcker und

Wiesen meist wie ausgestorben da, oder man sieht lediglich landwirtschaftliche Maschinen, die den Arbeitseinsatz vom Menschen übernommen haben. Hier dagegen ist die Landschaft voller Leben.

Hoch aufragende Palmengruppen unterbrechen mitunter die weiten Felder. In ihrem Schatten ruhen sich Menschen von der Arbeit aus. An anderen Stellen sehe ich Kinder, die ihre selbstgebastelten Angelruten in die Wasserläufe halten. Das gleiche Bild wie vor fünfzig Jahren bieten die Frauen in ihren bunten Saris: Sie waschen die Wäsche, schlagen sie auf die Ufersteine, dass die Wassertropfen nur so sprühen und in der Sonne glitzern.

Ja, ich bin wieder in meiner Welt angekommen. Den großen Temperaturunterschied zum frostigen Deutschland überwinde ich schnell: Bei minus 15 Grad sind wir zuhause abgeflogen, hier zeigt das Thermometer mehr als 35 Grad plus an.

Wir sind auf dem Weg nach Karisalpatti, einem Dorf, das zu einem Projekt gehört, welches mir besonders am Herzen liegt: das Programm gegen Mädchentötung. Es ist ein alter indischer Brauch, dass eine Familie bei der Hochzeit ihrer Tochter eine hohe Mitgift an die Familie des Bräutigams zahlen muss. Was in früheren Zeiten einmal eine sinnvolle Absicherung der Braut bedeutete, hat sich im Laufe der Zeit zu einem übersteigerten Heiratshandel entwickelt und dient mittlerweile vor allem der Familie des Bräutigams als reiner Zugewinn. Die Folge ist, dass Eltern bei der Geburt eines Mädchens oder gar mehrerer Töchter den finanziellen Ruin befürchten.

Aus diesem Grund ist weiblicher Nachwuchs unerwünscht. Familien, die es sich leisten können, lassen oft schon vor der Geburt per Ultraschall das Geschlecht des Kindes bestimmen – und entscheiden sich im Fall eines Mädchens meist für eine Abtreibung. Die Statistiken sprechen für sich: In einer indischen Klinik waren in einem Jahr von 7000 Schwangerschaftsunterbrechungen nur einhundert Föten männlich, die übrigen 6900 waren weiblichen Geschlechts. Deshalb hat der indische Staat Ultraschalluntersuchungen zum Zweck der pränatalen Geschlechtsbestimmung verboten. Das hält aber gewissenlose und habgierige Mediziner nicht davon ab, mit einem mobilen Ultraschallgerät durch die Dörfer zu ziehen – mit dem Slogan: »Lieber jetzt ›vorsorgen‹ und 500 Rupien (ungefähr acht Euro) ausgeben, als später 500 000 für die Mitgift.« »Vorsorgen« heißt in diesem Fall, den weiblichen Fötus abzutreiben.

In den ärmeren Familien sind es meist die Schwiegermütter, die sich um das »Problem« auf weit drastischere Weise kümmern – und das schon seit Generationen: Weibliche Babys werden nach der Geburt umgebracht. »Female infanticide« nennt man diese grausame »Entsorgung«, Mädchentötung. In vielen Dörfern im Gebiet von Madurai werden dreißig bis fünfzig Prozent, in manchen sogar bis zu achtzig Prozent der neugeborenen Mädchen ermordet, um später keine Mitgift für sie leisten zu müssen. Während wir uns dem Dorf Karisalpatti nähern, erinnere ich mich daran, wie ich vor fünfzehn Jahren zum ersten Mal mit dem Problem der Mädchentötung konfrontiert wurde.

Es war im Jahr 1997, als mich ein Schreiben von Joseph Vincent, dem Gründer der indischen »Association for Rural Development« (ARD) erreichte. Er berichtete darin vom schockierenden Ergebnis einer Studie von Daisy, seiner späteren Frau, die die bisher totgeschwiegene Praxis der Mädchentötung im Gebiet von Madurai ans Licht brachte. In den erfassten Dörfern kam nur eine Frau auf drei Männer. »Diese herzlose Praxis der Mädchentötung muss ein für allemal ein Ende haben«, schrieb Joseph Vincent und ergänzte: »Die Frauen der Kallar-Kaste im Usilampatty Taluk des Maduraidistrikts gelten als niedere, wertlose Wesen, die nur geboren werden, um die sexuellen Gelüste der Männer zu befriedigen, Kinder zu gebären und aufzuziehen, den Haushalt zu versorgen, das Vieh zu hüten und wie Sklaven auf den Feldern zu arbeiten. Die Frauen leben ohne Selbstwertgefühl; jede Art von sozialer Mobilität und Partizipation wird ihnen versagt. Ihre Töchter werden aufgrund der Tradition von der Geburt bis zur Zahlung der Mitgift als nutzlos und zu teuer angesehen. Polygamie, häusliche Gewalt und Mitgiftmorde sind in der Kallar-Kaste an der Tagesordnung. Die Lage der Frau verschlechtert sich nochmals dramatisch mit der Geburt weiblicher Kinder. Deren Recht, geboren zu werden, zu leben, zu lernen und ihre Kindheit zu genießen, wird von der Gesellschaft negiert. Oft werden weibliche Föten bereits im Mutterleib abgetrieben, oder die Säuglinge werden nach der Geburt getötet …«

Genau in diesem Gebiet sind wir nun – fünfzehn Jahre später – unterwegs.

Damals schockierte mich der Bericht, und ich nahm Kontakt zu Joseph Vincent auf, um mehr zu erfahren. Nach intensivem Austausch stand der Beschluss fest: Gemeinsam mit diesem indischen Partner und seinem Team nehmen wir den Kampf gegen die Mädchentötungen auf.

Vier Jahre später, im Jahr 2001, konnte ich zum ersten Mal die Situation vor Ort selbst kennenlernen. Mit mir kam Franz Alt, der das Problem in seinem Film »Entwicklung ist weiblich!« für das deutsche Fernsehpublikum eindringlich dokumentierte. Wir waren dabei, als über vierhundert Frauen in Madurai auf die Straße gingen. Mit Plakaten und Sprechchören protestierten sie gegen den massenhaften Mord an weiblichen Säuglingen. »Keine Mädchenmorde mehr!«, skandierten sie, und auf ihren Transparenten stand: »Mädchen sind Gold!« und: »Bildung statt Mord!«. Sie ließen sich auch vom Monsunregen, der mit aller Macht auf sie niederprasselte, nicht aufhalten.

Später saßen wir mit den Vertreterinnen der Frauen zusammen. Ich wollte mehr von ihnen erfahren und wagte deshalb –

Schützend hält die Mutter die Hand über das Grab ihrer ermordeten Tochter

wenn auch zögernd – die konkrete Frage: »Wie werden diese Mädchen denn umgebracht?«

»Es gibt vierzehn Methoden, ein Baby-Girl zu töten«, ergriff eine der Frauen das Wort. »Die einfachste ist: Man verweigert dem Baby die Nahrung, bis es verhungert und verdurstet. Oder man gibt dem Kind statt Muttermilch den giftigen Saft einer Pflanze zu trinken, dann ist es nach etwa dreißig Minuten tot. Oft wird dem kleinen Mädchen kochend heiße Hühnersuppe eingeflößt, sodass das Kind innerlich verbrüht wird.«

Andere Frauen ergänzten: »Man wickelt den kleinen Körper in eiskalte Tücher, dann erfriert das Kind. Es gibt auch Frauen, die träufeln Gift in die Ohren, und sobald es in das kleine Gehirn gelangt, stirbt das Mädchen. Doch auch toxische Substanzen, in die dünne Kopfhaut eingerieben, wirken tödlich. Ein unerwünschtes Mädchen unter einem Kissen zu ersticken oder es in eine lehmige Brühe zu tauchen sind weitere Praktiken …«

Ich war zutiefst entsetzt, als ich das hörte. Und mir wurde klar: Diese Problematik ist so komplex, dass mit Einzelmaßnahmen auf Dauer keine Veränderungen möglich sind. Der Teufelskreis aus altem Traditionsdenken, Unterbewertung der Frau, Armut und Mitgiftforderungen konnte nur mithilfe eines integrierten Programms aufgebrochen werden. Dazu waren Schritte erforderlich, die zum einen eine grundlegende Bewusstseinsänderung der dörflichen Bevölkerung bewirkten, zum anderen durch gezielte Maßnahmen die Armut bekämpften.

In intensivem Miteinander entstand bald ein umfassendes Konzept für die ersten zwanzig Dörfer. Inzwischen wurden 160 weitere Dorfgemeinschaften in das Programm »Damit Mädchen leben dürfen!« aufgenommen.

Das Vorgehen ist fast immer das gleiche, sofern nicht eine besondere Situation in diesem oder jenem Dorf eine gezielte Anpassung erfordert: Zunächst werden ausgewählte Frauen des Dorfes als Helferinnen geschult. Sie besuchen die anderen Frauen in ihren Häusern und führen Gespräche über deren Leben und Probleme. Fast überall erfahren sie von den gleichen Sorgen. Sie ermutigen die Frauen, sich zusammenzuschließen, die Ursachen ihrer Situation zu hinterfragen und gemeinsam nach Lösungen zu suchen. So entstehen jene Selbsthilfegruppen, von denen ich schon mehrfach berichtet habe. Das heikelste Thema aber, das Thema Mädchentötung, wird zunächst nicht angesprochen, obwohl jede der Frauen von dieser grausamen Praxis weiß oder sie gar selbst schon angewendet hat.

Erst wenn das gegenseitige Vertrauen groß genug ist und sich in kleinen Bereichen die Kraft einer Gruppe erwiesen hat, kann das Tabu endlich gebrochen und das Hauptziel, die Rettung unschuldiger Mädchenleben, angegangen werden. Dazu haben unsere Partner gemeinsam mit uns ein komplexes und langfristig angelegtes Programm entwickelt, das wesentliche Veränderungen im gesamten Umfeld bewirkt.

Jetzt lernen nicht nur Jungen – sondern auch Mädchen

Es beginnt meist mit der Begleitung und Betreuung schwangerer Frauen und ihrer Familien. So kann in dieser wichtigen Phase die Bereitschaft für ein Ja zum Kind erreicht werden, auch wenn es eine Tochter sein wird. Ist das Baby da, sind Gesundheitsmaßnahmen bis ins Kleinkindalter wichtig. Wie immer ist auch hier Bildung ein wesentlicher Schlüssel zu langfristiger Veränderung. Darum legen wir großen Wert sowohl auf die Vorschulerziehung als auch darauf, dass Mädchen die Möglichkeit erhalten, die Grundschule zu besuchen. Spezielle Nachhilfezentren für Mädchen gehören ebenfalls dazu.

Damit war ein Saatkorn gelegt, und es ging langsam auf: Bald bildeten sich parallel zu den Frauengruppen auch Jugendclubs und Männergruppen, die erst zögernd, aber dann zielorientiert die aktive Arbeit der Frauen unterstützten. Nach und nach brachte sich die ganze Dorfgemeinschaft in diesen umwälzenden Prozess mit ein.

»Aber wie kann man erreichen, dass die Frauen mehr Respekt vor sich selbst haben und ihnen in ihrem Umfeld mehr Wertschätzung entgegengebracht wird?«, war mein wichtiges Anliegen. Zu diesem Zweck finanzierte unsere Andheri-Hilfe ein zentral gelegenes Ausbildungszentrum. Auf meiner jüngsten Reise konnte ich dort junge Mädchen und Frauen erleben, die das Schulungsangebot in verschiedenen Berufszweigen, etwa im Computerbereich oder als Näherinnen, mit Begeisterung annahmen. Nach ihrer Ausbildung hilft man ihnen bei der Vermittlung einer Arbeitsstelle, bei der Errichtung einer eigenen kleinen Schneiderei oder eines »Beauty-Salons«. In Hinblick auf ihren Stellenwert und ihr Ansehen ist damit viel gewonnen: Mädchen und Frauen erwiesen sich als »nützlich«, denn sie leisteten etwas und brachten Geld ein, anstatt nur Geld zu kosten.

Um in den Dörfern nachhaltige Veränderungen zu schaffen, müssen natürlich auch die Männer mit einbezogen werden. Ausbildungsangebote, besonders im elektronischen Bereich, werden von jungen Männern begeistert angenommen. In projekteigenen Musterfarmen nutzen Männer wie Frauen die Chance, um sich in Kursen weiterzubilden. Dabei geht es um Viehhaltung, um bessere Nutzung der Felder bis hin zum Bio-Anbau. Auch der Schutz der natürlichen Ressourcen, die Hinführung zu erneuerbaren Energien stehen auf dem Programm. Insgesamt kamen diese Kursangebote inzwischen etwa 30 600 Männern und Frauen zugute, die zu wertvollen Multiplikatoren wurden und das Erlernte an andere Kleinfarmer im Dorf weitergaben. So konnten die Erträge vieler kleiner Felder wesentlich gesteigert werden.

Die Bereitschaft und die Kraft der Frauen, ihre Fantasie und ihr Geschäftssinn übertrafen oft sogar meine Erwartungen. So richteten sie zum Beispiel einen Express-Service ein: Zuerst brachten sie zu Fuß, dann mit dem Fahrrad und zuletzt sogar per Moped eilige Post von Dorf zu Dorf.

Bei einem meiner Besuche fiel mir eine Gruppe von Frauen mit ungewohnten weißen Hauben und weißen Kitteln über ihren bunten Saris auf.

»Was macht ihr denn?«, erkundigte ich mich und erfuhr von ihrem erfolgreichen Unternehmen: 140 Frauen hatten gemeinsam einen Catering-Service gegründet. Mit ihren delikaten Speisen – sogar aus Bio-Produkten – erhalten sie nicht nur Aufträge für Festveranstaltungen, sondern werden auch von Fluggesellschaften in Anspruch genommen. Stolz berichteten mir die Frauen von ihren einträglichen Verträgen mit städtischen Einrichtungen, wo sie die Verpflegung der Angestellten übernahmen.

In einem anderen Ort musste eine nicht mehr effektiv geführte Großbäckerei schließen. Das erkannten unsere Frauen als Chance und übernahmen den Betrieb. Ich habe die Frauen bei ihrer Arbeit beobachtet: 35 Frauen waren im Einsatz, die täglich 15 000 Brote, Brötchen und Kuchen für Restaurants, Kaufhäuser und Kantinen herstellten.

Wie glücklich waren die Bewohner von 150 Dörfern, als sie ihre Gemeinden als »mädchentötungsfrei« erklären konnten. Als es kürzlich doch noch einen Einzelfall von Mädchentötung in einem dieser Dörfer gab, wurde daraus ein Musterprozess. Während die Ehefrau zum Wasserholen das Haus verlassen hatte, tötete ein Mann seine kleine Tochter. Die örtliche Frauengruppe brachte den Mann vor Gericht. Der Fall stieß auf unerhörte Resonanz in der Öffentlichkeit: Zum ersten Mal wagten es Frauen, einen Mann anzuklagen! Und dieser Mann kam ins Gefängnis. Endlich greifen staatliche Gesetze – dank der Initiative von Frauen, die Mut gefasst haben.

Vor vier Jahren nahmen unsere Partner weitere dreißig Dörfer in das Programm auf, darunter auch Karisalpatti, das ich jetzt gemeinsam mit Markus Lanz besuche. Mit großer Herzlichkeit empfangen uns die Dorfbewohner. Sie führen uns zum Versammlungsort des Dorfes, einem überdachten, seitlich offenen Bau, dem ein Balawadi, ein Kindergarten, angefügt ist. Die Kleinen singen und tanzen, zuerst noch etwas zaghaft, dann aber umringen sie mich voll Fröhlichkeit. Dass unter den Vorschulkindern viele Mädchen sind, nehme ich als positives Zeichen. Die aus Blumen gefertigten Girlanden, die mir die Kinder um den Hals legen, wiegen schwer; schwerer aber wiegen später die vielen Begegnungen und Gespräche mit den Dorfbewohnern.

Wir sind in einem typisch indischen Dorf. In der Nähe des Dorfzentrums befindet sich der »heilige Platz«: An einem aus dünnen Baumstämmen errichteten Gestell hängen kleine und größere Glocken. Zum Gebet setzt der gläubige Hindu diese Glocken in Bewegung, damit ihr Klang die Götter »aufweckt und sie den Betenden hören und erhören«.

Nicht weit entfernt ist die Dorfschule. Heute gelingt es dem Lehrer kaum, die kleine Schar – hier sind es vorwiegend Jungen – zusammenzuhalten: Immer wieder entwischen einige von ihnen dem Unterricht, um nichts vom Besuch der weißhäutigen Fremden zu verpassen. Ein kleines Mädchen streicht etwas verlegen über meinen Arm, um zu prüfen, ob die weiße Hautfarbe auch echt ist. Dann fragt sie schüchtern: »Mit welcher Seife wäschst du dich, um so hell zu werden? Die möchte ich auch haben.«

»Verrate mir doch deine Seife«, antworte ich, »damit ich so schön braun werde wie du!«

Am Rand des Dorfplatzes befindet sich die die zentrale Wasserstelle. Dort herrscht geschäftiges Treiben, ich höre Frauen lachen und miteinander reden. Die Zeit, bis ihre großen Plastikbehälter gefüllt sind, nutzen sie dazu, sich über die neuesten Ereignisse im Dorf auszutauschen: Heute steht natürlich der fremde Besuch im Vordergrund. Dann stemmen sie die Behälter auf ihre Hüfte oder heben sie auf ihren Kopf und schleppen sie zurück zu ihren Wohnungen.

Wir besuchen viele Familien, und dort sind es vor allem die Frauen, die uns, zunächst zögernd, dann aber mit wachsendem Vertrauen, ihre Geschichten erzählen.

So auch die 31-jährige Dhanam. Markus Lanz und ich sitzen mit ihr auf dem Boden ihrer kleinen Hütte, zusammen mit ihrer achtjährigen Tochter Devika, die ihre dreijährige Schwester Dharma liebevoll auf dem Schoß hält. Schweigend, aber voller Aufmerksamkeit verfolgt Devika unser Gespräch.

Ihre Mutter erzählt, dass ihr Mann und dessen Familie ein Mädchen als Erstgeborene noch akzeptierten. Aber als sie wieder eine Tochter zur Welt brachte, war deren Tötung beschlossene Sache. Unter Tränen erzählt Dhanam, wie sehr sie sich dagegen wehrte. Sie konnte den Mord an ihrem kleinen Mädchen dennoch nicht verhindern und weiß bis heute nicht, wo man sich des Leichnams des kleinen Wesens, das sie neun Monate in liebevoller Erwartung getragen hatte, entledigt hat. Damals blieb ihr nur der weit verbreitete Aberglaube: Nach der Tötung eines Mädchens schenken die Götter als nächstes Kind einen Jungen. Aber das dritte Kind war wieder eine Tochter. Als sich Dhanam mit allen ihr zur Verfügung stehenden Mitteln gegen deren Tötung wehrte, verließ ihr Mann sie. Dhanam weiß nicht einmal, wo er lebt, und zum Unterhalt seiner Frau und der Kinder trägt er nichts bei – es sind ja nur Mädchen. Ganz allein auf sich gestellt, sorgt Dhanam nun tapfer für ihre beiden Töchter. Als Tagelöhnerin auf den Feldern der Reichen verdient sie mehr schlecht als recht den Lebensunterhalt.

Auf dem Gesicht ihrer ältesten Tochter Devika sehe ich Entsetzen: Eben erst hat sie erfahren, dass sie eine zweite Schwester hatte, die umgebracht wurde. Was mag in ihr vorgehen? Begreift sie in so jungen Jahren, welcher Gefahr sie und ihre kleine

Schwester dank des Mutes ihrer Mutter entkommen sind? Um ihre beiden Töchter zu retten, nahm ihre Mutter in Kauf, alles zu verlieren: Ehemann, Familie und finanzielle Sicherheit. Hinzu kam die Ächtung durch die anderen Dorfbewohner, der sie in der ersten Zeit ausgesetzt war.

Auch für eine europäische Frau ist es nicht immer leicht, ihren eigenen Weg zu gehen, aber sie verliert dabei nicht ihre soziale Anerkennung und bleibt nicht ohne finanzielle Absicherung. In der indischen Gesellschaft ist ein solcher Alleingang immer noch ungewöhnlich: Die Frau steht dann allein da, oft diskriminiert – mitunter sogar von der eigenen Familie – und ohne jede finanzielle Hilfe.

Wir treffen andere junge Familien und erkennen, dass die Arbeit unserer Partner schon jetzt Früchte trägt: Diese Frauen und ihre Ehemänner haben sich bereits über die alte Tradition der Mädchentötung hinweggesetzt. Für sie sind ihre Töchter kein »genetischer Defekt«. Durch Aufklärung und Gespräche in den Frauengruppen wissen sie inzwischen, dass es der Mann ist, der bei der Zeugung das Geschlecht des Kindes bestimmt. Darum wehren sie sich jetzt vehement gegen Schuldzuweisungen und Ächtung, wenn sie mehrere Mädchen zur Welt bringen.

Besonders beeindruckt mich das Gespräch mit der zwanzigjährigen Uma Maheshari. Sie ist hochschwanger. Aus gesundheitlichen Gründen musste sie sich im Hospital der nahe gelegenen Stadt einer Ultraschalluntersuchung unterziehen.

»Aber ich habe dem Arzt vorher erklärt«, erzählt uns Uma selbstbewusst, »dass ich auf keinen Fall das Geschlecht des Babys erfahren will.«

Uma Maheshari und ihr Mann erwarten voller Freude die Geburt ihres ersten Kindes.

»Wir wollen es lieben und für seine Zukunft sorgen, ganz gleich, ob es ein Mädchen oder ein Junge ist«, sagt Uma und strahlt dabei über das ganze Gesicht. Im Dorf bahnt sich eine wahre Revolution an.

Gespannt hören wir, was uns die alten Frauen des Dorfes erzählen. Chellathai zum Beispiel, die ihr Alter auf achtzig Jahre schätzt. Aus ihrem zahnlosen Mund kommen wohlüberlegte Äußerungen, mit denen sie die bisher im ganzen Dorf praktizierte Mädchentötung zu umschreiben weiß. Sie beruft sich dabei auf ein Gebet, das sie für uns aus altindischen Schriften zitiert: »Die Geburt eines Mädchens schenkt jemand anderem, in unser Haus gebt uns einen Sohn!« Wie viele grausame Eingriffe in unschuldige Mädchenleben mag Chellathai erlebt haben? Bei wie vielen mag sie selbst beteiligt gewesen sein? Was diesen Punkt betrifft, belässt es die alte Frau sehr klug bei Anspielungen und allgemeinen Aussagen.

Auch die 65-jährige Saraswathi, die uns in ihrer Hütte empfängt, wagt nicht, die Wahrheit einzugestehen. Dass sie den Frauen des Dorfes bei der Entbindung oft zur Seite stand, verschweigt sie nicht, wohl aber ihre Mithilfe bei der Tötung von Mädchen.

Aber plötzlich wird sie von ihrer Enkelin unterbrochen: »Jetzt sag doch die Wahrheit!«, ruft Logarani ihrer Großmutter entrüstet zu. »Du wolltest doch auch mich umbringen! Völlig besessen warst du von der Sorge, deinem Sohn könnte der finanzielle Ruin drohen, weil ich bereits eine ältere Schwester hatte und er zwei Hochzeiten hätte ausrichten müssen! Meine Mutter war es, die Ja zu mir sagte und mein Leben rettete. Aber dein Sohn ließ uns dafür im Stich!«

Voller Dankbarkeit spricht Logarani von ihrer tapferen, inzwischen verstorbenen Mutter. Saraswathi, ihre Großmutter, schweigt lange. Wir spüren förmlich, wie sehr das Gewissen die alte Frau drückt. Geraume Zeit ist es still in ihrer Hütte. Dann sagt sie plötzlich: »Da gibt es doch jetzt eine Frauengruppe in unserem Dorf, die sich dafür einsetzt, dass Mädchen leben dür-

Früher war die Geburt eines Mädchens eine Schande –
jetzt wird sie als Fest begangen

fen. Meinst du«, fragt sie ihre Enkelin, »die ließen mich mitmachen?«

Auch hier Umbruch und Aufbruch!

Nach vielen weiteren, teils sehr bedrückenden Gesprächen werden wir am Nachmittag Zeugen eines kleinen, aber eindrucksvollen Festes. Galt früher die Geburt eines Mädchens als Schande, so wird sie heute feierlich begangen. Von einer Musikgruppe begleitet ziehen die Frauen der örtlichen Selbsthilfegruppe singend zum Haus der jungen Mutter Kousalya. Ihre Segenswünsche und die kleinen Geschenke gelten der zwei Monate alten Tochter Monisha und ihrer Mutter. Dazu übergeben die Frauen als kostbare Gabe zwei junge Ziegen und drei Kokosnusssetzlinge, als »Sparbuch« für die Zukunft der kleinen Tochter. Die Erträge daraus werden von nun an angespart und sollen später die Kosten für Monishas Ausbildung abdecken oder bei ihrer Eheschließung statt der Mitgift für ihren Hausstand zur Verfügung stehen.

Nachdenklich halte ich das süße kleine Mädchen in meinen Armen. Es schläft und nimmt nichts von all dem wahr, was um es herum geschieht. Es ahnt nicht, dass es, wäre es einige Jahre früher zur Welt gekommen, vermutlich ein Opfer der Mädchentötung geworden wäre.

Am nächsten Morgen lädt uns überraschend eine Gruppe junger Frauen zu einer Tasse Tee ein.

»Noch immer werden wir wie Menschen zweiter Klasse behandelt«, sagt eine der Frauen. »Wir werden überladen mit Pflichten und Aufgaben, doch unsere Würde und unsere Rechte spricht man uns ab.« Dennoch lassen diese jungen Frauen keinen Zweifel daran aufkommen, dass sie mutig für eine bessere Zukunft für sich und ihre Töchter kämpfen wollen.

»Karisalpatti wurde erst vor vier Jahren in unser Programm aufgenommen«, erklärt Daisy nicht ohne Stolz, »ihr habt schon viel erreicht und werdet es schaffen, das Unrecht, das man euch und euren Töchtern antut, ganz auszurotten.«

Nachdenklich gehe ich am nächsten Morgen noch einmal durch das Dorf, umringt von Kindern, von denen die meisten Jungen sind. Und auf einmal steht mir deutlich ein Bild vor Augen: Hätte man alle in diesem Dorf getöteten Mädchen an einem gemeinsamen Ort begraben, wäre dieser Friedhof bei weitem größer als der Bereich, den die hier lebenden Menschen zum Wohnen haben. Denn es gibt kein Haus, keine Familie, die sich nicht in irgendeiner Weise der Tötung unerwünschter Mädchen schuldig gemacht hat.

Schuldig? Um diese Frage kreist das Gespräch, als wir zum Abschluss mit vorwiegend jungen Männern zusammensitzen.

»Schuld ist die Armut!«, darin sind sie sich einig. »Uns fehlen die Chancen zur beruflichen Ausbildung. Arbeit finden wir fast nur im Tagelohn. Die Erträge unserer winzigen Felder reichen nicht zum Leben.«

Freimütig gestehen sie, dass sie früher Mädchentötungen bejaht und praktiziert haben. »Das wird jetzt anders«, versichern sie uns, »wir sind bereit, gemeinsam neue Wege zu gehen. Wir werden es schaffen, denn jetzt sind wir nicht mehr allein. Fremde Menschen in Deutschland sind unsere Freunde geworden.«

Und ein anderer Mann fügt hinzu: »Diese Unterstützung ist wie das Licht der aufgehenden Sonne am Morgen, das einen hellen Tag verspricht.«

Die Mitgiftforderungen – ohnehin gesetzlich längst verboten – wollen sie abschaffen.

»Wir messen den Wert einer Frau nicht mehr an dem, was sie mitbringt. Wir wollen sie als Menschen – uns gleichwertig – lieben und ehren.« Und wenn die Frau eine Mitgift einbringt, so erklären sie weiter, dann soll sie wieder die alte Bedeutung erhalten: als Absicherung der Frau im Todesfall ihres Mannes, und nicht wie bislang als wirtschaftlicher Zugewinn der Schwiegerfamilie.

Wir verabschieden uns aus diesem Dorf, tief aufgewühlt, doch nicht ohne Hoffnung.

Unsere nächste Station ist das Zentrum der »Association for Rural Development«, die Organisation, die das Ehepaar Joseph und Daisy Vincent ins Leben rief. Hier treffen wir Vertreter einer Ikkiam-Gruppe – »Ikkiam« bedeutet »Miteinander« –, einer Föderation von Frauen aus den bislang geförderten Dörfern. Sie alle erlebten das Unrecht der Lebensverweigerung für Mädchen und ihre eigene Diskriminierung als Frauen. Nun haben sie sich zusammengetan und setzen sich mit bewundernswerter Kraft und mit großem Erfolg für ihre Sache ein. Wenn nötig gehen diese mutigen Frauen auch auf die Straße und demonstrieren in der Öffentlichkeit und vor den Gebäuden der städtischen und staatlichen Entscheidungsträger. Mehr als 2000 Mitglieder zählt diese Föderation bereits. »Wir werden den Kampf gegen die Mädchentötung weiterführen, auch in anderen noch nicht erfassten Dörfern«, versichern sie uns, »Mädchen sollen leben!«

Drei Tage haben wir in Karisalpatti verbracht, immer mitten unter den Menschen. Ich bin todmüde und kann dennoch in der folgenden Nacht nicht einschlafen. Es ist nicht die Hitze, die mich wachhält. Es sind die bewegenden Gespräche und Begegnungen, die ihren Tribut fordern, die Tränen und die Trauer der ungezählten Frauen. Da sehe ich auf einmal wieder die singenden und tanzenden Mädchen vor mir, die uns in Karisalpatti verabschiedet haben. Sie durften leben! Und wie in einem Traum wächst diese Schar, wird immer größer und größer und füllt mein Hotelzimmer, sprengt seine Enge. Es sind die 8715 Mädchen, die seit Projektbeginn bis zum Februar 2012 gerettet werden konnten, die 2242 vor der Abtreibung bewahrten Föten nicht eingerechnet. Die intensive Zusammenarbeit der Menschen vor Ort unter Förderung der Andheri-Hilfe und die Unterstützung unserer Freunde daheim in Deutschland haben sich gelohnt. »Achttausendsiebenhundertfünfzehn Mal brauchte eine Mutter nicht um den Tod ihres unschuldigen Mädchens zu weinen«, sage ich mir. »Achttausendsiebenhundertfünfzehn Mal darf ein neugeborenes Mädchen einer menschenwürdigen Zukunft entgegenleben.« Ist das nicht Grund genug, zufrieden zu sein und ruhig zu schlafen? Grund zur Freude, gewiss. Aber nicht zum Ausruhen. Denn noch immer werden Mädchen getötet, noch immer regiert die Armut in dem »erwachenden Elefanten« Indien mit seinem erstaunlichen Wirtschaftswachstum von ungefähr acht Prozent im Jahr.

Umso schockierender sind die neuesten Entwicklungen in besser gestellten städtischen Familien Indiens, in der aufstrebenden Mittelschicht. Auch dort werden in jüngster Zeit viele weibliche Föten abgetrieben oder neugeborene Mädchen umgebracht. Wie kommt es, dass ausgerechnet diejenigen, die vom boomenden Wirtschaftswunder Indiens profitieren und vermögend genug wären, ihren Töchtern eine gesicherte Zukunft zu ermöglichen oder die erforderliche Mitgift zu bezahlen, zu solchen Mitteln greifen?

Die Motive liegen paradoxerweise nicht in der Tradition oder der schieren Überlebensnot wie bei den Menschen, bei denen wir gerade zu Gast waren. Vielmehr liegen die Ursachen in einer aus der westlichen Welt übernommenen, vermeintlich »zeitgemäßen« Einstellung. »Man will große Hochzeiten, große Geschenke und einen stolzen Sohn, aber keine wirtschaftlich unnütze Tochter«, erklärte Shanta Sinha, die Vorsitzende der Nationalen Kommission für Kinderrechte in Indien, gegenüber der Wochenzeitung DIE ZEIT. »Es geht um eine Brutalisierung der individuellen Einstellung zum menschlichen Leben, wie sie erst die Modernisierung hervorbringen konnte.«

Doch ganz gleich, welche Motive die Menschen veranlassen, ihre Töchter abzutreiben oder zu ermorden, ob aus »modernem Egoismus« oder aus bitterer Armut – wir geben nicht auf und werden immer wieder das Unmögliche wagen.

Kapitel Siebzehn

# Ausgestoßen und verachtet

Einen Vorsprung im Leben hat, wer da anpackt, wo die anderen nur reden.
*John F. Kennedy*

Als kleines Mädchen besuchte ich mit meiner Mutter einmal in der Woche den Bonner Friedhof im Norden der Stadt. Dabei führte unser Weg durch die Kölnstraße an einer kleinen Kapelle vorbei. Ich erinnere mich noch gut daran, wie sehr mich eine figürliche Darstellung im Innern dieser Kapelle interessierte: Es war der leidende Lazarus. Meine Mutter las mir die alte Inschrift aus dem Jahr 1742 vor, eine Bitte um »Almosen für die Armen«. Ich erfuhr, dass sich an jenem Ort – damals noch weit außerhalb der Stadt gelegen – bereits seit dem dreizehnten Jahrhundert ein Leprosorium befand, die Station für die ausgegrenzten Bonner Leprakranken.

»Lepra – was ist das?«, fragte ich. Die unbekannte Krankheit interessierte mich. Und im Weitergehen begann meine Mutter, mir von den Leprakranken aus der Bibel zu erzählen. Da ist im Alten Testament die Rede von weißen Schwellungen der Haut, von Menschen, die weiß wie Schnee wurden, sich den jüdischen Priestern stellen mussten und von ihnen für »aussätzig« erklärt und von der Gemeinschaft ausgeschlossen wurden. In anderen alttestamentlichen Texten wird geraten, »sich in Acht zu nehmen, wenn Aussatz auftritt«.

Und dann gibt es die Geschichten aus dem Neuen Testament, in denen von einem Mann aus Nazareth berichtet wird, der sich in Bethanien im Hause Simons, des Aussätzigen, aufhält. Dieser Jesus scheute die Begegnung mit den »Unreinen« nicht und machte viele von ihnen wieder »rein«. Als kleines Kind ahnte ich nicht, dass ich viele Jahre später selbst mit Leprakranken zusammentreffen und sie zu meinen Freunden zählen würde.

Dem grausamen Gesicht der Lepra begegnete ich zum ersten Mal 1962 während meines ersten Indienaufenthalts. Ich sah die Kranken an den Knotenpunkten belebter Straßen und vor den Tempeln der Stadt Bombay. Mit fehlenden Gliedmaßen, offenen Wunden und bis zur Blindheit befallenen Augen bettelten sie. Manche bedienten sich einer Schelle, um Passanten auf sich aufmerksam zu machen und sie gleichzeitig vor zu großer Nähe zu ihnen zu warnen. Nur selten warf ihnen jemand ein paar Rupien zu, und wenn, dann aus sicherer Entfernung. Konnten die verstümmelten Füße die Bettler nicht mehr tragen, bewegten sie sich auf einem Brett mit vier Rädern voran – stets wachsam, um rechtzeitig zu verschwinden, sobald ein Polizist auftauchte, denn solche Bettler »störten« das Bild der Paradestadt.

Wirklich real aber wurde Lepra für mich erst, als ich mit den Marys ihre Leprastation Borivili aufsuchte, etwa eine Autostunde von Andheri entfernt. Das Erlebnis dieser direkten Begegnung mit den für immer gezeichneten Männern, Frauen und Kindern ging mir tief unter die Haut. Als Menschen wie du und ich wurden sie gnadenlos aus ihren Familien und ihren Dörfern ausgeschlossen. Sobald auf ihrem Körper die ersten weißen Flecken sichtbar wurden, verbannte man sie aus der menschlichen Gesellschaft, oft in einer für Tote üblichen Zeremonie.

Begegnung mit Lepra

Doch auch wenn man ihnen das Leben in der Gemeinschaft verweigerte, sie waren nicht tot. Sie lebten am äußersten Stadtrand, und mitten unter ihnen lebten die selbstlosen Marys von Andheri. Unermüdlich, mit einer bewundernswerten Hingabe, bemühten sich die Schwestern, wenigstens die Grundbedürfnisse dieser »Ausgesetzten« zu befriedigen. Darüber hinaus scheuten sie keine Mühe, um immer wieder ein wenig Freude in das trostlose Leben der Leprakranken, besonders der Kinder, zu bringen. Ihr Einsatz – Tag für Tag, Monat für Monat, Jahr für Jahr – fordert eine ungeheure innere Kraft, und ich fragte mich damals: Wäre ich selbst zu einem solchen Dienst fähig? Ich musste mir eingestehen: Nein. Ich würde das nicht schaffen.

An die entsetzlichen Verunstaltungen der Betroffenen könnte ich mich vielleicht gewöhnen. Mit viel Willenskraft würde ich auch die übelriechenden Wunden verbinden können, hatte mich doch der Krieg mit den vielen, bis zur Unkenntlichkeit verletzten Menschen Härte gelehrt. Aber die Kraft zu einem langwährenden Einsatz würde ich nicht aufbringen können, wenn jede Aussicht auf grundlegende Veränderung, jede Hoffnung auf eine positive Lösung für die Zukunft der Gezeichneten fehlen würden. Umso mehr bewunderte ich die Marys: Sie waren einfach da und wollten nichts weiter als den Leprakranken nahe sein.

Lepra ist eine chronische Infektionskrankheit. Das Mycobacterium leprae befällt zunächst die Haut und dann die peripheren Nerven. Der Leprapatient verliert jedes Gefühl in Händen und Füßen, und ohne Schmerzempfinden verletzt er sich häufig. Unbehandelt führen solche Verletzungen zu Entzündungen und Infektionen, was bis zum Verlust von Gliedmaßen führen kann.

Viele Jahre später besuchten Pater Martin und ich einige Andheri-Projekte im Nordosten des Landes, im indischen Bundesstaat Orissa. Henry D'Souza, Erzbischof von Bhubaneswar, nahm uns am 24. Dezember 1980 mit zu einer großen Leprösen-Kolonie weit außerhalb der Stadt. Die Siedlung lag wie ausgestorben da.

»Wo sind denn die Menschen?«, fragte ich.

»Sie haben sich aus Furcht vor uns Fremden versteckt«, erklärte Henry D'Souza. Wir ließen uns unter einem Baum nieder und warteten geduldig. Der Bischof hatte Süßigkeiten und Spielsachen für die Kinder mitgebracht, und bald wagten die Kleinen, sich uns zu nähern. Zögernd kamen dann auch die Erwachsenen aus ihren Verstecken hervor. Voller Scham verbargen sie ihre verstümmelten Füße und ihre sogenannten »Krallenhände«; ihre »Löwengesichter« verhüllten sie mit Tüchern. Deutlich spürte ich das Misstrauen, das uns entgegenschlug. »Unsere eigenen Familien haben uns verstoßen. Niemand will etwas mit uns zu tun haben. Warum kommt ihr zu uns?« Diese Frage lag unausgesprochen in der Luft.

Nur langsam fassten sie Vertrauen. Schließlich erzählten uns einige der Ausgesetzten ihre Lebensgeschichte. So auch der junge Rajiv: »Es ist schon eine Reihe von Jahren her. Damals studierte ich mit großer Begeisterung an der Universität. Eines Tages bemerkte ich weiße Flecken auf meinem Arm. Ich war entsetzt, denn ich wusste sofort: Das ist Lepra. Damit es niemand sah, trug ich fortan nur Hemden mit langen Ärmeln. Als die Flecken aber auch in meinem Gesicht auftraten, war meine Krankheit nicht länger zu verheimlichen. Ich musste mein Studium aufgeben und meine Heimat verlassen. Nun lebe ich hier – ausgestoßen. All meine Zukunftspläne sind zerstört.«

Wir hatten schweigend zugehört, und nun schwieg auch Rajiv.

Dann richtete er unvermittelt die Frage an uns: »Gehört ihr etwa zu jenem Mann, der vor zweitausend Jahren gelebt haben soll und dessen Geburtstag heute gefeiert wird? Er soll Leprakranke geliebt und geheilt haben …«

»Ja«, sagte ich tief bewegt, »Sie meinen Jesus Christus. Wir gehören zu ihm, wir sind Christen.«

Nach drei Stunden intensiver Gespräche reichte uns eine Frau mit ihren stark von Lepra entstellten Händen in einem einfachen Tongefäß frisch zubereiteten Tee, ein Zeichen, dass sie uns angenommen hatte. Ich gebe zu, es kostete mich Überwindung – doch dann nahm ich den Becher und trank.

An jenem Heiligabend waren wir zur Weihnachtsmesse mit anschließendem Essen bei indischen Klosterschwestern eingeladen. Doch während des feierlichen Gottesdienstes und auch danach, als wir in festlicher Stimmung an der Tafel saßen, die von den freundlichen Schwestern im Rahmen ihrer Möglichkeiten vorbereitet wurde – immer wieder kehrten meine Gedanken zu den Leprakranken zurück. Gern wäre ich damals

Leprakranke
beim weihnachtlichen
Festmahl

ein paar Stunden allein gewesen, um das Erlebte zu verarbeiten, um irgendwie damit fertigzuwerden. Aber ist das überhaupt möglich? Kann man eine solche Begegnung einfach »abhaken« und weiterleben wie bisher? Ich konnte es nicht.

Wir baten die Schwestern, für den folgenden Weihnachtstag ein »Festessen« für die vielen hundert Leprakranken auszurichten. Wie die Schwestern das in der Kürze der Zeit schafften, blieb ihr Geheimnis. Nie werde ich dieses gemeinsame Mahl vergessen: In langen Reihen saßen die Leprakranken auf einer großen Wiese, vor sich ein Bananenblatt mit einer ordentlichen Portion Reis und scharf gewürztem Linsencurry. Sie waren glücklich – wenigstens für kurze Zeit. Ich war gerührt, als mir Rajiv, der uns am Tag zuvor seine Lebensgeschichte erzählt hatte, voller Stolz ein selbstgemaltes Christusbild überreichte.

Einige Monate später erhielten wir die ersten Anträge für Projekte mit Leprakranken. Ein kanadischer Priester, Father Petrie, ein treuer Wegbegleiter von Mutter Teresa, hatte sich der zwei großen Leprasiedlungen Nehrupalli und Gandhipalli im Gebiet von Bhubaneswar angenommen. Er bat uns um finanzielle Hilfe zur Verbesserung der medikamentösen Versorgung und für die Errichtung von sogenannten »Mercy Kitchens«, also Armenküchen. Außerdem drängte es den hochmotivierten Father Petrie, auch die unmenschliche Wohnsituation in den beiden Leprasiedlungen anzugehen. Gerne stimmte ich dem Projektantrag zu, konnte ich doch durch diese Hilfe, so begrenzt sie auch war, wenigstens einen Teil der Belastung loswerden, die mich seit der ersten Begegnung mit den Ausgesetzten nicht mehr zur Ruhe kommen ließ.

Ganz befriedigten mich diese Maßnahmen jedoch nicht, wenn wir auch zweifellos die akute Not Tausender an Lepra erkrankter Menschen spürbar lindern konnten; Pater Martin und ich besuchten die Leprakranken in Bhubaneswar oft – sie waren inzwischen unsere Freunde geworden –, und bei unseren späteren Besuchen war ihre Freude über die Veränderungen unübersehbar.

Dennoch ließ mich die Frage nicht los: Reicht diese Form der humanitären Hilfe? Ich wollte die Not nicht nur ein wenig lindern helfen, sondern wirklich nachhaltige Veränderungen erreichen. Ich wollte Wege finden, um diese Menschen aus ihrem Schattendasein am Rande der Gesellschaft zu holen. Ich wünschte mir ihre volle Rehabilitation, ihre Wiedereingliederung in die menschliche Gesellschaft, zu der sie meines Erachtens nach wie vor gehörten, auch wenn man sie – irgendwann und von irgendwem infiziert – daraus verbannt hatte.

Schließlich wurde nach jahrzehntelanger Forschung eine wirksame Therapie gegen diese Krankheit gefunden: die Multi-Drug-Therapy (MDT), eine Behandlung mit einer Kombination verschiedener Medikamente, die den Erreger abtöten und innerhalb von sechs bis höchstens achtzehn Monaten zur vollständigen Heilung führen. Welche Hoffnung dies für die damals zwölf Millionen Leprakranken weltweit bedeutete! Siebzig Prozent aller Leprafälle traten in Indien auf, die Rate der Neuinfektionen belief sich jährlich auf rund eine halbe Million. Und nun war diese Jahrtausende alte, so gefürchtete Krankheit tatsächlich heilbar. Ich ließ keine Gelegenheit aus, mich weiter über diese bahnbrechende Errungenschaft zu informieren. Lag hier die Antwort auf jene Frage, die mich nicht zur Ruhe kommen ließ – die Frage, ob es möglich ist, die Leprakranken wieder voll in die menschliche Gesellschaft einzugliedern?

Erklärtes Ziel der Weltgesundheitsorganisation (WHO) war die weltweite Ausrottung der Lepra bis zum Jahr 2000. Unterstützt durch Hilfe aus dem Ausland, packte auch die indische Regierung die Aufgabe an, war sie sich doch der Tatsache bewusst, das leprareichste Land zu sein. Es war kein leichtes Unterfangen, denn die moderne Therapie wirkt nur bei regelmäßiger Einnahme der Medikamente. Wer aber kann das überwachen, besonders in abgelegenen Gebieten, wo die medizinische Versorgung immer noch zu wünschen übrig lässt? Hinzu kommt das Problem der Lepra-spezifischen Inkubationszeit, die in Extremfällen bis zu vierzig Jahre betragen kann. Ein Mensch, heute scheinbar völlig gesund, kann noch viele Jahre nach der Infektion an Lepra erkranken – so zum Beispiel auch ich.

Dennoch, allen Widrigkeiten zum Trotz konnte in den Jahren bis heute viel erreicht werden: Die Zahl der Neuinfektionen in Indien ist um zwei Drittel zurückgegangen. Heute schätzt man dort auf 10 000 Bewohner eine Neuinfektion. So konnte sich dieses Land nach offiziellen Regeln als »leprafrei« erklären. Seit 2006 hat Indien sogar die Registrierung der Leprafälle eingestellt – und das bei landesweit immer noch 120 000 geschätzten Neuerkrankungen pro Jahr.

Für mich ist der Kampf gegen Lepra aber erst gewonnen, wenn kein einziger Mensch mehr unter ihr zu leiden braucht. Ich habe ihre Auswirkungen auf die Betroffenen mit eigenen Augen gesehen. Daher wiegen für mich die »nur« 120 000 Menschen, die neu an Lepra erkranken, immer noch schwer. Gewiss, es sind weniger als früher, aber jeder Einzelne ist einer zu viel.

Und wie steht es um die Akzeptanz der geheilten Leprakranken? Ihre entstellten oder fehlenden Glieder sind nicht zu heilen oder gar zu ersetzen. Für die Öffentlichkeit bleiben sie also Gezeichnete, und der Weg zurück in Familie, Dorf und Gesellschaft ist ihnen versperrt. Man begegnet ihnen nach wie vor mit Argwohn und Ablehnung. Sie entbehren auch nach der Heilung die Anerkennung ihrer Würde. Das zeigt die Geschichte der Leprakranken der Sanjaya Colony in der Nähe von Dhenkanal im Bundesstaat Orissa.

Es war Ende der achtziger Jahre: Emmanuel Pathil, unser Projektpartner, und der Andheri-Koordinator für Nordindien Albert Joseph führen Pater Martin und mich zu den »Ausgesetzten« dieser Lepra-Kolonie. Was wir dort sehen, übertrifft bei weitem alles bisher Erlebte. Ich bin erschüttert: Wie an den Bahndamm geklebt wirken die Behausungen, die nicht einmal dem Vergleich mit den armseligsten Hundehütten bei uns standhalten würden. Ich will zu diesen Menschen in ihren Elendsquartieren, auch wenn mich Emmanuel Pathil unbedingt davon abzuhalten versucht. Kriechend, auf den Knien rutschend schaffe ich es durch den niedrigen Eingang. »Ein Zeichen der ›Niedrigkeit‹ seiner Bewohner«, hatte mir Emmanuel Pathil erklärt. Was ich im Innern der Hütte antreffe, ist kaum zu beschreiben: eine unvorstellbare Enge, ein paar wenige Habseligkeiten, dazu ein impertinenter Geruch. Und hier leben Menschen?

Im Lepradorf Sanjaya

Dann sitzen wir mit den Verfemten zusammen unter einem großen Baum und hören ihnen zu. Dieser Baum ist der Einzige, der ihnen etwas schenkt: Schatten in der Gluthitze.

»Wir sind für die anderen Menschen weniger wert als Hunde«, sagt ein Mann, »wie Abschaum der Menschheit, wie letzter Dreck. Für normale Arbeit sind wir nicht gut genug, aber willkommen als Handlanger für die Ausführung krimineller Geschäfte.«

Dieser Zustand schreit zum Himmel, nein, er schreit nach Menschen, die anpacken. Emmanuel Pathil, der sich schon zuvor als zuverlässiger Projektleiter erwiesen hat, erklärt sich bereit, gemeinsam mit den Leprösen und uns die Planung und Durchführung eines Programms zur Veränderung dieser unmenschlichen Situation zu übernehmen. Aber schon der erste Schritt ist nicht einfach: Zuerst müssen diese Verbitterten wieder zu menschlichem Verhalten zurückfinden, sich ihrer Würde bewusst werden.

Beim nächsten Besuch treffen wir tatsächlich veränderte Dorfbewohner an, Menschen guten Willens, voller Hoffnung und Zuversicht, Menschen, die es jetzt schaffen, dem Druck krimineller Auftraggeber zu widerstehen. Leider sind sie für ihr Überleben jetzt noch mehr aufs Betteln angewiesen als zuvor.

Jetzt kann der zweite Schritt folgen. Unter der Betreuung eines Arztes erklären sie sich bereit zu einer Multi-Drug-Therapie. Nach zwei Jahren lautet die gute Nachricht: Alle Bewohner der Sanjaya Colony sind geheilt. Was sie jetzt brauchen, sind menschenwürdige Wohnverhältnisse.

Die Gruppe, inzwischen hochmotiviert, beantragt bei den zuständigen Regierungsstellen die Zuteilung eines Grundstücks. Allerdings bleiben ihre wiederholten Eingaben ohne Antwort. Auch Sitz- und Hungerstreiks vor staatlichen und städtischen Gebäuden, mit denen die geheilten Leprösen ihrer Forderung Nachdruck verleihen, haben keine Wirkung.

Normalerweise ist es mein Grundsatz, die Betroffenen selbst handeln zu lassen. Doch nach vielen vergeblichen Bemühungen wird mir klar, dass ich selbst etwas unternehmen muss. Ich erhalte einen Gesprächstermin beim zuständigen Regierungspräsidenten und trage ihm das dringende Anliegen der Ausgesetzten vor. Und tatsächlich, ich habe Erfolg. Schon wenige Tage später wird den Leprösen ein Baugelände zugesagt.

Als sich unsere Leute voller Freude ans Abstecken der Grenzen ihres neuen Wohngebietes machen, werden sie von den Nachbarn vertrieben. Sie wollen die Leprakranken nicht in der Nähe ihres Wohnbereiches dulden. Sie fürchten sich vor der Ansteckung, weil sie nicht glauben, dass sie geheilt sind. Die Behörden bieten neue Grundstücke an – aber immer wieder hagelt es Proteste. Es kommt sogar zu Handgreiflichkeiten und massiven Körperverletzungen. Die alten Unterkünfte der Leprösen werden zerstört, ihre wenigen Habseligkeiten vernichtet. Aber keiner denkt ans Aufgeben, weder die Ausgesetzten noch wir, auch als es zu weiteren Angriffen kommt. Selbst unser Projektleiter sieht sich der Gewalt ausgesetzt: Mehr als einmal muss Emmanuel Pathil um sein Leben rennen, als der Mob auch ihn attackiert.

Unermüdlich suchen wir gemeinsam weiter nach einem Ausweg, lange Zeit jedoch umsonst. Schließlich bleibt nur eine einzige Lösung: Unsere Andheri-Hilfe entscheidet sich nach vielen Jahren vergeblichen Wartens und Mühens für den Kauf eines »sicheren« Grundstücks.

Damit erfüllt sich ein dringendes Anliegen von Pater Martin. Am 6. September 1991 saß ich an seinem Sterbebett und hörte seine letzten, nur noch geflüsterten Worte: »Vergiss die Leprakranken in Dhenkanal nicht!« Dieser letzte Wunsch meines langjährigen Weggefährten kann Wirklichkeit werden: Großzügige Spenden anstelle von Blumen und Kränzen zu seiner Beisetzung haben den Grundstock für den Kauf eines Grundstücks gelegt; den restlichen Betrag stellte die Andheri-Hilfe zur Verfügung.

Es vergehen Jahre, bis ein passendes Grundstück ohne Nachbarn gefunden ist: ein Reisfeld, rund eineinhalb Hektar groß. Und bis zur Einweihung der neuen Siedlung verstreichen noch einmal etliche Jahre. Der Kaufvertrag muss aufgestellt, abgeschlossen und genehmigt werden, ebenso die gut ausgearbeiteten Baupläne.

Endlich ist es so weit. Die späteren Bewohner des neuen Dorfes machen sich mit großem Eifer an die Vorbereitung des Grundstücks. Bäume und Büsche werden gerodet, ein Brunnen wird angelegt und für die Baumaterialien ein Zulieferungsweg geschaffen. Selten habe ich so glückliche Menschen erlebt wie am Tag der Grundsteinlegung. Sie empfangen mich weit außerhalb der Baustelle mit Musik und Blumengirlanden als

»ihre Mutter« und führen mich in einer fröhlichen Prozession an den Platz ihres künftigen Dorfes.

Noch größer ist ihr Jubel, als wir zwei Jahre später, am 7. Oktober 2001, den lang erwarteten Tag der Einweihung feiern können. 41 Familien der früheren Sanjaya Colony mit ihren menschenunwürdigen Behausungen sind nun überglückliche Besitzer eines eigenen Steinhauses, das einfach, aber gut gebaut ist. Für die alleinstehenden Menschen – es sind dreißig – sind Wohnblocks mit einem eigenen Raum für jeden von ihnen gebaut worden. Auch für die Kinder wurde ein separater Raum eingerichtet; dazu steht ein kleines Gesundheitszentrum zur Verfügung. Es gibt Wasser, und kleine Parzellen bieten Platz für individuellen Gemüseanbau. Weiter außerhalb ist ein großer Teich für Fischzucht angelegt worden als Einnahmequelle vor allem für diejenigen Bewohner, die aufgrund ihrer Behinderung keine schwere Arbeit leisten können. »Danke!« – wie oft höre ich dieses Wort und gebe es gern an alle deutschen Helfer weiter.

Bei meinem nächsten Besuch einige Jahre später kann ich den geschäftigen Alltag der Bewohner beobachten. Zwei junge Menschen übernehmen ehrenamtlich das tägliche Verbinden von Wunden. »Zum Glück brauchen immer weniger Menschen dieses Angebot«, versichern mir die Helfer. In der Schule treffe ich eine geheilte junge Frau, die sich nach besten Kräften der Kleinen annimmt. Bei meinem weiteren Rundgang spricht mich eine der Frauen an: »Probieren Sie doch mal meinen Tee!« Sie unterhält einen gut funktionierenden Teeladen, außerdem verdient ihr Mann als Rikschafahrer dazu; davon können sie jetzt leben und müssen nicht mehr betteln. Zwei andere Familien leben vom Einkommen aus kleinen Lebensmittelläden. Verschiedene Handwerksbetriebe bieten ihre Dienste an. Eine Frauengruppe hat die Herstellung von Bambusartikeln erlernt, und der Verkauf ihrer Waren auf den Märkten der umliegenden Dörfer sichert ihr Einkommen. Junge Männer wurden als Kraftfahrzeugmechaniker geschult und haben außerhalb der Siedlung Arbeit gefunden. Kein Zweifel: Es war eine Menge unbeugsamer Hartnäckigkeit notwendig, um das alles zu ermöglichen. Doch die Ergebnisse dieser Anstrengung sind schier unglaublich.

Wiederum ein paar Jahre später wenden sich die zufriedenen Bewohner nochmals mit einer berechtigten Bitte an uns: Sie wünschen sich eine bessere sanitäre Versorgung. Gern bewilligen wir die Errichtung von einfachen Toiletten- und Waschanlagen. Am 30. Juni 2008 findet die feierliche Einweihung dieser hygiene- und gesundheitsfördernden Maßnahme statt.

Nun gehören für die ehemaligen Bewohner von Sanjaya die menschenunwürdigen Lebensbedingungen endgültig der Vergangenheit an. Kriminalität ist längst kein Thema mehr. Und auch das Bettlerdasein ist beendet. Nur noch einige alte und sehr behinderte Menschen gehen auf Betteltour, um zu überleben, aber auch das bald nur noch an Sonntagen.

Im September 2009 ist es dann geschafft: »Ich habe eine gute Nachricht«, schreibt Emmanuel Pathil, »aus unserem Ort geht niemand mehr betteln.«

Nayajeevan Nagar haben die Menschen ihr Dorf genannt, das heißt auf Deutsch »neues Leben«. Zu Recht sind sie stolz auf das, was sie durch ihre Ausdauer und Beharrlichkeit, durch viel Mühe und Plage erreicht haben, trotz ungezählter Rückschläge und Enttäuschungen. Die geheilten Leprakranken sind dankbar, dass wir den langen und schwierigen Prozess in echter Partnerschaft begleitet haben. Nicht zuletzt gilt ihr Dank der Pfarrgemeinde »Christi Auferstehung« am Rande von Bonn, die durch erfolgreiche Basaraktionen die Finanzierung des neuen Dorfes ermöglicht hat. Auf einer Hauswand in Nayajeevan Nagar haben die Bewohner mit großen Zahlen die exakte Abrechnung aller Maßnahmen festgehalten.

Zu besonderen Anlässen laden die Bewohner von Nayajeevan Nagar voller Stolz Vertreter der indischen Regierung ein. Diesen bleiben somit die unglaublichen Veränderungen nicht verborgen, und mancher Lokalpolitiker stattet dem neuen Dorf immer wieder einen Besuch ab. Keiner kommt mit leeren Händen, sondern sie bringen Geschenke mit: Decken für die Kranken, Gehhilfen für die Behinderten und Süßigkeiten für die Kinder. Zwar nehmen die Menschen in Nayajeevan Nagar diese Geschenke gern an, aber als vollberechtigte Bürger ihres Landes stellen sie mit neuem Selbstbewusstsein auch berechtigte Forderungen. Und was man nie zu hoffen wagte, ist eingetreten: Die Regierung übernahm in Nayajeevan Nagar die Elektrifizierung, sorgte für sauberes Trinkwasser, Straßen wurden gebaut und Busverbindungen geschaffen.

Auf lange Sicht ist besonders wichtig, dass jeder Bewohner ein »Negative Certificate« erhält, also den amtlichen Nachweis, dass er geheilt ist, dass er für andere keine Ansteckungsgefahr mehr darstellt und dass man ihm das Recht zuerkennt, am Leben der Gesellschaft voll teilzunehmen. So steht den Kindern der Besuch von öffentlichen Schulen außerhalb der Siedlung offen.

Das größte Wunder aber ist: Dieselben Nachbarn, die sich wenige Jahre zuvor noch gewaltsam gegen die Ansiedlung der geheilten Leprösen gewehrt hatten, haben sich inzwischen mit den Bewohnern von Nayajeevan Nagar angefreundet. Die Kinder der umliegenden Dörfer besuchen jetzt gemeinsam mit den Kleinen der ehemaligen Leprapatienten den Kindergarten des Ortes.

»Jetzt besuchen uns sogar unsere Familienangehörigen, die uns früher für tot erklärten«, erzählen mir überglücklich die einst so Verfemten. »Wir leben wieder!«

Ein Projekt, zweifellos eines der schwierigsten und langwierigsten, ist damit beendet. Menschen, die durch ihre Krankheit auf die unterste Stufe des menschlichen Daseins verbannt waren, haben zu ihrer eigenen Würde zurückgefunden. Sie sind nicht mehr Verstoßene, Diskriminierte, Toterklärte, sondern werden nun von ihrem Umfeld respektiert. Der gemeinsame Kampf für ein selbständiges Leben mit Zukunftsperspektive hat sich gelohnt.

So wie Nayajeevan Nagar sind inzwischen zehn weitere menschenwürdige Siedlungen für geheilte Lepröse entstanden. Wenn ich diese Dörfer besuche, spüre ich bei den Bewohnern mehr als nur die Freude über ihre verbesserten Wohnbedingungen: »Wir dürfen wieder Menschen sein!« Sie sind nicht mehr »ausgesetzt«, sondern Teil der Gesellschaft. Und so leben sie in gutem Einvernehmen mit den Bewohnern der Nachbardörfer.

»Ihr habt uns unsere Würde wiedergegeben«, sagte neulich der Sprecher eines dieser Dörfer. »Dafür danken wir euch.«

Kapitel Achtzehn

# »Du bist doch ohnehin bald tot!«

Sei du selbst die Veränderung,
die du in der Welt sehen willst.
*Mahatma Gandhi*

Zusammen mit unseren Partnern Daisy und Joseph Vincent bin ich 2008 auf dem Weg zu einigen Dörfern im Gebiet von Madurai, in denen wir gegen Mädchentötung kämpfen. Wir fahren am Rande der Stadt an einem Slum vorbei, als mir eine Frau auffällt, die auf dem vom Regen aufgeweichten Boden kauert. Sicherlich eine alte Frau, vermute ich. Doch plötzlich löst sich das Tuch ein wenig, in das sie sich wie schützend eingehüllt hat, und ich sehe ihr Gesicht: Sie ist noch jung, aber erschreckend ausgemergelt.

»Was ist mit dieser Frau?«, frage ich meine Begleiter, »ist sie krank?«

»Sie leidet an AIDS«, gibt mir Daisy nach einem Blick in den Rückspiegel zur Antwort. »Ihr Mann hat sie angesteckt, dann ließ er sie im Stich.«

»Und wo ist ihre Familie?«, frage ich.

»Als sie dort um Hilfe bat, sagten ihre Angehörigen nur: ›Warum sollen wir dir helfen? Du bist doch ohnehin bald tot.‹«

Die kurze Begegnung mit dieser Frau ließ mir keine Ruhe. Einige Tage später nahmen Daisy und Joseph Vincent mich auf meine ausdrückliche Bitte hin mit zu einem Treffen von AIDS-kranken und HIV-infizierten Frauen in jenem Slumgebiet. Etwa dreißig Frauen hockten in einem winzigen Raum dicht beieinander, einige hatten ihre Kinder mitgebracht. Noch heute sehe ich sie vor mir, höre ihre erschütternden Berichte; ich werde mich noch lange an diese von der Immunschwäche gezeichneten Gestalten und ihre Schicksale erinnern.

Da ist eine junge Frau, die ihren etwa fünfjährigen Sohn fest an sich presst. »Mein Mann hat mich angesteckt, dann machte er sich davon und ließ mich mit dem Jungen allein«, berichtet sie, zunächst noch mit emotionsloser Stimme. Bald jedoch kann sie ihre Gefühle nicht mehr zurückhalten. »Als ich meine Familie um Hilfe bat, jagten sie mich aus meinem Elternhaus. Ich versuchte es ein zweites Mal ... aber ... «, und nun geht ihre Erzählung in lautem Weinen fast unter, »... dort war schon alles vorbereitet, um mich auszulöschen. Mit Hilfe der Nachbarn fesselten sie mich an Händen und Füßen und übergossen mich mit Kerosin. Meine eigenen Eltern ... sie zündeten mich an. Ich weiß nicht, woher ich die Kraft nahm, mich zu befreien und zu flüchten.« Und dann schreit sie es laut hinaus: »Ja, ich lebe – aber dass meine eigenen Eltern mich verbrennen wollten, das werde ich nie verwinden.« Wir weinen mit ihr. Und inzwischen beweint sie ihr Sohn: Sie lebt nicht mehr.

In einem anderen Raum des kleinen Zentrums für diese Frauen stapelt sich bis unter die Decke gedrucktes Informationsmaterial über AIDS und seine Verhütung – in guter Absicht von einer amerikanischen Organisation zur Verfügung gestellt. Ich sehe mir die Broschüren an, die mir für Schulen geeignet scheinen, um der Ausbreitung von AIDS vor allem bei jungen Menschen entgegenzuwirken. Für eine Dorfbevölkerung aber müssen andere Wege der Aufklärung gesucht und gefunden werden. Und das nicht nur, weil die meisten Bewohner immer noch Analphabeten sind, sondern weil AIDS und der gesamte Sexualbereich dort zu den großen Tabu-Themen zählen.

Ein Jahr nach meiner ersten Begegnung mit den infizierten Frauen in Madurai erreicht unsere Andheri-Hilfe ein gut ausgearbeiteter Projektantrag von Joseph Vincents Organisation ARD, »Association for Rural Development«.

Bis dahin hatte die Andheri-Hilfe die Frage: »Sind die HIV/AIDS-Infizierten in Indien eine neue Herausforderung für uns?« eher zurückhaltend beantwortet. Es schien zweckmäßig, diesen Bereich ganz der Zuständigkeit der indischen Regierung zu überlassen. Indien rühmt sich, die Zahl der HIV/AIDS-Fälle deutlich reduziert zu haben. Aber mit 2,4 Millionen Betroffenen nimmt das Land immer noch den dritten Platz auf der Weltrangliste ein.

Was die staatlichen Hilfsangebote betrifft, gibt es bemerkenswerte Unterschiede in den verschiedenen Gebieten des Landes: In den Städten sind die staatlichen Einrichtungen für Tests sowie die Versorgung mit Medikamenten für AIDS-Befallene leicht erreichbar. Dort bieten Kliniken auch schwangeren Frauen Untersuchungen und, wenn sie HIV-positiv sind, Behandlungen an. In den Dörfern fehlen diese medizinischen Dienste jedoch weitgehend, obwohl sich gerade in den anfangs wenig betroffenen ländlichen Gebieten AIDS jetzt immer mehr ausbreitet: Auf der Suche nach Arbeit leben die Männer oft monatelang von ihren Frauen getrennt in den Slums der Städte. Von ihrer Infektion durch Prostituierte wissen sie nichts und stecken nach ihrer Heimkehr ihre Frauen an. Der Gang zum Arzt erfolgt oft zu spät.

Auch fürchten die Menschen aus den Dörfern, bei der Inanspruchnahme städtischer Gesundheitseinrichtungen als AIDS-verdächtig oder gar als infiziert »erkannt« zu werden. Das würde für sie unweigerlich Diskriminierung bedeuten, besonders für die Frauen. Zwar empfangen sie das Virus meist von den Männern, trotzdem gibt man den Frauen die Schuld. Sie und ihre Kinder werden von der eigenen Familie oft verstoßen.

Vom Mann verlassen, obliegt der AIDS-infizierten Frau die Sorge für die Kinder und sich selbst

Ohne Obdach landen sie dann in den Slums der Städte. Weil ihnen niemand Arbeit gibt, bleibt vielen Frauen nur die Prostitution, um mit ihren Kindern zu überleben. Das aber führt zur weiteren Verbreitung der Immunschwäche.

Der Projektantrag der ARD nimmt sich gerade dieser, von unserer Andheri-Hilfe bislang nicht erfassten Zielgruppe an. Das Ehepaar Vincent und sein Team haben bereits umfangreiche Erfahrungen in diesem Bereich gesammelt. Nun sollen mit einem Dreijahresprogramm die ersten 360 besonders hart betroffenen AIDS-infizierten Frauen in den sechzig Slums von Madurai erreicht werden. Das Besondere an dem Programm ist: Es geht auch hier nicht darum, Almosen zu verteilen, ebenso wenig um die rein medizinische Betreuung, denn die wird von staatlichen Einrichtungen abgedeckt. Diese Ausgegrenzten brauchen mehr, sie brauchen vor allem Zuwendung, Respekt und die Anerkennung ihrer menschlichen Würde.

Es ist wichtig, diese von HIV/AIDS betroffenen Menschen nicht als eine eigene Gruppe zu erfassen, sondern sie in bereits existierende, aktive Frauen-Selbsthilfegruppen zu integrieren. So setzen sich die von AIDS Gezeichneten nun gemeinsam mit gesunden Frauen für die allgemeinen Rechte, aber auch für ihre besonderen Anliegen ein. Hier sind sie, die sonst überall diskriminiert, verachtet und verstoßen werden, gleichberechtigt. Man nimmt sich ihrer in besonderer Weise an, ermutigt sie, die ärztlichen Dienste in Anspruch zu nehmen, und deckt – wenn nötig – die Fahrtkosten zur nächsten medizinischen Station ab: für Tests, die Vergabe von Medikamenten und vieles mehr.

Speziell geschulte Betreuer leiten die Patientinnen zur richtigen und regelmäßigen Einnahme von Medikamenten an, beraten und helfen bei der Befolgung einer besonderen Ernährungsweise, die das Immunsystem unterstützt. Außerdem beantworten sie drängende Fragen der Betroffenen, wie zum Beispiel: Wie kann ich meine Lebenserwartung steigern? Wie kann ich dafür sorgen, dass ich andere Menschen nicht mit dem Virus infiziere? Gleichzeitig werden die Familienmitglieder im Umgang mit den AIDS-Kranken unterwiesen, natürlich auch in Bezug auf den Schutz vor Ansteckung.

In dem Programm sind aber auch Ausbildungsmöglichkeiten für die Betroffenen vorgesehen: Die erkrankten Frauen erlernen einfache handwerkliche Fertigkeiten – die Herstellung von Körben beispielsweise, von Seifen und Kinderspielzeug –, um auf diese Weise ihren Lebensunterhalt bestreiten zu können. Das verändert nicht nur ihre soziale Situation, sondern fördert auch ihr Selbstbewusstsein.

Nicht zuletzt ist Aufklärungsarbeit in der Öffentlichkeit nötig. Wichtig ist es, Lehrer über AIDS und HIV, vor allem über

AIDS-infizierte Frauen im Einkommensprogramm

die Art der Virus-Übertragung, zu informieren. Nur so kann erreicht werden, dass die abgeschobenen HIV-infizierten Kinder und die, deren Eltern an AIDS erkrankt sind, wieder in die Schule aufgenommen werden. Die betroffenen Kinder selbst haben sich zu Gruppen zusammengeschlossen, die wiederum gemeinsam ein Netzwerk bilden. Sie treten selbstbewusst mit verschiedenen Aktionen an die Öffentlichkeit: mit Wettbewerben, eigenem Straßentheater und vielem mehr. Es ist erstaunlich, wie den Betroffenen das offene »Bekenntnis« zu ihrer Erkrankung hilft, in der Gesellschaft ein neues Verständnis für AIDS zu schaffen, vor allem aber die Akzeptanz den Erkrankten gegenüber zu erreichen.

Auf diese Weise ist in den vergangenen drei Jahren viel erreicht worden. Wie viel aber noch zu tun bleibt, das erfahre ich während meiner gemeinsamen Reise mit Markus Lanz.

Auf unserem Reiseprogramm steht der Besuch eines Slumgebiets mit seinen AIDS-Patienten. Unser erster Eindruck am Rande von Madurai überrascht uns: Dieser Slum unterscheidet sich deutlich von dem, was den Besucher üblicherweise in solchen Ansiedlungen erwartet. Wir finden nur wenige der typischen windschiefen Hütten aus Brettern und Plakatwänden. Stattdessen sehen wir vorwiegend winzig kleine, aber feste Steinbauten, die durch schmale Straßen voneinander getrennt sind. Auf meine Frage erklärt uns Daisy: »Ein wohlhabender Inder hat dieses Wohngebiet, das sich mit seinen Elendshütten früher nicht von anderen Slums unterschied, zu einem Spottpreis erworben und mit den primitiven Häuschen bebaut. Allerdings nicht aus purer Nächstenliebe: Die billigen Häuschen bringen ihm nun gute Mieten ein.«

Den ganzen Tag bringen wir hier zu. Markus Lanz würde am liebsten sogar vierundzwanzig Stunden in einer der Unterkünfte bei den Slumbewohnern wohnen, um ihre Situation nicht nur als Besucher von außen wahrzunehmen, sondern hautnah mitzuerleben. Aus zeitlichen Gründen ist das aber nicht machbar. Wir schauen Frauen bei ihrer Arbeit zu, beim Waschen, beim Reinigen von Haus und Straße, beim Einkaufen und Verkaufen. Von den Männern treffen wir nur einige ältere in der Siedlung an: Die Jüngeren sind auf der Suche nach Gelegenheitsarbeiten in der Stadt oder gehen dort einer Beschäftigung nach. Wie immer werden wir von einer Traube fröhlicher Kinder umringt.

Mir fallen Frauen mit gelblicher Gesichtsfarbe auf. »Sind sie alle etwa leberkrank?«, erkundige ich mich und erfahre, dass diese Frauen eine Paste aus Gelbwurz benutzen, um damit ihr Gesicht zu färben. So drücken sie ihre totale Hingabe und Unterwerfung unter ihren Ehemann aus: Sie wünschen ihm ein langes Leben, fern von Krankheit und Belastungen. Und selbst wenn der Mann sie verlässt, verzichten sie nicht auf diesen

Brauch. Wieder einmal bin ich betroffen von einer solchen Unterwürfigkeit unter Zurückstellung der eigenen Wünsche und Rechte.

Wir wollen das Leben von AIDS-kranken Frauen näher kennenlernen. Unser erster Besuch gilt der 38-jährigen Panchali. Eine steile, enge Treppe führt uns in den einzigen kleinen Wohnraum des Hauses. Panchali erzählt uns unter Tränen von ihrem »Abstieg« ins Elend. Sie wurde von ihrem inzwischen verstorbenen Mann mit dem AIDS-Virus infiziert und – damit nicht genug – von der Schwiegerfamilie vertrieben. Ihre vier Kinder sind ebenfalls HIV-positiv. Die drei ältesten konnten durch Vermittlung unserer Partner in einem Wohnheim untergebracht werden. Panchali ist glücklich über diese Entlastung, vor allem über die Förderung, die ihre Kinder dort erfahren und die sie selbst nicht leisten könnte. Die siebenjährige quicklebendige und hübsche Tochter Laksmi lebt bei der Mutter.

»Mitglied dieser Frauengruppe zu sein ist wie ein neues Leben für mich«, sagt Panchali, »ich weiß nicht, was ohne diese Frauen, die mich wie ihre Schwester angenommen haben, aus mir geworden wäre. Dankbar bin ich auch meiner Mutter, meinem Onkel und dessen Frau, die mich mit meiner Tochter trotz der Enge, in der sie leben, aufgenommen haben.«

Der Raum ist wirklich winzig klein, und ich versuche, mir vorzustellen, wie hier fünf Personen leben können. Sicherlich können sie sich nachts nur nach einem genauen »Lageplan« zum Schlafen ausstrecken.

Dann besuchen wir die 31-jährige Pandiammal, die nicht nur von der Schwiegerfamilie, sondern auch von ihren eigenen Eltern verstoßen wurde. Als Bleibe für sie und ihre beiden Söhne – einer von ihnen ist HIV-positiv – blieb ihr zunächst nur eine Slumhütte, als Chance zu überleben nur die Prostitution, bis sie im Rahmen unseres Programms die Herstellung von

AIDS-kranke Frau: Arbeiten statt betteln

Kinderspielzeug erlernte. Vom Erlös kann sie jetzt mit ihren beiden Söhnen leben, ohne ihren ohnedies geschwächten Körper verkaufen zu müssen.

Bewegend war für uns ebenfalls die Begegnung mit der 29-jährigen Muthulashmi und ihrem Sohn Lakhsmanan, sechs Jahre alt. Wir sitzen dieser kränklich wirkenden Frau in ihrer Slumhütte gegenüber. Immer wieder fließen ihre Tränen, während sie erzählt: Mit 21 Jahren heiratete sie einen Witwer und übernahm bereitwillig die Sorge für dessen zwei Kinder. Dass er AIDS-krank war, hatte man ihr verschwiegen. Sie brachte einen Sohn zur Welt. Wenig später starb ihr Mann, und sie stand mit drei Kindern alleine da – noch dazu durch ihren Mann inzwischen selbst AIDS-infiziert. Muthulashmi lebt in unvorstellbar armseligen Verhältnissen. Sie ist froh, dass die beiden älteren Kinder Förderung in einem Heim erfahren können, während ihr jüngster, ebenfalls AIDS-infizierter Sohn bei ihr lebt. Wieder einmal bin ich zutiefst beeindruckt von der erstaunlichen Stärke, die diese Frauen immer wieder beweisen.

Vor Muthulashmi liegen Berge verschiedenfarbiger Plastikstreifen. So wie 140 andere Frauen hat sie im Rahmen unseres Programms gelernt, daraus Taschen in verschiedenen Größen und Formen zu flechten. Wenn sie den ganzen Tag über und oft sogar bis in die Nacht hinein arbeitet, kann sie mit ihrem Sohn vom Verkaufserlös überleben. Sie hat sogar Zukunftspläne für eine noch größere Selbstständigkeit, diese mutige Frau.

Lakhsmanan hockt neben seiner Mutter. Er lässt den einen oder anderen Plastikstreifen durch seine Finger gleiten. Wie sehr ich mich auch bemühe, es gelingt mir nicht, ihm ein Lächeln zu entlocken – und das ist bei der Begegnung mit Kindern normalerweise kein Problem für mich. Ein so ernstes, apathisches Kind wie ihn habe ich noch nie erlebt. Sein abgemagerter Körper weist an verschiedenen Stellen eine Art Pilzerkrankung auf. Ob es sich um eine sogenannte »opportunistische Infektion« handelt, so wie Tuberkulose, Lungenentzündung oder Darmerkrankung, die durch späte Diagnose und unzureichende Behandlung für viele AIDS-Infizierte das Ende bedeuten? Ich bewundere Muthulashmis Kraft und Mut.

»Ich glaube an Gott«, sagt sie und weist auf das Christusbild an der Hüttenwand. »Das gibt mir Kraft! Und Daisy ist für mich wie eine Mutter. Ich bin nicht allein.«

Ob der kleine Lakhsmanan noch lebt? Ich denke jeden Tag an ihn.

Eine zweite Phase des Dreijahresprogramms ist angelaufen, und die Erfolge übertreffen die Erwartungen bereits bei weitem. Vorurteile konnten abgebaut werden, die Diskriminierung der infizierten Frauen ist zurückgegangen, und ihre Kinder sind nicht mehr isoliert: Sie gehen wieder zur Schule und haben sogar Freunde. Bei Ausbruch von opportunistischen Infektionen nehmen Mütter wie Kinder medizinische Hilfe in Anspruch und können damit ihre Lebenserwartung steigern.

»Du bist doch ohnehin bald tot« – dieser grausame Satz enthält natürlich eine traurige Wahrheit, denn noch gibt es kein wirksames Mittel gegen das HIV-Virus. Was wir jedoch für diese Menschen tun können, ist, sie in dieser harten Situation nicht allein zu lassen, ihr Leben so weit wie möglich zu erleichtern oder zu verlängern, vor allem aber ihr oft kurzes Leben ein bisschen lebenswerter zu machen. Das ist unser Ziel. Dazu verhilft ihnen die Gemeinschaft, denn wichtiger noch als alle finanzielle Hilfe ist das liebevolle Miteinander, ihre Annahme durch die anderen.

Im Februar 2012 sind es 574 infizierte Personen, besonders Frauen, darunter 120 Kinder, die wir mit unserem Projekt erreichen konnten. Es werden bald noch mehr sein. Ein ähnliches Projekt fördert die Andheri-Hilfe in einem anderen Gebiet Tamil Nadus. Wir geben nicht auf – unsere indischen Partner vor Ort und die betroffenen Menschen selbst erst recht nicht!

Kapitel Neunzehn

# Über alle Grenzen hinweg

Gehe nicht auf ausgetretenen Pfaden,
sondern bahne dir selbst einen Weg
und hinterlasse Spuren.
*Anonym*

Gedämpftes Licht bricht durch das hohe Blätterdach des indischen Regenwaldes. Kreischend flattern Vögel auf, aufgeschreckt vom Geräusch des Motors. Mühsam kämpft sich unser Jeep voran. Auf dem Dach sitzt unser Beschützer, das Gewehr im Anschlag. »Zur Sicherheit«, sagten die Töchter vom Heiligen Kreuz, »wenn du schon unbedingt dieses Wagnis eingehen willst.«

Wir schreiben das Jahr 1971. Ich bin mit Pater Martin auf dem Weg zu Menschen, die in der Tiefe des Urwalds Zuflucht gesucht haben – zu den Siddi. Vor langer Zeit ließen sie sich in Teilen des Landes nieder, die andere Bewohner wegen der dort lauernden Gefahren gemieden haben. Sie stammen in der Mehrzahl von Sklaven ab, die zwischen dem 12. und dem 19. Jahrhundert von Portugiesen, Briten oder Arabern aus Afrika nach Indien verschleppt wurden und ihren Herren entfliehen konnten. Andere Siddi sind Nachfahren afrikanischer Seeleute und Söldner, die einerseits als Leibgarden beliebt, andererseits in blutige Aufstände gegen ihre Herren verstrickt waren. Die Zahl der Siddi von Karnataka, zu denen wir unterwegs sind, beträgt etwa 18 000, rund ein Drittel der gesamten indischen Siddi-Bevölkerung. Sie leben verborgen in der Wildnis, von der indischen Gesellschaft ignoriert.

Im Jahr zuvor war ich zum ersten Mal diesen schwarzhäutigen, deutlich an Afrikaner erinnernden Menschen begegnet: jungen Mädchen, die in einem Heim nahe Yellapur im Bundesstaat Karnataka von Schwestern liebevoll betreut wurden. Nur so konnten die Mädchen die örtliche Schule besuchen, denn ihre Familien lebten weit entfernt im Urwald.

Und nun wollten wir eine der Siddi-Siedlungen kennenlernen und mit eigenen Augen sehen, wie diese von der übrigen Bevölkerung des Landes abgeschiedene Volksgruppe aus eigener Kraft im Dschungel überlebte.

Die Fahrt durch den unberührten Urwald ist ein einzigartiges Erlebnis. Der Jeep kommt nur langsam voran, statt Straßen gibt es lediglich Trampelpfade, die die Richtung angeben. Ich bewundere die Vielfalt der Pflanzen, die sich in diesem Ökosystem zusammengeschlossen haben. Hin und wieder entdecke ich Orchideen, die ihre üppigen Blütenranken von den Astgabeln der großen Bäume herunterneigen. Fremdartige Rufe unbekannter Tiere werden von weit her beantwortet. Raschelnd fliehen Schatten vor uns Eindringlingen und verbergen sich hinter Blätterwänden.

Dann lichtet sich der Wald. Hier stehen einige Hütten, die an einen afrikanischen Kraal erinnern. Fast nackte Kinder stehen ängstlich beieinander. Sie haben noch nie fremde Menschen gesehen, erst recht keine weißhäutigen. Nun kommen auch die Erwachsenen zum Vorschein, hochgewachsene Gestalten mit athletischem Körperbau, dunkler Haut und krausem Haar. Sie blicken uns misstrauisch entgegen.

Tatsächlich dauert es eine Weile, bis die Siddi sich uns nähern und ein Austausch möglich ist. Ein Lächeln suche ich vergeblich auf ihren dunklen Gesichtern. Wir sind Fremdlinge für sie, die über Generationen hinweg abgeschnitten von der Zivilisa-

Es geht um
die Zukunft der
Siddi-Kinder

tion leben, ohne medizinische Versorgung, ohne Bildungsmöglichkeiten. Fast alle sind Analphabeten und leben unterhalb des Existenzminimums. Das Land, auf dem sie leben, gehört ihnen nicht, und ohne ein Bewässerungssystem taugt es weder für den Anbau von Reis noch für rentable Viehhaltung. Sie arbeiten zumeist als Tagelöhner in den Wäldern oder auf regierungseigenem Land. Die Anbaumethoden sind äußerst primitiv; Pater Martin und ich fühlen uns um Jahrhunderte zurückversetzt, als wir ihre einfachen Felder sehen. Wie haben diese Menschen es nur geschafft, seit Jahrhunderten so zu überleben?

Als wir damals die Siddi besuchten, hatte die indische Regierung diese Bevölkerungsgruppe noch nicht einmal in ihre Liste der »registrierten Stämme« (»scheduled tribes«) aufgenommen. Wieder einmal blickten wir in Augen ohne Hoffnung auf eine Zukunft. »Was muss hier geschehen, um etwas zu verändern?«, fragten wir uns.

Es sollte nicht bei jenem ersten Besuch bei den Siddi bleiben. In guter Zusammenarbeit mit dem äußerst engagierten Bischof William D'Mello von Karwar investierten wir in den folgenden Jahren hauptsächlich in die Ausbildung der Kinder und Jugendlichen, und zwar in diesem besonderen Fall entgegen dem Prinzip der Andheri-Hilfe, Kinder in ihren Familien zu belassen. Die Ordensschwestern kümmerten sich bereits um eine Gruppe von Mädchen, um ihnen eine Schulbildung zu ermöglichen. Nun finanzierten wir den Bau einer einfachen Unterkunft für Siddi-Jungen, damit sie von dort aus die örtlichen Schulen besuchen konnten. Das war ein erster wichtiger Schritt aus der Anonymität und Chancenlosigkeit dieser »Außenseiter« hin zur Integration in die indische Gesellschaft. Von der jungen Generation – so hofften wir – sollte ein grundlegender Wandel für die Siddi insgesamt ausgehen: Gut ausgebildete und von der indischen Bevölkerung akzeptierte junge Siddi würden in ihre Dörfer zurückkehren und dort die nötigen, tiefgreifenden Veränderungen selbst anstoßen – sicher kein leichter Prozess, der viel Geduld und immer neue Überlegungen erforderte.

Einige Jahre später bin ich wieder bei den Siddi. Den Kindern ist die Freude über die Chance, die Schule besuchen zu dürfen, deutlich anzusehen. Bei der kleinen Begrüßungsfeier herrscht eine frohe Atmosphäre. Doch ganz plötzlich schlägt die Stimmung um. Zuerst vernehme ich nur ein Rumoren in den hinteren Reihen der erwachsenen Siddi, dann wird es immer lauter und aggressiver.

»Was ist da los?«, frage ich und erfahre, dass die Eltern der geförderten Kinder meutern.

Nach dem Fest setzen wir uns zu ihnen auf den Boden. Mit ausgemergelten Körpern und harten, von der Not gezeichneten Gesichtern sitzen sie schweigend da.

»Warum teilt ihr nicht die Freude eurer Kinder? Was treibt euch so sehr um?«, frage ich sie.

Rosi Gollmann tanzt mit den Siddi-Kindern

»Unseren Kindern habt ihr geholfen«, sagt schließlich einer von ihnen. »Was tut ihr für uns? Unsere Mägen sind leer!«

Tiefes Schweigen, ich spüre die allgemeine Betroffenheit.

»Ihr habt Recht«, antworte ich. »Die Zukunft gehört euren Kindern. Und denen zu helfen ist uns wichtig. Aber natürlich stehen wir auch an eurer Seite. Was erwartet ihr von eurer Zukunft?«

Ich wertete es als ein positives Zeichen, dass nun auch in die Gruppe der Erwachsenen Bewegung gekommen war. Offenbar war auch in ihnen die Vorstellung von einem anderen Leben erwacht. Die Veränderungen seit meinem ersten Besuch waren schon jetzt nicht zu übersehen: Waren uns damals Apathie und dumpfe Ergebenheit in ein unabänderliches Schicksal entgegengeschlagen, so hatten die Siddi durch die schulische Förderung ihrer Kinder erkannt, dass auch ihre Welt veränderbar war. Es war nur folgerichtig, jetzt die Erwachsenen in diesen umwälzenden Prozess einzubinden.

In der darauffolgenden Zeit führten wir viele Gespräche; zahlreiche Wunschvorstellungen kamen dabei zur Sprache. Die Siddi lernten, ihre Bedürfnisse zu formulieren und eigene Ideen zu entwickeln, wie sie ihre Lage verbessern konnten.

In Vorbereitung auf ein umfassenderes Entwicklungsprogramm wurden fünfundzwanzig junge Männer in einem dreimonatigen Kurs als Community development worker ausgebildet, unter ihnen auch engagierte Siddi. Die erste Aufgabe dieser künftigen Entwicklungshelfer war es, Informationen zu ihren 240 Siedlungen zu sammeln und deren Bewohner zur Mitarbeit zu motivieren.

Einer dieser Dorfhelfer, John Costa Bilkikar, schilderte uns seinen eigenen Weg und seine Arbeit in den Dörfern: »Bilki ist meine Heimat, ein Siddi-Dorf mit etwa fünfzig Familien. Dort wuchs ich mit vier Geschwistern auf. Ich träumte davon, zur Schule zu gehen, eine Ausbildung zu machen und einen Beruf zu erlernen. Aber wie sollte ich die Schule, die weit außerhalb des Urwalds lag, erreichen? Durch das Jungenheim ›Sneha Sadan‹ erfüllte sich mein Traum: Ich wurde dort aufgenommen und konnte endlich zur Schule gehen. Im Heim war ich zwar von meinen Eltern und meinen Freunden im Dorf getrennt, und das war hart. Aber in Hinblick auf meinen großen Wunsch war das leicht zu verkraften: ›Ich will jemand sein!‹ Ich lernte mehr als nur Lesen und Schreiben: Mit Hilfe meiner Lehrer und Betreuer gelang es mir, Fähigkeiten, von denen nicht einmal ich selbst etwas geahnt hatte, zu entfalten.

Bevor ich jedoch meinen Schulabschluss machen konnte, riefen mich meine Eltern ins Dorf zurück. Sie brauchten mich, denn obwohl meine Eltern und Geschwister täglich zehn Stunden oder mehr arbeiteten, reichte es nicht, um alle satt zu bekommen. So teilte ich mit ihnen die schwere Arbeit und ihre Not. Mehr und mehr erfüllte mich *ein* Gedanke: Was kann ich tun, um etwas zu verändern?

Daher sagte ich begeistert zu, als ich die Möglichkeit bekam, zum Dorfhelfer ausgebildet zu werden. Heute arbeiten wir in einem Team von fünfundzwanzig Helfern in den Siddi-Dörfern. Ich liebe meine Arbeit. Wir besuchen die Familien und versuchen, ihnen so viel wie möglich von unserem erlernten Wissen weiterzugeben. Selbst ein Siddi unter Siddi, kann ich ihre Probleme verstehen und ihnen als meinen Leuten wirklich helfen. Vielleicht ist es für mich das Wichtigste, das weiterzugeben, was ich selbst erst nach und nach erkannt habe: dass wir alle *jemand sind*. Wir müssen unsere eigene Würde entdecken und aus dieser Stärke heraus unsere Situation verändern.«

Nach und nach entstanden über den gesamten Siedlungsraum der Siddi verteilt Gesundheitszentren. Ein Jeep wurde angeschafft, damit auch weiter abgelegene Dörfer von dem Gesundheitsprogramm profitieren konnten. Die drei- bis sechsjährigen Kinder wurden in einfachen Kindergärten auf ihre spätere Schulbildung vorbereitet. Für die Familien richteten wir ein Welfare-Zentrum ein, in dem junge Menschen auf die Ehe vorbereitet wurden und wo sie später in Mutter-Kind-Programmen Unterstützung und Aufklärung erfuhren. Vor allem junge Mädchen profitierten von den Ausbildungsmöglichkeiten für verschiedene Berufe, und Abendschulen kamen der Alphabetisierung der Erwachsenen zugute.

All diese positiven Veränderungen sowie das neue Selbstbewusstsein der Siddi führten dazu, dass sich nach und nach die Aufmerksamkeit der indischen Regierung auf diese Bevölkerungsgruppe, die Jahrhunderte lang total vernachlässigt worden war, richtete. Staatliche Behörden schlossen sich dem Entwicklungsprozess mit eigenen Förderprogrammen an. Sie versorgten zum Beispiel einige der Siddi-Dörfer mit sauberem Trinkwasser und mit Elektrizität. Mit staatlicher Hilfe konnten zudem im Laufe der Zeit viele der primitiven Hütten durch feste Steinhäuser ersetzt werden, während Musterfarmen halfen, die Landwirtschaft zu optimieren.

2003 wurden die Siddi endlich offiziell registriert und Schritt für Schritt in die indische Gesellschaft integriert. Heute, mehr als dreißig Jahre nach meinem ersten Besuch, besuchen junge Siddi die Universität, die Ersten konnten bereits ihre Abschlüsse machen und setzen sich seither in bewundernswerter Weise selbst für die weitere Anerkennung und Integration ihrer ethnischen Gruppe ein. Es gibt Siddi, die im öffentlichen Dienst, als Sozialarbeiter oder als Mediziner arbeiten. Die Nachfahren ehemaliger afrikanischer Sklaven sind nach Hunderten von Jahren in der indischen Gesellschaft angekommen. Viele erfolgreiche Spitzensportler stammen aus den Reihen der Siddi, und Indien ist stolz auf sie.

Vor einigen Wochen erhielt ich einen Brief aus Karwar. Darin heißt es: »Die Siddi haben eine überaus erfolgreiche Entwicklung hinter sich gebracht. Dazu hat die Andheri-Hilfe den Samen gelegt, hat keine Mühe gescheut, damit die jungen Pflanzen wachsen und gedeihen können. Danke!«

Das Beispiel der Siddi zeigt, was für enorme Veränderungen sich in Indien in der jüngsten Vergangenheit vollzogen haben. Tatsächlich ist die Gesellschaft aber immer noch von starken sozialen Hierarchien geprägt. So ist beispielsweise das Kastenwesen seit 1949 offiziell abgeschafft, doch in der Gesellschaft werden immer noch die traditionellen sozialen Trennungslinien gezogen. Noch heute kommt es selbst in gebildeten Kreisen selten zu Hochzeiten zwischen Angehörigen unterschiedlicher Kasten.

Benachteiligt sind in besonderer Weise die sogenannten Dalit, denen man auch heute noch einen Platz außerhalb des Gesellschaftssystems zuweist. Bekannt sind sie auch als »Paria«, sie selbst lehnen diese Bezeichnung, die ursprünglich für eine niedere tamilische Kastengruppe galt, allerdings ab. Mahatma

Gandhi, der sich für die Auflösung des Kastensystems einsetzte, prägte für sie den Begriff Harijan, »Kinder Gottes«, doch die Betroffenen weisen auch diesen Namen zurück. Sie selbst nennen sich Dalit, um damit ihre Situation zu kennzeichnen, denn übersetzt heißt »Dalit« etwa »der Zerbrochene«, »der Vertriebene«, »der Niedergedrückte«. Der bei uns häufig gebrauchte Begriff »Kastenlose« ist unpräzise, da auch die Unberührbaren Kasten angehören, wenn auch niederen.

Die soziale Lage der Dalit ist zwar immer noch absolut inakzeptabel, hat sich aber im Vergleich zu früher wesentlich verbessert: Als Unreine durften sie früher auf der Erde keine Spuren hinterlassen; darum mussten sie stets einen Besen hinter sich herziehen, um jegliche Spuren zu verwischen. Auch war es Vorschrift, dass sie einen Spucknapf mit sich führten. Und weil schon ihr Schatten die Angehörigen höherer Kasten »beschmutzte«, mussten die Dalit sich von ihnen fernhalten oder durch Rufen oder lautes Klappern auf sich aufmerksam machen. Ein Dalit durfte nur die Kleidung eines Toten tragen, Schuhe waren ihm verboten. Auch war es ihm nicht erlaubt, sich mit einem Schirm vor der Sonne zu schützen, ebenso wenig wie einem Angehörigen einer höheren Kaste direkt ins Gesicht zu blicken.

Diese alten Regeln sind größtenteils überwunden. Und doch stehen die Dalit auch heute noch buchstäblich am Rande der Gesellschaft: Sie leben meist in abgesonderten Wohngebieten und dürfen nur die allgemein verachteten Berufe wie Leichenbestatter, Wäscher oder Toilettenreiniger ausüben. Auch alle Arbeiten, die mit dem Töten von Tieren und deren Weiterverarbeitung zu tun haben, wie zum Beispiel die Gerberei, sind ihnen vorbehalten.

Die Zahl der hinduistischen Dalit wird auf über 160 Millionen geschätzt, zusammen mit den muslimischen, buddhistischen und christlichen »Unberührbaren« (wenigen in Europa ist bekannt, dass auch viele Angehörige der letztgenannten Religionen dem Kastensystem verhaftet sind) zählen sie rund 240 Millionen und bilden damit fast ein Viertel der indischen Bevölkerung. Immer noch werden sie Opfer von Verfolgung und Gewalt. Besonders in ländlichen Gegenden, wo rund neunzig Prozent der Dalit leben, ist ihre Diskriminierung bis heute traurige Realität. Dort werden sie von Grundbesitzern als billige Arbeitskräfte ausgebeutet. Durch die schlechten hygienischen Verhältnisse ihrer armseligen Unterkünfte sind Krankheiten und Seuchen an der Tagesordnung. Und selbst der Besuch von Schulen wird den Kindern der Dalit oft vorenthalten. Wegen dieser zahlreichen Diskriminierungen gehören die Dalit zu den von unserer Andheri-Hilfe besonders geförderten Bevölkerungsgruppen in Indien.

Die zentralen Inhalte des Hinduismus sind der Glaube an die Wiedergeburt (Reinkarnation) und die Vorherbestimmtheit des Schicksals (Karma). Ziel eines Hindus ist daher die Führung eines gesetzestreuen Lebens, um in einer höheren Daseinsform wiedergeboren zu werden. Der Glaube an das Karma erlaubt es einem strenggläubigen Hindu nicht, sich gegen schlechte Zustände in seinem gegenwärtigen Leben zu wehren. Auf diese Weise verhindert das hinduistische Kastenwesen noch heute weithin die Etablierung von Chancengleichheit in der Gesellschaft. Dass dennoch Veränderungen möglich sind, zeigt das Beispiel des Dorfes Palamarnary.

Als ich 1985 dieses Dorf am fruchtbaren Delta des Cauvery-Flusses mit seinen rund 1200 Einwohnern zum ersten Mal besuchte, bestand es fast ausschließlich aus kleinen, baufälligen Hütten. Kurz zuvor war der Fluss über die Ufer getreten, und überall konnte ich die verheerenden Spuren der Überschwemmung erkennen.

Nicht zu übersehen war auch die gerade Straße, die mitten durch das Dorf verlief und den Ort in zwei Hälften teilte. Sie stellte, so erfuhr ich, offenbar eine unüberwindliche Grenze für die Bewohner dar. Denn auf der einen Seite wohnten 93 Familien der niederen Kaste der Pallars, auf der anderen Seite 37 Dalit-Familien. Das gesamte Dorf hielt sich an die Jahrtausende alten Vorschriften, nach denen zwischen diesen beiden Kasten kein Kontakt erlaubt war. Und das, obwohl beide Gruppen die Armut, den Hunger und die Angst vor der Zukunft teilten. Denn die fruchtbaren Felder ringsum gehörten weder der einen noch der anderen Dorfhälfte, sondern Großgrundbesitzern, die einer höheren Kaste angehörten. Etwa die Hälfte des Jahres arbeiteten die Dorfbewohner, gleich, ob von der linken oder von der rechten Seite der Straße, für diese »Landlords« und erhielten denselben Hungerlohn. Er reichte kaum zum Überleben der Familien und erlaubte erst recht keine Rücklagen für die übrige Zeit des Jahres, in der es keine Arbeit gab. Schulen suchte man in Palamarnary ebenso vergebens wie traditionelles Handwerk oder irgendeine andere Einkommensquelle.

Ich stand auf jener Dorfstraße und versuchte, mir vorzustellen, seit wie vielen Generationen die Menschen diese Grenze akzeptiert hatten, ohne sie auch nur ein einziges Mal zu hinterfragen. Was könnten die Menschen hier erreichen, dachte ich, wenn sie miteinander kooperierten, unabhängig davon, zu welcher Kaste sie gehören!

Gemeinsam mit unserem Projektpartner überlegten wir, wie die Sache anzupacken sei. Schließlich wurden zwei junge, aufgeschlossene Männer, ein Pallar und ein Dalit, zu Dorfhelfern ausgebildet. Ihre Aufgabe war es zunächst, die Familien auf ihrer jeweiligen Straßenseite zu besuchen und sie davon zu überzeugen, dass sie nur dann an ihrer Situation etwas ändern könnten, wenn sie sich zusammenschließen würden. Das war nicht leicht, traditionelles Verhalten aufzulösen ist stets ein langwieriger Prozess.

Allmählich gelang es ihnen jedoch, die Angehörigen beider Kasten zu abendlichen Treffen zusammenzubringen. Zum ersten Mal sprachen sie über ihre Not, erkannten, dass sie alle dieselben Probleme hatten mit den gleichen Ursachen. Nach einigen Wochen erklärten sich die Dorfbewohner bereit, sich gemeinsam für positive Veränderungen einzusetzen. Und genau mit dieser Entscheidung zur Zusammenarbeit setzte der eigentliche Entwicklungsprozess im »Dorf der teilenden Straße« ein.

Als ich drei Jahre später Palamarnary erneut besuchte, sah ich auf den ersten Blick, dass sich etwas verändert hatte. An der Stelle, wo die trennende Dorfstraße endete, hatten die Bewohner ein kleines Gemeindezentrum gebaut. Dort kamen tagsüber die Kinder beider Straßenseiten zum Unterricht zusammen, abends lernten da die Erwachsenen, während Jugendliche berufliche Förderung erhielten. Gemeinsam hatten sich die Bewohner bei der Regierung dafür eingesetzt, dass ihr Dorf mit Elektrizität versorgt wurde. Außerdem gab es jetzt einen gemeinsamen Brunnen, aus dem alle frisches Trinkwasser schöpften. Und, was kaum zu glauben war: Gemeinsam hatten sie bei den Großgrundbesitzern höhere Löhne durchgesetzt. Schon seit Jahren von beiden Kasten einzeln vorgetragen, war ihr Anliegen immer wieder abgelehnt worden. Dem gemeinsamen Druck aber konnten die Arbeitgeber jetzt nicht mehr standhalten.

Das Erlebnis im Dorf Palamarnary bleibt mir unvergessen: Über alle Unterschiede hinweg haben Menschen zueinander gefunden, und die Straße trennt heute nicht mehr. Selten passt das Motto der Andheri-Hilfe »Gemeinsam für mehr Menschlichkeit« so gut wie im Falle dieses Dorfes.

»Wir Adivasi brauchen unser Land. Ohne das Land sind wir nichts und niemand.«

Arm an Gütern – aber reich an Tradition: Adivasi-Frau

Das erklärte uns ein 55-jähriger Ureinwohner eines Dorfes in Andhra Pradesh. Die indigene Bevölkerung Indiens bezeichnet sich als »Adivasi«. »Adi« bedeutet *ursprünglich* und »vasi« *Bewohner*. Gegenwärtig leben etwa 84 Millionen Adivasi in Indien. Sie stellen 8,3 Prozent der Bevölkerung und umfassen insgesamt mehr als 577 eingetragene Gemeinschaften. Schon vor rund 3500 Jahren begann mit der Eroberung Indiens durch kriegerische Nomadenvölker aus Zentralasien, die sich »Arya«, die »Edlen«, nannten, die rassische Diskriminierung der Urbevölkerung. Sie wurde vertrieben, ausgegrenzt und unterdrückt. Mit Schaffung des Kastensystems, das die Adivasi gemeinsam mit den Dalit in die unterste Gruppe einstufte, war das Schicksal dieser Menschen vorgezeichnet. Heute leben neunzig Prozent der Adivasi unterhalb der Armutsgrenze, das heißt von weniger als einem Euro pro Tag.

Doch damit nicht genug. Von den höheren Kasten in entlegene Gebiete Indiens abgedrängt, konnten sie Jahrhunderte lang zwar ein überaus karges, jedoch relativ ungestörtes Leben führen. Bis man im vergangenen Jahrhundert erkannte, dass viele der Gebiete, in denen die Adivasi leben, über wertvolle Bodenschätze verfügen. So hat gerade in jüngster Geschichte die Gier nach Land, Energie und Bodenschätzen zu einer besonders resoluten Enteignung und Zwangsumsiedlung der indigenen Bevölkerungsgruppen geführt.

Denn obwohl die Adivasi seit Jahrhunderten auf derselben Scholle leben, gibt es keinen Eintrag in den Grundbüchern über ihr angestammtes Land. So verlieren sie oft ihre Heimat, und große Versprechungen über Entschädigungen werden entweder nur zum Teil oder gar nicht eingelöst. Was der Verlust des Landes für diese Menschen bedeutet, beschreibt das obige Zitat eindrucksvoll. Die Adivasi verlieren nicht nur ihr Land und ihr Einkommen, das ihnen der Wald schenkt, sondern ihre Kultur, ihre Heimat, die spirituelle Bindung an die Erde, die Bäume, das Wasser und die Tiere.

Genau das geschah in einer Adivasi-Siedlung in der Nähe von Hyderabad. Deren Bewohner mussten ihr Land wegen zunehmender Dürre verlassen. Rücksichtslose Unternehmer hatten die Wälder des wertvollen Holzes wegen gerodet. Dadurch geriet auch das Klima aus dem Gleichgewicht, der Regen blieb aus: Die Lebensgrundlage der Adivasi war zerstört. Die meisten zogen in die nahe Großstadt und verelendeten dort in den Slums.

»Wir lassen euch nicht allein!«, versicherte ich jenen, die ihr ödes Land nicht verlassen wollten. Wir halfen mit völlig neuen Bewässerungsprojekten. Diese machen sich den starken Monsunregen zunutze: Das herabstürzende Wasser wird durch Gräben, die den Höhenlinien folgen, aufgefangen, kanalisiert und auf die Felder geleitet. Auch der Grundwasserspiegel steigt durch das langsamere Abfließen des Regenwassers wieder kontinuierlich an. Abermals waren es die Frauen, die sich zu einer

Interessengruppe zusammenschlossen und ihr Schicksal selbst in die Hand nahmen. Das neue »Watershed management« – Wasserbewirtschaftungssystem – brachte Wasser auf die Felder und in die Dörfer zurück. Früher waren die Frauen mitunter bis zu sieben Stunden unterwegs, um 25 Liter Wasser heimzuschleppen. Heute verfügt jedes Dorf über einen Brunnen. Das verdorrte Land kam erneut zum Erblühen, und drei Ernten im Jahr machen es wieder möglich, hier zu leben, ja, zu überleben. Fast alle Stammesmitglieder sind seither aus den Slums in ihre Heimat zurückgekehrt.

In Gujarat im Nordwesten Indiens waren es dagegen behördliche Bestimmungen, welche die Adivasi aus ihren angestammten Waldgebieten zu verdrängen drohten. 2002 erließ die indische Forstbehörde ein für alle Bundesstaaten gültiges Dekret, das die Ausweisung von Adivasi aus Forstgebieten vorsah, wenn sie ihren Eigentumsanspruch nicht belegen konnten. Damit waren rund eine Million Adivasi von der Vertreibung bedroht. Es schien, als bliebe ihnen nur ein Schicksal in den Slums der großen Städte. Wir finanzierten die gute Arbeit einer Partnerorganisation, um den Widerstand der Adivasi zu stärken. In einem zähen Rechtsstreit, der Jahre dauerte, siegten schließlich die Stammesangehörigen. Sie verloren ihre Heimat nicht, gewannen im Kampf sogar etwas Entscheidendes hinzu: Selbstvertrauen und das Wissen um ihre Rechte.

Auch durch den geplanten Bau des großen Polavaram-Staudamms in Andhra Pradesh sind derzeit mehr als 100 000 Adivasi von der Zwangsumsiedlung bedroht. Dieser gigantische Staudammkomplex gilt dem erwachenden Indien als Vorzeigeprojekt, das den Übergang des Landes in die Moderne symbolisieren soll. Wir hatten in der Region seit Jahren die Bevölkerung in 120 Dörfern durch erfolgreiche Entwicklungsprojekte gefördert. Gesundheitsprogramme, Einkommen schaffende Maßnahmen und Bildungsinitiativen hatten die Lebenssitua-

Adivasi: Frauen sind die Ersten beim Fortschritt

tion von ungefähr 6000 Familien wesentlich verbessert. Und nun sollte dieser Lebensraum durch den Bau des Staudamms zerstört werden!

Gemeinsam mit anderen regierungsunabhängigen Institutionen unterstützten wir die Adivasi in ihrem berechtigten Protest. Ich war selbst Zeugin eines beeindruckenden Marsches mit anschließender Kundgebung. Ausdrucksstark kämpften die Adivasi um ihre Heimat: »Lieber sterben als unser Land verlassen!«, war die Botschaft all ihrer Ansprachen, Lieder und Parolen. Zum Abschluss jener eindrucksvollen Veranstaltung wurde ich um ein Wort gebeten. Ich hatte zwar das Gefühl, dass alles gesagt war und dass ich es niemals so authentisch wie die Adivasi selbst ausdrücken konnte. Doch ich wollte ihre Bitte nicht abschlagen und ergriff das Mikrofon. Vorher bückte ich mich und nahm eine Handvoll Erde auf.

»Ihr kämpft für eure Erde«, sagte ich zu den Tausenden von Adivasi. »Diese eure Erde in meinen Händen nehme ich mit nach Deutschland. Sie wird mich immer an euch und euren Kampf um euer Land erinnern. Und ich hoffe und bete darum, dass eure Erde euch nicht genommen wird.«

Der Anführer der Adivasi, eine stimmgewaltige und imposante Erscheinung, wollte meine Botschaft übersetzen. Aber es dauerte etwa eine Minute, bis er dazu fähig war. So gerührt war er, dass ihm die Tränen über die Wangen liefen. Die Menschen verstanden meine symbolische Handlung: Sie spürten, wie sehr ich mich ihnen verbunden fühlte.

Die Handvoll Erde nahm ich tatsächlich mit nach Hause. Auf meiner Fensterbank stehen noch heute zwei Agavenableger, zur selben Zeit gepflanzt und unter den gleichen Wachstumsbedingungen: die eine in deutsche Erde, die andere in die Erde aus Andhra Pradesh gepflanzt. Und siehe da: Die Agave in der indischen Erde wächst und gedeiht bedeutend besser als die in der einheimischen Erde. Ich nehme das als ein hoffnungsvolles Zeichen, nämlich dass die Adivasi ebenso stark sind, wie es die kleine Pflanze ausdrückt: stark genug, um den Kampf um ihre Erde zu gewinnen!

Der Streit um das überdimensionierte Staudammprojekt ist noch nicht entschieden, der Kampf um die Rechte der Adivasi geht weiter, ebenso die politischen Auseinandersetzungen.

Auch die Frage nach dem weiteren Ausbau des riesigen Sordar-Sarowar-Stauwerks am Narmada-Fluss ist noch offen. Doch wir alle hegen berechtigte Hoffnung, dass es nicht zum Bau dieses Monstrums kommen wird. Erhebliche Mängel in der Planung, vor allem aber der andauernde öffentliche Druck haben inzwischen dafür gesorgt, dass sich internationale Geldgeber aus dem Projekt zurückgezogen haben. Allerdings gibt es noch viele andere Orte, an denen es nötig ist, die Adivasi zu unterstützen. Wir werden auch sie nicht im Stich lassen.

Glücklicherweise findet in Indien seit einigen Jahren ein Umdenken statt. In Form besonderer Forstgesetze ist die Bedeutung des Waldes für die Adivasi festgeschrieben worden. Der wichtige Beitrag, den die Ureinwohner zur Bewahrung der Wälder leisten, wurde anerkannt. Dennoch stellt es für die Adivasi eine große Herausforderung dar, diese Rechte tatsächlich in Anspruch zu nehmen und wirksam zu verteidigen, denn der Druck, der von der wirtschaftlichen Expansion ausgeht, ist enorm und nimmt stetig zu.

So beschreiben die Adivasi von der Jharkhandi Organisation for Human Rights in ihrem Manifest ihre Situation folgendermaßen: »Wir wissen, dass es schon spät ist. Aber wir glauben, dass noch Zeit bleibt, um wenigstens einige unserer Werte und Erfahrungen zu retten. Schließlich ist diese Erde für uns alle da.«

Kapitel Zwanzig

# Wissen ist Macht

Es gibt nur eines, was auf Dauer teurer ist als Bildung: keine Bildung.
*John F. Kennedy*

Unter den Hunderten von Weihnachtsgrüßen, die mich alljährlich erreichen, fehlt nie ein handgeschriebener Brief von Schwester Tessy, einer Ordensschwester aus Kerala, Südindien. So auch Weihnachten 2011. Sie schreibt: »Aus dem Nichts haben wir mit Ihrer Hilfe die Pratheeksha-Bhavan-Schule (›Haus der Hoffnung‹) aufgebaut. Heute ist diese Einrichtung wie ein strahlender Stern am Himmel. Vor mehr als dreißig Jahren haben Sie uns vertraut – heute können Sie mit uns glücklich und zufrieden sein.«

Obwohl seither Tausende von Projektanträgen über meinen Schreibtisch gingen, erinnere ich mich gut an diese Anfrage aus Pynkulam. Die Schwestern berichteten von den vielen geistig behinderten Kindern in ihrer Region, die oft ohne jede Förderung in ihren Familien dahinvegetierten oder gar als Bettler ihr Leben fristen mussten. Für diese spezielle Kindergruppe planten sie eine Schule mit angeschlossenem Wohnheim. Ich lehnte unsere finanzielle Hilfe ab mit der Begründung: »Trennen Sie diese Kinder nicht von ihren Familien. Gerade sie bedürfen auf Grund ihrer Behinderung in ganz besonderer Weise der Nähe und Zuwendung ihrer Familie.« Aber die motivierten Schwestern ließen nicht nach. Nach einem langen Dialog fanden wir schließlich gemeinsam die Lösung, die diesen geistig behinderten Kindern gerecht wurde: Durch den gezielten Beitrag eines Spenders konnten wir 50 000 D-Mark für den Bau einer kleinen schulischen Einrichtung überweisen. Voraussetzung dafür aber war, dass ein Bus die Kinder täglich von zuhause abholen und nach dem Unterricht wieder nach Hause bringen würde. Auch diese Kosten übernahmen wir.

Alles begann damals mit einer kleinen Kindergruppe und einer einmaligen Förderung durch uns. Es war eine ausgesprochen gute Investition: Heute gehört diese Schule zu einer der renommiertesten ihrer Art in Kerala. Sie wurde von den indischen Behörden anerkannt und seither finanziell unterstützt. Besonders erfreulich ist, dass die Eltern sowie das Umfeld der Kinder in alle Aktionen mit einbezogen sind. Heute erhalten in Pratheeksha Bhavan 171 Kinder so weit wie möglich Unterricht in normalen Schulfächern und werden darüber hinaus zur Selbstständigkeit angeleitet. So können sie sich im alltäglichen Leben selbst versorgen und sind in der Lage, sich mit einfachen Tätigkeiten ihren Lebensunterhalt zu verdienen.

In ihrem Weihnachtsbrief 2011 berichtete Schwester Tessy voller Stolz: »Eine unserer Schülerinnen, die 18-jährige Dhanyamol, durfte in diesem Jahr an den Paralympics in Griechenland teilnehmen. Sie kam zurück mit zwei Gold- und einer Silbermedaille im 400-Meter-Lauf und in Badminton. Die vielen Feiern in unserer Schule, im Ort, in Kerala und im ganzen Land konnte sie kaum verkraften – aber sie ist glücklich.«

Solche Projekte, die die Bildung zum Inhalt haben, sind mir ein ganz persönliches Anliegen. Es ist kein Zufall, dass in all unseren Vorhaben im Bereich der Entwicklungszusammenarbeit das Thema Bildung integriert ist, ob es um die klassische Form der Schulbildung oder Berufsausbildung geht, um nichtformale Bildung oder auch um die so wichtige Bewusstseinsbildung. Denn ein Mensch hat nur dann eine tragfähige Zu-

Geistig behindertes junges Mädchen: stolze Gewinnerin bei den Paralympics

kunft, wenn er Zugang zur Bildung hat. Und damit ist nicht bloß die reine Wissensvermittlung gemeint, sondern auch die »Aus«-Bildung von Werten.

So darf ich es oft in deutschen Schulen erleben. Anfang 2011 kontaktierte mich zum Beispiel eine Lehrerin eines Kölner Berufskollegs: »Unsere Schülerinnen und Schüler wollen etwas für junge Menschen in Indien tun, denen Bildungschancen, wie sie hier angeboten werden, vorenthalten sind. Wollen Sie ihnen darüber berichten?«

Ich sagte gern zu und stand wenige Wochen später vor einigen hundert Menschen im Alter von 16 bis 25 Jahren – und zwar in der Nachfolgeschule der kaufmännischen Bildungseinrichtung, in der ich selbst viele Jahre als Religionslehrerin unterrichtet hatte. Ein wenig Wehmut erfasste mich schon: Wie sehr habe ich meinen Beruf geliebt, wie gern mit jungen Menschen über Lebensfragen und Lebenssinn diskutiert. Aber die kontinuierlich wachsende Andheri-Hilfe brauchte mich ganz.

Jetzt aber freute ich mich: Ich war wieder mitten unter jungen Menschen, die mir konzentriert und aufmerksam zuhörten, als ich von der Situation benachteiligter Jugendlicher in Indien berichtete, von den Kinderarbeitern in den Steinbrüchen, in den Streichholzfabriken und in den Werken zur Herstellung von Feuerwerkskörpern. Von den vielen Straßenkindern, die ein menschenunwürdiges Dasein in der Obdachlosigkeit fristen. Aber ich erzählte ihnen auch von den unglaublichen Erfolgen, die unsere intensive Zusammenarbeit mit einheimischen Partnern verzeichnet, und davon, dass die indische Regierung mittlerweile Hunderte von Dörfern als »frei von Kinderarbeit« erklären konnte – nicht zuletzt dank der Hilfe deutscher Freunde.

»Inzwischen hat durch gezielte Förderung eine große Zahl von Kindern ihren Schulabschluss geschafft«, erklärte ich den Schülerinnen und Schülern, »allein im Gebiet von Madurai sind es fast 4000. ›Aber was geschieht nun?‹, fragten mich viele der Absolventen nach dem Abschluss. ›Müssen wir jetzt wieder auf die Straße? In die Fabrik oder in den Steinbruch?‹ Eine Berufsausbildung war ihr großer Traum. Nur wie konnte ich ihnen helfen, ihn zu verwirklichen?«

Ganz überraschend wurde dieser Traum Wirklichkeit: Im Dezember 2002 erhielt ich im Rahmen der von Thomas Gottschalk moderierten Spendengala der BILD-hilft-Stiftung »Ein Herz für Kinder« den Preis »Das goldene Herz«, der mit 150 000 Euro dotiert war. Diese herrlich große Summe reichte genau, um ein Ausbildungszentrum für chancenlose Jugendliche zu errichten. Unser Partner, die Madurai Multipurpose Social Society, und die begeisterten jungen Menschen wollten der Schule unbedingt meinen Namen geben, aber das lehnte ich ab und bat stattdessen um die Bezeichnung »Pon Idayam«, das heißt »Golden Heart Centre«. Und so geschah es. Erst bei einem späteren Besuch erfuhr ich von dem Streich, den mir meine Freun-

Berufsausbildung sichert Zukunft

de gespielt hatten: Sie tauften das gesamte Einzugsgebiet ringsum »Rosi-Village«.

Das »Golden Heart Centre« wurde in den ersten sieben Jahren nach seiner Fertigstellung schon zum Segen für 721 Jungen und Mädchen. In einjährigen Kursen werden die jungen Menschen als Schweißer und Dreher, in Diesel-, Zwei- und Vierradmechanik ausgebildet sowie als Näherinnen oder als Bürokräfte mit Computerfachkenntnissen. Firmen aus der Umgebung helfen bei der Erstellung des Schulungsprogramms und bieten Praktika für die Lehrlinge an. Das Ausbildungszentrum hat inzwischen der guten Leistungen wegen die Anerkennung als »Industrial School« vonseiten der Regierung erhalten.

»Sehen Sie hier, Frau Gollmann, das ist mein Zeugnis!«, rief mir voller Begeisterung der 19-jährige Ajub zu. »Dieses Stück Papier ist das wichtigste, das ich je in meinen Händen gehalten habe: Jetzt werde ich einen Arbeitsplatz finden und jemand sein.« Und tatsächlich finden fast alle Schüler nach Abschluss ihrer Ausbildung eine Anstellung oder machen sich mit einer kleinen Werkstatt in ihrem Dorf selbständig.

Beim Treffen mit den Eltern konnte ich nur mit Mühe verhindern, dass sie sich aus Dankbarkeit vor mir zu Boden warfen. Doch bald hatten wir »auf gleicher Augenhöhe« zueinander gefunden. Sie ließen sich ermutigen, auch für die Schul- und Berufsausbildung ihrer anderen Kinder alles ihnen Mögliche zu tun.

»Für die ersten vier Jahre hat ›Ein Herz für Kinder‹ die laufenden Kosten für das ›Golden Heart Centre‹ in Höhe von 50 000 Euro pro Jahr übernommen«, erklärte ich den Kölner Schülern. »Seitdem sind die Menschen vor Ort und, für eine gewisse Zeit, die Andheri-Hilfe gefordert.«

»Da machen wir mit!«, entschieden meine Zuhörer und hatten die Idee, einen Sponsorenlauf zu organisieren. Freunde, Verwandte und Arbeitgeber zahlten für jeden von ihnen gelaufenen Kilometer. So kam die stattliche Summe von rund 10 000 Euro zusammen – was angesichts des enormen Einsatzes der Schülerinnen und Schüler kein Wunder ist: Auf selbst entworfenen Postern nannten sie neben ihrem Foto jeweils ihre persönliche Motivation. So schrieb zum Beispiel Adriano, der es auf 36 gelaufene Kilometer brachte: »Ich laufe, weil ich dadurch etwas bewegen kann!«

Erstaunliches bewegt hat auch unser indischer Partner: Der Betrag der Kölner Schule war der letzte Zuschuss, den unsere Andheri-Hilfe für das »Golden-Heart-Centre« beisteuern musste. Inzwischen steht das Ausbildungszentrum auf eigenen Füßen, nicht zuletzt durch den Beitrag der Menschen vor Ort und die Förderung durch ehemalige Auszubildende.

Der Leiter der Kölner Schule brachte bei der Scheckübergabe den Auftrag aller Schulen auf den Punkt: »Unser Bildungsauftrag fordert auch die Entwicklung durchdachter Wertvorstellungen und die selbstbestimmte Bindung an Werte, dazu die Entwicklung sozialer Verantwortung und Solidarität in der Offenheit für die Kernprobleme unserer Zeit.«

Ich musste an die PISA-Studie, das »Programme for International Student Assessment«, aus dem Jahr 2000 denken. Das Ergebnis jener Untersuchung, der sich alle drei Jahre 68 Länder unterziehen, war für Deutschland schockierend: Unsere Schüler kamen mit ihren Leistungen schlecht weg. In den Folgejahren wurde deshalb viel unternommen, um das Leistungsniveau an unseren Schulen anzuheben.

Aber ist Bildung lediglich eine Wissensvermittlung, die sich in Form von Leistungen messen lässt? Drückt nicht schon das Wort »Bildung« aus, dass es auch darum geht, etwas zu bilden, in Form zu bringen? Das »Material« ist schon da. Es bedarf noch der Formung, der Gestaltung. Heute geht es beim Bildungsauftrag mehr denn je darum, neben solidem Wissen auch Werte zu vermitteln. Waren es früher vorwiegend Elternhaus und Kirche, die den Kindern und Jugendlichen menschliche Werte mit auf den Weg gaben, so sind mittlerweile in besonderer Weise die Schulen gefordert.

Ein Beispiel, welche Bereicherung ein solcher sozialer Einsatz sein kann, erlebte ich erst kürzlich an einer Hauptschule in der Bonner Gegend. Mädchen und Jungen sammelten weit über 1000 € für die Heilung blinder Kinder in Bangladesch. Auf dem Parkplatz eines großen Einkaufszentrums sprachen sie fremde Menschen an, berichteten von der Not blinder Kinder und hielten ihre Sammelbüchsen hin. Dazu gehört Mut, denn nicht jeder Passant reagiert freundlich auf diese Bitte.

Als ich wenig später den Spendenscheck in Empfang nehmen durfte, dankte ich ihnen im Namen all jener blinden Menschen – und ich nannte die genaue Zahl –, die nun dank ihrer Aktion bald würden sehen können.

»Ich selbst habe aber auch etwas davon gehabt«, sagte mir ein Vierzehnjähriger.

»Wieso?«, fragte ich, »hast du etwa Prozente von deinem Sammelergebnis bekommen?«

Er lachte zuerst und schüttelte den Kopf. Dann wurde er ernst: »Ich bin ja ›nur‹ ein Hauptschüler, und das lässt man mich überall spüren. ›Du kannst nichts! Du wirst nichts!‹ Und jetzt«, so fuhr er stolz fort, »habe ich zum ersten Mal erlebt: Ich kann doch etwas – das habe ich mir und anderen bewiesen.«

Bildung im umfassenden Sinn als Wissens- und Wertevermittlung baut auf, stärkt das Selbstvertrauen – hier und auch in den Entwicklungsländern.

Besonderes Selbstvertrauen brauchen aber auch Menschen, die körperlich oder geistig nicht mit denselben Fähigkeiten ausgestattet wurden wie wir. Von all unseren Zielgruppen sind sie es, die am verletzlichsten und am meisten gefährdet sind. Für ihre Familien sind sie in Indien häufig noch ein Stigma, eine Schande, eine Strafe der Götter, die man klaglos hinnehmen muss – was übrigens bis vor wenigen Jahrzehnten in Deutschland nicht viel anders war. Sie werden versteckt oder sich selbst überlassen. Unsere indischen Partner sprechen nicht von Menschen mit Behinderungen, sondern nennen sie »Menschen mit anderen Fähigkeiten«. Den Betroffenen selbst, ihren Familien und ihrem Umfeld diese besonderen Fähigkeiten bewusst zu machen ist eine der wichtigsten »Bildungs«-Aufgaben bei dieser Zielgruppe; darauf aufbauend setzt dann die Förderung ein.

1987 führte eine kleine Begegnung in Bangladesch zu einem Bildungsprojekt, das sich später als überaus segensreich erweisen sollte: In einem Nutrition-Centre, einem Ernährungszentrum für Kinder unter fünf Jahren in Chittagong, versuchte ich, mich mit einem kleinen Jungen anzufreunden – vergeblich. Er sah mich nur aus seinen großen, dunklen Augen an und zeigte sonst keinerlei Reaktion.

»Was ist mit diesem Kind?«, fragte ich. Und erfuhr, dass der Kleine hörgeschädigt sei. Er war völlig taub und hatte darum auch nie sprechen gelernt.

»Gibt es viele solcher Kinder?«, fragte ich weiter. »Und was wird für sie getan?«

Nicht einmal dem HNO-Spezialisten Professor Nurul Amin, den ich vom Vorstand der Nationalen Vereinigung für die Blinden kannte, war die Zahl der Hörgeschädigten in Bangladesch bekannt.

»Von diesen ›Stillen‹ gibt es unendlich viele«, sagte er mir. »Wie gern würde ich mich für ihre Förderung einsetzen.«

Ich ermutigte ihn, und so kam es bald zur Gründung von SAHIC, der Society for Assistance to Hearing Impaired Children.

Zwei Jahre später unterschrieb ich die Zusicherung unserer Andheri-Hilfe, in der Hauptstadt Dhaka ein »Nationales Zentrum für Gehör und Sprache von Kindern« zu finanzieren. Die Regierung von Bangladesch stellte kostenlos das Bauland zur Verfügung, und im Februar 1992 durfte ich in Anwesenheit des Premierministers die feierliche Einweihung erleben.

Was damals ein bescheidener Anfang mit einem kleinen Team von Fachleuten und zuerst nur wenigen Patienten war, ist heute ein Zentrum, in dem sechzehn HNO-Ärzte täglich etwa 350 Patienten behandeln. Inzwischen musste der Bau aufgestockt werden, um den vielen Hilfesuchenden gerecht zu werden. Patienten aus den ärmsten Schichten werden bevorzugt und kostenlos behandelt, oder sie tragen – entsprechend ihren Möglichkeiten – einen kleinen Teil der Kosten selbst. Bis heute hat sich das Zentrum für eine Million Menschen als Segen erwiesen.

Den Menschen medizinisch zu helfen ist das eine, doch ihnen entsprechend ihren Fähigkeiten auch Bildung zukommen zu lassen ist ein noch weiter reichender Schritt zu ihrer Förde-

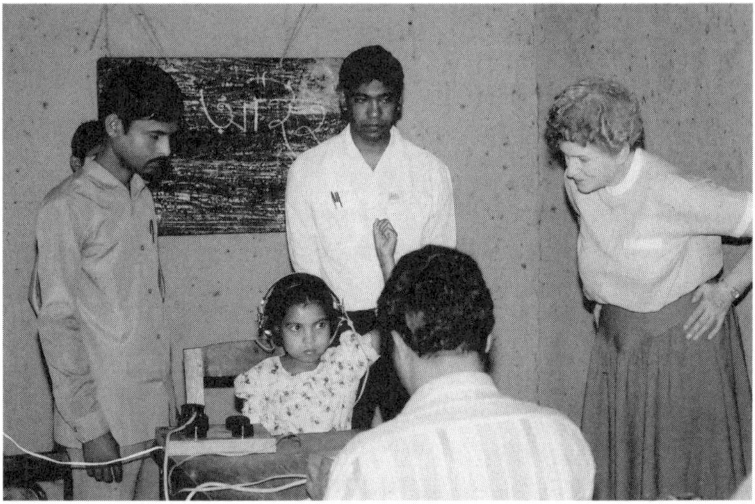

Hörtest am Anfang einer neuen Welt für Taubstumme

rung. Darum sagte unsere Andheri-Hilfe 1993 Ja zu einer dem Zentrum angeschlossenen Vorschule für hör- und sprachgeschädigte Kinder bis zum Alter von sieben Jahren. Ich habe selbst erlebt, mit welcher Liebe und Geduld die professionellen Methoden zur Förderung dieser taubstummen Kleinen angewendet werden, mittlerweile an mehr als 3000 Kindern. Die meisten von ihnen schaffen den Übergang in reguläre Schulen, sie legen den Abschluss ab, und einige von ihnen konnten inzwischen sogar ein Universitätsstudium absolvieren.

Ein weiterer wichtiger Schritt für die Gehörgeschädigten war 1999 die Errichtung eines Hospitals, das dem Ambulanz-Zentrum angegliedert wurde. Mehr als 26 000 Patienten konnten dort behandelt und operiert werden, viele von ihnen kostenlos.

Ähnlich wie bei der Blindenhilfe Bangladesch widmet sich die SAHIC mit mobilen »Ear Camps« auch den Armen in den Dörfern, die nicht die Möglichkeit haben, in das weit entfernte

Zentrum zu kommen. Weit über sein Pensionierungsalter hinaus widmet sich Professor Amin ganz dieser Arbeit, die seine Lebensaufgabe geworden ist.

1996 wandte sich ein Professor der Physik an der Universität im indischen Tiruchirappalli namens Emanuel Prabakar an mich, der bereits eine interessante Geschichte hinter sich hatte. Als man dort einen neuen Lehrstuhl für das Fach »Wissenschaft der Rehabilitation von Menschen mit Behinderungen« einrichten wollte, gab es für das Amt keinen Bewerber, denn wissenschaftliche Forschung auf diesem Gebiet war damals absolutes Neuland. Aber Professor Prabakar, dessen Vater bereits mit Augenkranken und Blinden gearbeitet hatte, fühlte sich von dem neuen Fachgebiet angesprochen. Er absolvierte ein entsprechendes Studium in den USA und übernahm nach seiner Rückkehr den vakanten Lehrstuhl in Tiruchirappalli. Nun lehrte er die Rehabilitation behinderter Menschen. Seine Studenten jedoch hielten die Wiedereingliederung Behinderter in ihr soziales Umfeld für vollkommen unmöglich. Tatsächlich galt in Indien bis ins Jahr 1985 die Unterbringung von Behinderten in speziellen Einrichtungen – und solche gab es in Indien nur wenige – als einzige Lösung.

»Wenn man mir nicht glaubt, wenn ich es *lehre*«, sagte Professor Prabakar, »dann wird man mir glauben, wenn ich es *tue*.« So kam es, dass Emanuel Prabakar 1996 seine beiden Professuren – der Physik und der Rehabilitation – aufgab und eine Organisation gründete, die sich ganz der praktischen Rehabilitation von behinderten Menschen widmete.

Seine erste Anfrage erreichte mich noch im selben Jahr: »Kann die Andheri-Hilfe ein Haus finanzieren, in dem wir hörgeschädigte (taubstumme) Kinder bereits im frühen Alter so fördern, dass sie in normale Schulen integriert werden können?«

Da war sie wieder: die Trennung der Kinder von ihren Familien, wenn auch in diesem Fall nur für begrenzte Zeit. In einem intensiven und bald freundschaftlichen Dialog einigten wir uns darauf, statt eines Heims ein Zentrum zu schaffen, in dem sich die Kinder nur tagsüber aufhielten, um abends zu ihren Familien zurückzukehren. Diejenigen Kinder, deren Familien zu weit entfernt wohnten, verbrachten zumindest die Wochenenden bei ihren Eltern. Das Experiment gelang: Fast alle hörgeschädigten und infolgedessen auch sprachbehinderten Kinder, die über einen Zeitraum von ein bis zwei Jahren in dem Zentrum gefördert wurden, schafften den Einstieg in die regulären Schulen. Emanuel Prabakar lieferte den Beweis, dass es möglich war, innerhalb kurzer Zeit hörgeschädigte Kinder in ihre Umwelt zu integrieren.

Diese ersten Erfolge von Emanuel Prabakar ermutigten zu weiteren Schritten: Finanziell von der Andheri-Hilfe getragen, nahm er sich in den folgenden Jahren vieler Menschen mit verschiedensten Behinderungen an. Er arbeitete mit körperlich und geistig behinderten Kindern, darunter Autisten, und zwar mit so überwältigendem Erfolg, dass seine Methoden und seine Erfahrungen von vielen Initiativen – seien es Einzelpersonen oder Organisationen – und sogar von der indischen Regierung übernommen wurden.

Ich war oft mit Professor Prabakar bei den Menschen, die er und sein tüchtiges Team betreuten, und dabei begegnete ich den erschütterndsten Schicksalen: Da war zum Beispiel ein geistig stark behinderter Junge, dessen Betreuung für seine mittellosen Eltern ein unlösbares Problem darstellte. Um zu überleben, arbeiteten beide im Tagelohn als Feldarbeiter. Aber wie sollten sie den behinderten Jungen beaufsichtigen? Sie wussten sich nicht anders zu helfen, als ihren Sohn im Stall buchstäblich anzuketten wie ein Tier – und so verhielt sich das Kind schließlich auch. Als Professor Prabakars Team diesen

Jungen entdeckte, konnte er nur tierische Laute von sich geben. Mit größter Geduld und liebevoller Zuwendung schafften es unsere Freunde, den Jungen von seinen Fesseln zu lösen und ihn Schritt für Schritt in ein menschliches Leben zurückzuführen.

Tief berührt hat mich auch das Schicksal eines fünfzehnjährigen Mädchens, das – körperlich und geistig behindert, blind und taubstumm – von seinen verzweifelten Eltern im Wald ausgesetzt worden war. Ohne Kleidung und ohne jegliche fremde Hilfe überlebte es. Nach seiner Rückkehr in die Familie erlebte ich staunend mit, wie dieses »verwilderte« Kind – obwohl man es nicht von seinen Behinderungen heilen konnte – nach und nach ein annähernd normales Leben führen konnte: Ich sah es bei der selbständigen Körperpflege und beim Gemüseschneiden und konnte beobachten, wie es tastend die ersten Buchstaben und Zahlen lernte.

Ich werde auch nie meinen kleinen Freund Sathesh Kumar vergessen. Seine Füße waren total verdreht gewachsen, so dass sie zum Gehen nicht zu gebrauchen waren. Und dennoch spielte der mutige kleine Kerl auf den Fußgelenken balancierend mit Begeisterung Fußball. Ärzte räumten ihm wegen der daraus resultierenden Beeinträchtigung des gesamten Körpers nur eine kurze Lebensdauer ein. »Kann man ihm nicht operativ helfen?«, fragte ich. Und ich erfuhr, dass mehrere Eingriffe hintereinander erfolgversprechend wären. Für mich war es keine Frage, dass unsere Andheri-Hilfe hier helfen musste. Nach der ersten gelungenen Operation stand ich an Satheshs Krankenbett. Wenig später sollte der zweite operative Eingriff erfolgen. Aber Sathesh lief aus Angst davon. Beim nächsten Indienbesuch versuchte ich, ihn zu den weiteren vier bis fünf notwendigen Operationen zu ermutigen: »Wenn du keine Operationen mehr machen willst, dann werden dich deine Füße nie tragen. Bist du aber mutig und stehst alle durch, kannst du nicht nur

Sathesh: Inzwischen sind seine verkrüppelten Füße geheilt

bald richtig Fußball spielen, sondern auch Fahrrad fahren. Dann bekommst du auch noch ein eigenes Fahrrad von mir.«

Und tatsächlich: Mit der Aussicht auf ein eigenes Fahrrad gelang es ihm, seine Angst zu überwinden. Monate später konnte Sathesh zur Schule gehen – und sogar den Weg dorthin stolz mit seinem Fahrrad zurücklegen, das ich dem überglücklichen Jungen persönlich übergab. Von den vielen Operationsnarben abgesehen sind seine Füße heute fast normal. Die Schule hat er inzwischen abgeschlossen, und erst kürzlich erfuhr ich, dass sich Sathesh an einem polytechnischen College eingeschrieben hat, um Computertechnik zu studieren.

Aus Erfolgen wie diesen erwächst eine spürbare positive Energie, die auch das gesamte Umfeld der Behinderten verändert: Überall in den Dörfern bieten neuerdings Nachbarn ihre Hilfe an, bilden sich Gruppen, die in ihrem Dorf Mitverantwortung für die »Menschen mit anderen Fähigkeiten« übernehmen, öffnen sich Schulen dort, wo zuvor die behinderten

Menschen ausgegrenzt waren und ihre Eltern in ihrer schwierigen Situation allein gelassen wurden.

Das Zauberwort lautet »community-based rehabilitation« (CBR) – auf Gemeinschaft basierende Rehabilitation. Sie ist der Schlüssel zu all den unglaublichen Veränderungen: Der behinderte Mensch gilt nicht mehr als ein belastender Außenseiter, sondern er wird mit seinen spezifischen Fähigkeiten als Teil der Gemeinschaft anerkannt.

Staunend trat ich zu einem Verkaufsstand, in dem vier junge Menschen ihre »anderen« Fähigkeiten einsetzten: Ein Blinder übernahm die Aufgaben, die der Taubstumme nicht leisten konnte, die geistig Behinderte tat das, was der Körperbehinderte nicht schaffte – und so ergänzten sie sich gegenseitig. Das Ergebnis war ein gut funktionierender Laden mit arbeitsfähigen Verkäufern und zufriedenen Kunden!

Für Menschen, die so etwas noch nicht mit eigenen Augen gesehen haben und die ungeheuren Veränderungen nicht selbst mit erleben durften, die möglich sind, mag das alles klingen wie ein Märchen aus 1001 Nacht. Aus vielen 1001 Nächten im wahrsten Sinne des Wortes sind viele tausende helle Tage geworden mit hoffnungsvollen Lebenschancen für früher missachtete und ausgegrenzte Menschen mit Behinderungen. Die Geschichten von Emanuel Prabakar und Professor Amin sind für mich der sichere Beweis dafür, dass ein einzelner Mensch die Welt ein Stück verändern kann, wenn er das Unmögliche wagt in unserer gemeinsamen Welt für alle.

Darüber hinaus erreichte unser Freund Prabakar sogar eine neue gesetzliche Verfügung, die früher undenkbar gewesen wäre: »Alle Kinder mit Behinderungen haben ein Recht auf Aufnahme in die örtlichen Regelschulen!«

Bei unserer letzten Begegnung fragte ich Emanuel Prabakar: »Sie haben damals Ihren sicheren Professorenposten aufgegeben. Wie denken Sie heute darüber?« Und er gab mir zur Antwort: »Ich habe es nie bereut. Seither konnte ich 45 000 Menschen mit Behinderungen erreichen, die Hälfte davon Kinder. Das ist für mich eine unbeschreibliche Freude. Man stuft sie nicht mehr als nutzlos oder gar als Belastung ein, sondern sie werden gefördert und von der Gesellschaft akzeptiert. Sie führen ein menschenwürdiges Leben, gehen zur Schule, erlernen einen Beruf, heiraten und freuen sich an ihren gesunden Kindern. Und es ist kaum zu glauben: Einige von ihnen arbeiten heute als Lehrer, Rechtsanwälte und Notare, andere wurden Computer-Spezialisten oder unterrichten als Professoren an Universitäten. Es hat sich also gelohnt, nicht wahr?«

Könnte es ein überzeugenderes Beispiel dafür geben, wie wichtig Bildung für jeden Menschen ist, ganz gleich, wo und unter welchen Bedingungen er lebt? Eine gute Ausbildung ist nicht nur die Voraussetzung dafür, dass der »Mensch mit besonderen Fähigkeiten« in der Lage ist, für sein Auskommen selbst zu sorgen. Sie ist für ihn gleichzeitig der Schlüssel zum Selbstwertgefühl. Auch hier treffen wir wieder auf das Wort »Wert«. Denn reines Wissen ohne Werte führt in eine herzlose und unmenschliche Welt.

Kapitel Einundzwanzig

# Wenn die Erde unterzugehen scheint

Gott hat den Menschen die Liebe gegeben,
damit sie einander und die ganze Welt tragen.
*Sándor Márai*

Im Winter 2004/2005 bin ich wieder einmal in Indien unterwegs, zusammen mit Franz Alt und einem Fernsehteam. Auf unserem Programm stehen der Besuch mehrerer Leprastationen im nordöstlichen Indien sowie Professor Prabakars erfolgreiche Programme im südindischen Tamil Nadu. Der Reiseplan steht, die Flüge sind gebucht, die Partner informiert. Auch meine indische Adoptivtochter Maryann ist mit dabei. Alles ist bestens vorbereitet, und ich freue mich wie immer auf die Begegnungen mit den Menschen, die durch die Zusammenarbeit für mich nicht mehr Fremde, sondern Freunde sind.

Doch dann kommt alles anders: Am frühen Morgen des 26. Dezembers 2004 – wir sind in Bhubaneswar, der Hauptstadt des nordöstlichen Bundesstaates Orissa – werden wir von heftigen Erschütterungen geweckt. Ein Erdbeben, so nehmen wir an, und es ist bald wieder vorüber. Wenige Stunden später erhalten wir einen besorgten Telefonanruf von Franz Alts Ehefrau Bigi: »Was ist in Indien passiert? Ich mache mir Sorgen um euch!«

Wir schalten das Radio an und erfahren von einem starken Seebeben im südasiatischen Raum. Noch ahnen wir nicht, welch verheerende Auswirkungen diese Katastrophe hat. Dann aber überstürzen sich die schockierenden Berichte in den Medien. Wir kürzen unseren Aufenthalt im Norden ab, um so bald wie möglich bei den Menschen im betroffenen Gebiet zu sein.

Was uns dann an der sonst so friedlichen und zur Erholung einladenden Küste im südindischen Gebiet von Tamil Nadu erwartet, lässt sich kaum beschreiben: Die mörderische Welle hat Zerstörung in einem nie erlebten Ausmaß hinterlassen. Der lange Küstenstreifen mit seinen Stränden ist von Schlamm überzogen – darunter liegen ungezählte Tote begraben.

Sprachlos stehen wir am Strand im Gebiet von Thanjavur. An dieser Stelle befand sich einmal das Fischerdorf Kesavapalayam, das von uns gefördert worden war. Hier und da lassen bunte Plastiktöpfe, Kleidungsfetzen, zerbrochenes Spielzeug und Trümmer erahnen, dass der Tsunami ein ganzes Dorf begraben hat. Auf einem Mauerrest entdecken wir eine Uhr: Die Zeiger sind auf 8 Uhr 55 stehengeblieben und markieren den Augenblick, in dem die Lebenszeit so vieler Menschen angehalten wurde.

Am Strand ist es einsam. Die Menschen, die die Todeswelle überlebt haben, sind geflohen. Nur freiwillige Helfer sind noch da, um die Toten zu bergen. Wir sprechen sie an, sie wirken erschöpft, sowohl körperlich als auch seelisch. An diesem fünften Tag der Katastrophe haben sie weitere 29 Leichen geborgen und in einem Massengrab beigesetzt. Tief darf die Grube nicht sein, und es muss schnell gehen, sonst hebt das Wasser die Toten wieder an die Oberfläche. An einigen Erdhügeln können wir das unterirdische Werk der Wasserkraft erkennen, denn hier und da ragen einzelne Körperteile wieder aus den provisorischen Gräbern heraus. Das Motorengeräusch eines Baggers durchbricht die Stille. Auf der Suche nach Vermissten wird der Boden umgegraben. Der süßliche Leichengeruch dringt durch den Mundschutz, den wir der Infektionsgefahr wegen anlegen mussten.

Der Tsunami nahm ihm alles

Wir besuchen das nächstgelegene Dorf, etwa hundert Meter von der Küste entfernt. Auch dort ist das gewaltige Zerstörungswerk der Killerwelle unübersehbar. Einige wenige Häuserreste konnten ihr widerstehen. Alles andere – Steine, Dächer, ja, ganze Mauerteile – wurde durch die Wucht des Wassers viele hundert Meter weit mitgerissen und verstreut. Über dem zerstörten Dorf liegt Totenstille. Auch hier haben die Überlebenden aus Angst vor dem Meer, das einst ihr Freund war und jetzt zu ihrem Feind geworden ist, die Flucht ergriffen.

In großen Auffanglagern treffen wir die Flüchtlinge an. Zu Hunderten, Tausenden hocken sie beisammen. Ihr Leiden ist unbeschreiblich. Das Erlebte verfolgt sie und scheint in jedem Augenblick noch gegenwärtig zu sein.

Unter ihnen sind die Überlebenden von Vailankanni, einem bedeutenden christlichen Wallfahrtsort Indiens. Dort schlug der Tsunami ganz besonders hart zu. Über Weihnachten waren viele Pilger nach Vailankanni gekommen, 2000 von ihnen wurden Opfer des Seebebens.

In der Kirche des Dorfes sammeln sich Christen, Muslime und Hindus zum stillen Gebet. Und ganz gleich, welcher Religion man angehört: Aus allen Schichten der Bevölkerung kommt spontane Hilfe, um den ersten Hunger und Durst der Überlebenden zu stillen und ihnen Kleidung zu geben.

Viele der Flüchtlinge sind vollkommen apathisch, wie stumpfsinnig sitzen sie da und starren vor sich hin. Andere drängt es, etwas von dem Erlebten zu erzählen, als könnten sie dadurch ein wenig von der Last loswerden. »Wie ein großes Ungeheuer rollte das Meer, an dem wir lebten, durch das wir lebten, auf uns zu – schneller, als wir laufen konnten«, erzählt ein Mann. »Es hat unsere Angehörigen verschlungen, unser Hab und Gut vernichtet. Wir haben nichts mehr.«

Hoffnungslosigkeit lese ich in den Gesichtern. Verzweiflung, wenn die Bilder vor ihrem inneren Auge wieder lebendig werden.

»Noch immer habe ich das furchtbare Rauschen dieser Welle im Ohr«, sagt uns eine Frau, deren Augen rot sind vom Weinen. »Nie wieder will ich zurück zum Meer.« Sie hat ihren Mann und eines ihrer Kinder verloren. Ein junger Mann hält sein neun Monate altes Baby fest umschlungen, als solle keine Macht der Welt es ihm rauben. Sechs seiner Angehörigen hat ihm die Welle entrissen. Seine Schwiegermutter konnte den Säugling noch halten, dem Vater in die Arme werfen und ihm zurufen: »Lauf! Rette dich und das Kind! Ich schaffe es nicht mehr.« Vor seinen Augen wurde auch sie von der Welle verschlungen.

Während ich mit den Vertretern des Dorfes Kesavapalayam zusammensitze, wendet sich Maryann den traumatisierten Kindern zu. Und sie schafft es tatsächlich, mit Liedern, Spielen

Rosi Gollmann bei den Betroffenen nach dem Tsunami

und Tänzen, die sie noch aus ihrer Zeit im Heim von Andheri kennt, den Kleinen ein wenig Freude zu schenken, ja, manchen sogar ein Lachen auf die ernsten Gesichter zu zaubern. Zum ersten Mal seit der Katastrophe vergessen die Kinder wenigstens für einige Stunden ihre Angst.

Auch die Dorfvertreter von Kesavapalayam, dem von uns geförderten und nun zerstörten Dalit-Dorf, berichten uns von den furchtbaren Erlebnissen, von ihrer Trauer um ihre Angehörigen und den materiellen Verlusten.

»Wir haben auch die Hoffnung verloren, die ihr uns gegeben hattet«, drückt einer der Sprecher die Stimmung aus. »Durch eure Förderung waren wir schon aus dem Schlimmsten heraus und auf dem Weg in eine bessere Zukunft. Aber wie soll es jetzt weitergehen?«

Zwar ist die spontane Hilfsbereitschaft in Indien überwältigend, und im Augenblick geht es nur um das nackte Überleben. Doch die Menschen möchten bald wieder auf eigenen Füßen stehen und nicht ein Leben lang auf fremdes Wohlwollen angewiesen sein. Ich versuche, ihnen Mut zuzusprechen.

»Packt an«, rate ich ihnen, »stärker noch, als ihr es bisher getan habt. Nehmt den Aufbau eures Dorfes und eurer Zukunft selbst in die Hände. Wir lassen euch dabei nicht allein!«

Nach und nach versiegen die Tränen, und die Menschen fassen wieder ein bisschen Mut. Als Dalit ganz unten auf der sozialen Leiter stehend, wissen sie, dass sie es nicht allein schaffen können. Sie brauchen Grundstücke für ihre neue Siedlung, einige hundert Meter vom jetzt gefürchteten Meer entfernt. Mit dem Selbstvertrauen, das sie durch unsere gemeinsame Entwicklungsarbeit in den vergangenen Jahren gewonnen haben, gelingt es ihnen, ihre Ansprüche gegenüber der Regierung überzeugend zu vertreten.

Bevor wir uns von der Gruppe trennen, kommt noch einmal ihr ganzes Leid zum Ausbruch: Vom Schmerz überwältigte Frauen schluchzen laut auf. Ich tröste sie, so gut ich kann, nehme sie in meine Arme, wiege sie wie kleine Kinder, trockne ihre Tränen mit dem Schal, der über meinen Schultern liegt. Es gibt eine Zeit zum Trauern und eine Zeit der Hoffnung auf einen Neuanfang. Diese Menschen brauchen nach ihren traumatischen Erlebnissen Raum für ihren Schmerz.

Das haben wir bereits nach vielen Katastrophen hautnah miterlebt. So zum Beispiel im Jahr 1999, als ein gewaltiger Zyklon einige Dörfer im Bundesstaat Orissa verwüstet hat. Ich sehe heute noch den etwa zehnjährigen Jungen vor mir, der allein und apathisch inmitten der Trümmer seines Dorfes steht. »Der Sturm … der furchtbare Sturm …«, stammelt er nur unentwegt vor sich hin. Der früher aufgeweckte Junge zeigt – wie viele andere Kinder dieses Katastrophengebietes – deutliche

Verhaltensstörungen bis hin zu Lähmungserscheinungen. In Zusammenarbeit mit einem indischen Psychologen erstellten wir damals ein Konzept zur Hilfe für traumatisierte Menschen.

Dass mich die Frauen von Kesavapalayam wie selbstverständlich an ihrer Trauer und ihrem Leid teilhaben lassen, zeigt mir, wie eng wir miteinander verbunden sind, wie sehr sie in mir eine Schwester sehen. Ein junger Mann sagt beim Abschied zu mir: »Wir sind dankbar, dass ihr uns helfen wollt, mehr aber noch danken wir euch dafür, dass ihr unsere unendliche Trauer mit uns teilt. Das ist das größte Geschenk: Wir sind nicht allein.«

In den folgenden Wochen und Monaten wird die Todeswelle von einer noch nie dagewesenen Welle der Solidarität aus der ganzen Welt beantwortet. »Aus dem Seebeben wurde ein Weltbeben«, kommentiert Franz Alt die unglaubliche Spendenbereitschaft. Allein in Deutschland werden insgesamt über 600 Millionen Euro bereitgestellt, um den Überlebenden des Tsunami – im gesamten südasiatischen Raum wird die Zahl der Opfer auf fast 300 000 geschätzt – zu helfen. Auch bei unserer Andheri-Hilfe gehen fast zweieinhalb Millionen Euro ein. Bis auf den letzten Cent werden diese Gelder in jene Dörfer investiert, in denen die furchtbare Katastrophe bereits erfolgreiche Entwicklungsprozesse unterbrochen oder ganz zunichte gemacht hat. Was die Welle den Menschen nicht nehmen konnte, sind ihre Einsatzbereitschaft und ihr Selbstvertrauen. Und das ist in der jetzigen Situation die wertvollste Voraussetzung für einen Neuanfang!

Die Erlebnisse im Tsunamigebiet nehme ich mit zurück nach Deutschland. Sie verfolgen mich bei Tag und Nacht. Wie sehr mochte ich früher das Foto meines Bildschirmschoners, auf dem sich ein Riesenwal aus dem Meer erhebt. Jetzt aber muss ich dieses Bild auswechseln, denn bei seinem Anblick steht mir sofort wieder der Tsunami mit seinen schrecklichen Folgen vor Augen.

Ein Jahr später bin ich wieder bei den Menschen von Kesavapalayam. Noch immer leben sie in Notunterkünften. Die Regierung hat riesige Baracken errichtet und jeder obdachlos gewordenen Familie durch provisorisch eingezogene, halbhohe Wände zehn Quadratmeter Lebensraum zugeteilt. Unter diesen primitiven Bedingungen werden die Menschen noch eine Zeitlang ausharren müssen.

»Wie schön, dass ihr wieder bei uns seid!« Herzlich heißen mich die Bewohner von Kesavapalayam willkommen. Es ist ein Besuch bei Freunden – ohne den sonst üblichen Empfang mit indischem Zeremoniell und Blumengirlanden. Eine alte Frau humpelt auf mich zu. Sie kann sich kaum auf den Beinen halten. Nur um mir zu begegnen, ist sie früher aus dem Krankenhaus heimgekehrt als vorgesehen.

Ich erkundige mich nach den positiven Veränderungen im Dorf. In einer einfachen Hütte behandelt die von uns finanzierte junge Ärztin die Kranken. Allein am heutigen Tag nehmen 75 Patienten ihre medizinische Hilfe in Anspruch. Vielen Kindern droht der Verlust des Gehörs, denn immer noch sitzt Sand in ihren Ohren, den die Welle in ihre Gehörgänge gespült hat.

»Seitdem die Ärztin hier ist«, erklärt mir der Dorfälteste, »ist keines unserer Kinder mehr gestorben.«

Die Situation dieser Menschen, die alles verloren haben, ist jedoch immer noch schwierig. Vor der Flutkatastrophe fanden die Bewohner von Kesavapalayam ihr Auskommen als Tagelöhner auf den Reisfeldern der Großgrundbesitzer. Auch das ist ihnen genommen. Die Killerwelle hat den Boden versalzen und unfruchtbar werden lassen.

Aber seit sie mit dem Wiederaufbau ihres Dorfes – einige hundert Meter vom Meeresrand entfernt – beginnen konnten, sind sie wieder voller Zuversicht und packen tatkräftig mit an. Glücklich zeigen sie mir, dass bereits einige Gruben für Funda-

Mit dem neuen Dorf wächst die Hoffnung

mente ausgehoben wurden und schon erste Stahlträger in den Himmel ragen.

Am Rand des Baugebietes steht eine Ziegelbrennerei. Ich sehe, mit welchem Eifer die späteren Bewohner des neuen Dorfes dort die notwendigen Ziegelsteine für ihre Häuser brennen. Das frisch erlernte Know-how wird ihnen auch später als Einkommensquelle zugutekommen; denn überall wird es rege Bauaktivitäten geben. Mit der beauftragten Baufirma haben wir abgesprochen, dass sie beim Wiederaufbau einige der Dorfbewohner als Hilfsarbeiter einstellt. Das gibt ihnen die Chance, später von der Firma als Mitarbeiter übernommen zu werden.

Auch für die Entsalzung der Felder werden Arbeitskräfte benötigt. Das Verfahren einer holländischen Firma wird bereits mit erstaunlichem Erfolg angewandt. Inmitten von versalzenem und verödetem Land erhebt sich wie eine Oase eine grünende, blühende Fläche. Sie bringt Reis, Gemüse und Früchte hervor, vor allem aber auch ein wichtiges Stück Hoffnung. Besitzer anderer betroffener Äcker und Leiter von Hilfsorganisationen, sogar Regierungsvertreter holen sich Anleitung und Rat bei unserem Partner.

26. Dezember 2006: Genau am zweiten Jahrestag der furchtbaren Katastrophe feiern wir den Tag der Einweihung des neuen Dorfes mit einem großen Freudenfest. Vorher aber drängt es mich, noch einmal – und zwar ganz allein – zu der Stelle zu gehen, an der früher das alte Dorf stand. Nichts deutet darauf hin, dass hier einmal Menschen gelebt haben, einfach, aber zufrieden.

Und angesichts der bevorstehenden Einweihungsfeier kann ich tatsächlich das Geschehene ein wenig aufarbeiten: Die Freude verdrängt ein Gutteil der Last, die ich so lange mit mir herumgeschleppt habe.

Es tut gut zu sehen, wie die Menschen mit ihrer geringen Habe in das neue Dorf einziehen. Sie bedürfen keines Möbelwagens, denn den geringen Besitz, der ihnen verblieben ist, können sie leicht auf ihren Schultern an den neuen Wohnort tragen. Die Steinhäuser sind stabil und höher gelegt. Über einen Aufstieg auf das flache Dach können sich die Bewohner in Sicherheit bringen, falls das Meer einmal wieder hohe Wellen schicken sollte.

Alles ist auf den Beinen. Der Gedenkstein für die Opfer des Tsunami in der Mitte des Dorfes wird feierlich enthüllt, errichtet in der Nähe des kleinen Hindu-Heiligtums, das wir den Dorfbewohnern als Teil ihrer Planung gern bewilligt haben.

Eine eindrucksvolle Zeremonie lässt die grausame Katastrophe und den Verlust der Familienangehörigen noch einmal lebendig werden: Auf meine Anregung hin wird für jedes verunglückte Familienmitglied rings um den Dorfplatz ein Baum gepflanzt und mit dem jeweiligen Namen versehen. »Jetzt sind sie bei uns, unsere Toten!«, sagt mir eine Mutter, nachdem sie zum Gedenken an ihre neunjährige Tochter einen Baum gesetzt hat.

Und dann wird der Freude Raum gegeben. Ich beobachte, wie ein etwa zwölfjähriger Junge, der mit seiner Familie gerade in das neue Haus eingezogen ist, staunend vor der einfachen Toilette steht: »Was ist das?«, fragt er. Eine solche hygienische Einrichtung, die der Gesundheit und der Sauberkeit des Dorfes dienen soll, war ihm bisher unbekannt.

Die beiden Frauen, die mir unmittelbar nach dem Tsunami schluchzend in den Armen lagen, weinen jetzt vor Glück.

Der Aufbau des Dorfes ist zwar abgeschlossen, doch die Einwohner machen weiter: Aus der Katastrophenhilfe wird jetzt Entwicklungshilfe.

Ebenso wichtig wie materielle Unterstützung ist es, den vom Unglück Betroffenen als Freunde zu begegnen und auch die seelischen Wunden, die die Katastrophe und der Verlust von Angehörigen geschlagen haben, nicht zu übersehen. Es ist wenig erreicht, wenn ein Dorf zwar wiederaufgebaut ist, doch seine Bewohner, vor allem Kinder und Jugendliche, das Trauma nicht verarbeiten können. Wieder sind es hauptsächlich Frauengruppen, die sich in dieser Zeit des Neubeginns auf ihre eigenen Werte und Fähigkeiten besinnen und an der Verbesserung ihrer eigenen sozialen Stellung arbeiten. So gelingt es uns allen gemeinsam, die Flutwelle und ihre verheerenden Folgen als Katalysator für eine echte Entwicklungszusammenarbeit zu nutzen.

Kapitel Zweiundzwanzig

# Im Heute an das Morgen denken

Was wir heute tun, entscheidet darüber,
wie die Welt morgen aussieht.
*Marie von Ebner-Eschenbach*

So zerstörerisch es mit seinen elementaren Kräften auch sein kann – keiner von uns kann ohne Wasser überleben. In Indien traf ich immer wieder Familien an, ja, ganze Dörfer und Distrikte, deren Armut von der Unfruchtbarkeit ihrer Felder wegen Wassermangels herrührte. Dabei liegt es in den meisten Fällen gar nicht daran, dass Wasser grundsätzlich fehlt. Im Gegenteil, oft liegt das Problem gerade darin, dass Wasser als Monsunregen in kurzer Zeit nicht nur in großer Menge, sondern auch mit enormer Heftigkeit niedergeht, so dass der fruchtbare Boden mit weggeschwemmt wird. Das geschieht besonders dort, wo keine Baumbepflanzung und kein Wurzelwerk die Wassermassen aufhalten. In anderen Zeiten des Jahres fehlt Wasser dann aber gänzlich.

»Wir fanden nur große Steine und Geröll auf den Feldern«, schreibt ein einheimischer Landwirtschaftsexperte in einer Studie aus dem Jahr 1991. Im Auftrag unseres indischen Partners, der Organisation for the Development of People (ODP), hatte er die Situation in Shantipura geprüft: »Die Bodenkrume an den Hängen ist fast vollständig verschwunden. In den flachen Brunnen ist kein Wasser. Wo ein paar Bauern mühsam versucht hatten, ihre Äcker am Hang einzuebnen, hat die weggeschwemmte Erde die Saat von Mais, Gemüse und Baumwolle am Ende der Felder begraben, während an anderen Stellen nur Erde zurückblieb.«

Das Dorf liegt in einem hügeligen Gebiet, etwa 35 Kilometer von der Stadt Mysore im Bundesstaat Karnataka entfernt. Die Bevölkerung, überwiegend Hindus und Muslime, litt Not. So auch Parvati, die mit ihren vier Kindern – die Geburt des fünften stand bevor – in einer einfachen Hütte lebte. Ihr Mann war behindert, und sein Verdienst als Viehhirte reichte nicht zum Leben.

»Die Ernten von unserer kleinen Parzelle oben am Hügel fallen fast ganz aus«, berichtete Parvati damals verzweifelt. »Die Zeiten der Dürre werden von Jahr zu Jahr länger. Wir arbeiten hart, und dennoch bringen wir fast nichts mehr ein.« Bei meinem Besuch hatte ich die Situation in dem Gebiet selbst als aussichtslos empfunden. »Hier ist nichts mehr zu retten!«, war mein Kommentar, und ich bin sicherlich nicht jemand, der schnell aufgibt.

Aus eigener Kraft konnten Parvati und ihr Mann, ebenso wie die übrigen Dorfbewohner in gleicher Situation, der Armut nicht entkommen. Hilfe suchend wandten sie sich an den Dorfpfarrer, der sie wiederum an die ODP verwies. Father Becket, der damalige Direktor, speiste die notleidenden Menschen nicht mit Almosen oder Trostworten ab: Er ging den Ursachen für die Dürre, welche die Menschen in Shantipura allen Regenzeiten zum Trotz plagte, auf den Grund.

Die Bewohner des gesamten Wassereinzugsgebiets waren alle vom gleichen Problem betroffen. Die Armen litten allerdings besonders unter der zerstörerischen Kraft des Monsunregens: Ihre Parzellen lagen meist an den Hängen oder auf den Höhen. Und das Phänomen war und ist auch heute noch an vielen Orten dasselbe: Die Wassermassen des Monsuns stürzen die Hänge hinunter, reißen dabei fruchtbaren Ackerboden,

Pflanzen und Saat mit sich und schaffen tiefe Erosionsfurchen und Wasserrinnen. Unterdessen bleiben auch die wohlhabenden Bauern, deren Äcker unten im Tal liegen, von der Gewalt des Wassers nicht verschont. Der von den Höhen herabgespülte Ackerboden setzt sich auf ihren Feldern ab und erstickt Saat und Pflanzen. Aus dem gesamten Talbereich fließt das Wasser dann so rasch ab, dass die Brunnen versiegen; die Pumpen fördern schon kurz nach dem Regen kein Wasser mehr. Immer tiefer muss man graben, um auf Wasser zu stoßen, denn der Grundwasserspiegel sinkt ständig ab. Diesen Teufelskreis können die Bewohner eines betroffenen Dorfes nur gemeinsam durchbrechen.

Das war auch im Falle von Shantipura die Erkenntnis, die den ersten Schritt zur Veränderung bedeutete: Nur wenn die armen Bauern von den Hängen mit den Reichen unten im Tal zusammenarbeiten, konnte das Problem erfolgreich angepackt werden.

Die älteren Dorfbewohner erinnerten sich jetzt wieder an längst vergessen geglaubtes Wissen: »Wir müssen erreichen, dass das Wasser langsamer von den Hängen herabfließt«, rieten sie. »Und unten im Tal muss das Wasser gespeichert werden, damit es auch in Trockenzeiten für Mensch, Tier und Feld zur Verfügung steht.«

Diesem ersten Projekt in Shantipura folgten im Laufe der Jahre in den verschiedensten Regionen Indiens viele weitere, teilweise mitfinanziert vom deutschen Bundesministerium für wirtschaftliche Zusammenarbeit und Entwicklung. Wie umwälzend die Erfolge einer solchen Wasserbewirtschaftung sind – in der Fachsprache »Watershed Management« genannt –, kann man nur ermessen, wenn man selbst einmal vor absolut dürrem, wüstenähnlichem Boden gestanden hat, der sich innerhalb von zwei bis drei Jahren in eine blühende Landschaft verwandelte.

Wenn das »Lebensmittel« Wasser fehlt

Um ein umfassendes Wasserbewirtschaftungssystem zu schaffen, das von den Höhen über die Hänge bis hinunter ins Tal reicht, müssen Kastengrenzen überwunden werden: Arme Kleinfarmer und Landlose planen gemeinsam mit den wohlhabenden Bauern die einzelnen Maßnahmen und setzen diese um. So habe ich immer wieder erlebt, dass sich die Watershed-Management-Projekte auf verschiedenen Ebenen gleichzeitig positiv auswirken: technisch, ökologisch, wirtschaftlich und sozial.

In Shantipura schlossen sich alle in einem »Village Watershed Council« zusammen. Auch die Frauen organisierten sich in Aktionsgruppen, und Parvati war selbstverständlich mit dabei. Begleitet wurden die einzelnen Maßnahmen von Gita Mitra von der ODP, die inzwischen zur unverzichtbaren Expertin geworden war. Sie überwachte die Arbeit, beginnend auf den Hügelkuppen, welche die Wasserscheide zwischen Wassereinzugsgebieten bilden. Die dortigen kahlen Flächen wurden mit der Erlaubnis der Forstbehörden neu bepflanzt, und Obst- und

Futterbäume sowie Gras wurden gesetzt, um den Boden zu befestigen. Das bedeutete aber auch, dass für das bislang frei grasende Vieh neue Weideplätze geschaffen werden mussten, damit die junge Pflanzendecke und die Baumtriebe nicht abgefressen wurden. Einige Bauern entschlossen sich, auf Stallhaltung umzustellen.

Diese Maßnahmen brachten natürlich Ungleichheiten mit sich, die wieder ausgeglichen werden mussten. Denn die armen Bauern konnten auf ihr Land oben auf den Hügelkuppen und auf die Erträge von Getreide oder Gemüse nur verzichten, wenn sie an anderen Ernteerträgen beteiligt oder durch den Zukauf von neuem Land entschädigt wurden.

Dann mussten die Hänge vor der stetigen Erosion geschützt werden. Dazu schufen die Dorfbewohner unter der Anleitung von Gita Mitra unterschiedlich große Abflussrinnen, um das Wasser zu kanalisieren und abzubremsen. Mit dem Ziel, die trotz der Befestigungen abgeschwemmte fruchtbare Erde aufzufangen und zu nutzen, wurden den Höhenlinien des Tals folgend die Felder terrassenförmig abgeflacht, Gräben gezogen und Wälle aufgeschüttet, die mit Futtergras und Bäumen bepflanzt und befestigt wurden.

All diese Maßnahmen wirkten sich auch auf die Situation im Tal aus. Dort konnten bereits bestehende Teiche von der eingeschwemmten Erde befreit und wieder genutzt werden. Für Mensch und Tier stand ausreichend sauberes Trinkwasser zur Verfügung.

»Es ist unglaublich«, sagte mir Parvati bei unserer letzten Begegnung, »wie sich das ganze Leben in unserem Dorf verändert hat. Ob Arm oder Reich, ob Frau oder Mann, egal, aus welcher Kaste, alle arbeiten zusammen. Alle haben endlich erkannt, dass wir voneinander abhängig sind. Das Wasser hat uns das gezeigt.« Für mich ist dies ein Beispiel von vielen, die zeigen, dass Entwicklungsarbeit immer auch Friedensarbeit ist.

Gita Mitra beließ es nicht bei diesen sichtbaren Erfolgen. Sie ermutigte die Dorfbewohner, ertragreichere Pflanzensorten zu erproben und durch eine günstigere Fruchtfolge bessere Ergebnisse zu erzielen.

Auch die Menschen in Shantipura selbst ließen nichts unversucht. Sie hatten die Vorteile des Miteinanders aus eigener Erfahrung erlebt. Nun gründeten sie Einkaufs- und Absatzgenossenschaften. Inzwischen sind sogar die reichen Landbesitzer bereit, ihren Arbeitern bessere Löhne zu zahlen oder ihnen Parzellen abzutreten. Das alles sind Veränderungen, die über das rein Wirtschaftliche weit hinausgehen. Die Menschen haben hautnah erfahren, welcher Schaden entsteht, wenn jeder ausschließlich auf seine eigenen Interessen aus ist, und gelernt, gemeinsam Verantwortung für unsere Erde zu tragen, für die Erhaltung ihrer unmittelbaren Umwelt, die sich nicht ungestraft ausbeuten lässt.

Shantipura hat es bewiesen, und inzwischen sind durch den Einsatz von Partnern wie der ODP, durch die Zusammenarbeit der Menschen vor Ort und die Förderung von Andheri-Freunden viele vertrocknete Landstriche in Indien erneut erblüht. Überall wurden Analphabeten zu Wassermanagern.

So auch in der Nähe von Hyderabad. Ich war wieder einmal mit Franz Alt unterwegs. Adivasi begrüßten uns mit einem Freudentanz. Freudig deshalb, weil sich durch ein Wasserbewirtschaftungsprogramm das Leben von etwa 10 000 Bewohnern völlig verändert hatte. Denn noch wenige Jahre zuvor war ihr Land total ausgedörrt gewesen. Mehrere Stunden waren Frauen und Kinder täglich unterwegs, um die schwere Last von etwa 25 Litern Wasser nach Hause zu schleppen. Jede zweite Familie sah keine andere Möglichkeit zum Überleben, als in die Slums der nahen Großstadt abzuwandern. Nun konnten sie wieder in ihre Heimat zurückkehren – es gibt wieder Wasser, und das hat alles verändert.

Analphabeten werden zu Wassermanagern

»Wasser ist Gold!«, erklärt uns die Leiterin einer Frauenselbsthilfegruppe, in traditionelle Adivasi-Gewänder gekleidet, mit vielen kleinen eingenähten Spiegelchen und mit schwerem Schmuck behangen.

»Wasser ist mehr als Gold! Wasser ist unsere Zukunft«, fügt eine andere Frau hinzu. Die Frauen umtanzen die neuen Bäume: 30 000 haben sie als Schutz gegen die Bodenerosion gepflanzt. Überall sehe ich grüne Felder. Die Nutzfläche für den Ackerbau hat sich durch das intensive Wasserprogramm verzehnfacht. Es gibt jetzt drei Ernten im Jahr.

Ein wesentlicher Grund für Dürre, Erosion und Wassermangel ist zweifellos die Abholzung weiter Gebiete durch industrielle Nutzer. Hier greifen aber inzwischen auch in Indien strenge Gesetze zum Schutz des Waldes.

Es gibt jedoch eine weitere Ursache für die Abholzung: Auch die Bewohner fällen gedankenlos die Bäume, die ursprünglich die Hänge stützten und die Erde hielten, um sie als Brennholz zu nutzen.

»Wir brauchen neue Perspektiven, damit die frisch gepflanzten Bäume zur Befestigung der Hügel und Wälle nicht wieder zu Brennholz werden«, erklärte mir der Direktor von ODP.

So kam es zu einer weiteren überaus wichtigen Entwicklung im ökologischen Bereich: zur Nutzung von Biogas.

Beim Durchblättern meiner alten Tagebücher und Reisenotizen stelle ich fest, dass wir bereits 1978 die ersten Biogasanlagen für die Küchen von Kinderheimen finanziert haben. Die Andheri-Hilfe – das darf ich mit Freude und einem gewissen Stolz erwähnen – ist auf vielen Gebieten Vorreiterin gewesen. Und dank unserer guten Partnerschaften, der fachlichen Beratung und vor allem durch die enge Einbindung der Menschen vor Ort sind wir nie enttäuscht worden, wenn wir innovative Wege gegangen sind.

Heute wird die Methode der natürlichen Energiegewinnung in vielen unserer Projekte angewandt. Der Dung von Kühen, Küchenabfälle und auch menschliche Exkremente genügen als Biomasse für eine kleine Anlage. Beim Fermentierungsprozess in einem einfach gemauerten Behältnis sorgen Bakterien für die Bildung von Methangas – Biogas. Glücklich zeigten mir Frauen die reine Flamme der Küchenherde und Lampen, die durch das umweltfreundliche Gas gespeist wurden.

»Jetzt müssen wir nicht mehr den größten Teil des Tages den Rauch des Holzfeuers einatmen«, sagte Anisha. »Unsere Lungen können wieder gesunde Luft atmen, und unsere Kinder husten nicht mehr.«

Und ihre Nachbarin Rani erzählte: »Vor Jahren ist unsere Hütte durch die offene Holzfeuerstelle abgebrannt. Das kann jetzt nicht mehr passieren.«

»Ich bin so froh«, fügt die achtjährige Magana hinzu, »dass ich nicht mehr jeden Tag das schwere Feuerholz heranschleppen muss. Das kostete viel Zeit. Jetzt kann ich zur Schule gehen.«

Die Biomasse, die nach der Energiegewinnung übrigbleibt, ist außerdem ein ausgezeichneter organischer Dünger und fördert die Erträge in den Gemüsegärten rund um die Häuser.

Die Verbreitung des Biogas-Systems liegt vorwiegend in den Händen von Frauengruppen. Durch rotierende Kleinkredite finanziert, steht nach der Rückzahlung der nötige Betrag anderen Familien für eine ähnliche Förderung zur Verfügung.

Heute gelten die einst sogar von mir als »hoffnungslos« bezeichneten Dörfer rings um Mysore als Musterbeispiele. Andere Dörfer und Organisationen, sogar Regierungsstellen lassen sich dort beraten und sorgen für die weitere Verbreitung der alternativen und praktikablen Technologien. Auf diese Weise werden einfache Landwirte zu vorbildlichen Energiewirten.

Die Schönheit, die Vielfalt und die Kräfte der Natur haben mich schon als Kind begeistert. Deshalb lagen mir später in der Entwicklungsarbeit alle ökologischen Projektansätze ganz besonders am Herzen – weil sie dem Erhalt unserer Schöpfung dienen.

So war mir die Nutzung der Sonne, die uns für ihre Energie »keine Rechnung schickt«, wie unser Freund Franz Alt immer wieder betont, ein weiteres wichtiges Anliegen.

In Bangladesch konnten wir zum Beispiel auf Inseln im Ganges Solarenergie erfolgreich einsetzen: 414 Familien, die keine Chance hatten, an das öffentliche Stromnetz angeschlossen zu werden, erhielten im Jahr 2007 durch Sonnenkollektoren eine unabhängige Stromversorgung. Damit begann für die Menschen auf den Inseln ein neues Leben: Die teuren Kerosinlampen mit ihren gesundheitsschädigenden Verbrennungsgasen hatten ausgedient. Die Kinder können nun abends im Licht der Solarlampen ihre Schulaufgaben machen, und die Frauen haben die Möglichkeit, auch in den Abendstunden Tätigkeiten

Solaranlage auf dem Dach einer Dorfhütte bringt ressourcensparendes Licht

für ein zusätzliches Einkommen zu verrichten. Inzwischen nutzen rund 31 000 Menschen den »grünen Strom«.

Zur Zeit läuft ein bahnbrechendes Projekt an, das – wenn es gelingt – enorme Auswirkungen für ärmste Bevölkerungsgruppen haben wird: Unser Partner M. C. Raj von der Organisation REDS, Rural Education and Development Society, einer Organisation von und für Dalit, hat eine Studie in Auftrag gegeben mit folgendem Ergebnis: In 500 Dörfern haben insgesamt 50 000 Familien keinen Zugang zum öffentlichen Stromnetz. Lampen mit teurem und gesundheitsschädigendem Kerosin sind ihre einzige Lichtquelle. Für diese Familien wurde eine einfache, günstige Solarlampe entwickelt, die in Zukunft das Leben von Hunderttausenden erleichtern wird. Diese Lampe wird von den Dalit selbst vermarktet und genutzt. Die Käufer zahlen in monatlichen Raten so viel, wie sie im gleichen Zeitraum für Kerosin aufgewandt hätten. Auf diese Weise ist nach sieben bis neun Monaten die Lampe abbezahlt, und die Gelder stehen wieder für andere kaufwillige Familien zur Verfügung.

Durch die überwältigende Resonanz angespornt, plant unser Partner gemeinsam mit REDS nun, die Lampen vor Ort in Indien zu montieren. Das würde Arbeitsplätze für die Dalit in den Dörfern schaffen. Außerdem soll das Plastikgehäuse durch neue Werkstoffe aus Jutefasern und Kartoffelstärke ersetzt werden. So würde die Lampe nicht nur regenerative Energie liefern, sondern bestünde auch selbst zu einem guten Teil aus nachwachsenden Rohstoffen.

Für das tägliche Leben der Dalit würde das eine ungeheure Verbesserung bedeuten – und es käme einer regelrechten Revolution gleich, wenn sich das traditionelle wirtschaftliche und gesellschaftliche Schema umkehrte: Nicht die sozial Höhergestellten, sondern die unterste Kaste der Dalit hätten dann Zugang zu den neuen Ressourcen und Techniken. Man stelle sich vor: Dalit als Anbieter moderner Lampen sowie als Service- und Wartungsunternehmer dieser neuen Energiequellen auch für die Angehörigen höherer Kasten – was für eine soziale Aufwertung der »Unberührbaren« wäre damit verbunden!

Wasserbewirtschaftung, Biogasanlagen und Solarenergie sind zu einem wichtigen Bestandteil unserer gesamten Projektarbeit geworden. Es ist wichtig, mit gezielten Maßnahmen die Lebensqualität der Menschen zu verbessern. Daneben müssen wir alle aber auch ein Bewusstsein entwickeln, das der Erhaltung unserer Erde dient. Auch die Veränderungen durch den Klimawandel und seine Auswirkungen auf den Lebensraum der Menschen behalten wir im Blick, vor allem jene klimatische Bedrohung, die durch unseren unverantwortlichen Umgang mit den Ressourcen ausgelöst wird.

Wir alle müssen erkennen, dass wir nur diese eine Welt haben. Sie muss auch den kommenden Generationen erhalten bleiben, dafür müssen wir Sorge tragen. Wir können nicht zulassen, dass nur ein kleiner Teil der Weltbevölkerung von den

Den Umstieg gewagt: das 2010 umweltfreundlich renovierte Andheri-Haus im Bonner Norden

Ressourcen der Erde übermäßig profitiert, indem er sie ungezügelt ausbeutet, während der andere, weitaus größere Teil unter den verheerenden Folgen dieser Ausbeutung zu leiden hat. Unsere Partner und die Menschen in den Projekten in Indien und Bangladesch können uns in dieser Hinsicht Vorbild sein: Nicht mit Atomkraft und dem immer rarer werdenden Rohstoff Erdöl leben und wirtschaften sie, sondern mit erneuerbaren Energieformen. Statt über exorbitante Benzin- und Heizölpreise zu klagen, sollten auch wir den Umstieg wagen – für eine gemeinsame Zukunft und den Erhalt unserer einen Welt für alle.

Kapitel Dreiundzwanzig

# Was bleibt

Ein wenig Duft bleibt immer an den
Händen derer haften, die Rosen schenken.
*Aus Asien*

Achteinhalb Lebensjahrzehnte umfasst dieses Buch, mehr als fünf davon im Dienst der Andheri-Hilfe. Vieles ist geblieben, vor allem dass ich immer »einfach Mensch« war und bin – mit den Menschen und unterwegs zu den Menschen.

Manches aber hat sich natürlich verändert. Als kleine Privatinitiative hat die Andheri-Hilfe 1959 begonnen, jahrelang war sie ohne Form, ohne Namen. Inzwischen ist sie zu einer Organisation geworden, die aus der Entwicklungszusammenarbeit nicht mehr wegzudenken ist. Sie selbst hat sich in kontinuierlichen Schritten stetig und unaufhaltsam weiterentwickelt.

Aus dem Provisorium in der elterlichen Mietwohnung entstand Anfang der siebziger Jahre das Andheri-Zentrum. Fast vier Jahrzehnte später reichten auch diese Räumlichkeiten nicht mehr für die mittlerweile 14 Mitarbeiter aus, und wir mussten das Haus ausbauen, renovieren und aufstocken. Maryann und ich waren glücklich, in eine eigene kleine Wohnung im neuen Andheri-Haus zu ziehen. Mit fast dreihundert Andheri-Freunden feierten wir einige Wochen später ein großes Fest. Wir hatten allen Grund zur Freude, weil sich uns nun neue Arbeits- und Fördermöglichkeiten eröffneten und wir – wie beim Bau des ersten Andheri-Hauses rund vierzig Jahre

Generationenwechsel der Andheri-Hilfe: Elvira Greiner
löst Rosi Gollmann in der Vereinsführung ab

zuvor – keine Gelder einzusetzen brauchten, die uns für die Förderung der Armen in Bangladesch und Indien anvertraut worden waren.

Verändert hat sich inzwischen natürlich auch einiges in den Bereichen der Verwaltung und in der Organisationsstruktur. Von Anfang an sahen wir die Menschen vor Ort als unsere Freunde und Partner an. Da war es nur folgerichtig, ihnen schon Anfang der neunziger Jahre ein gutes Stück Verantwortung zu übertragen. So entstanden in Indien zunächst drei und später vier Andheri-Regionalbüros, die vor Ort für die Projekte im jeweiligen Einzugsbereich zuständig sind. Und mit diesen leitenden einheimischen Projektkoordinatoren entwickelte sich eine überaus wertvolle und fachlich kompetente Zusammenarbeit.

Der nächste Schritt ergab sich als natürliche Konsequenz: Um die Aktivitäten der regionalen Andheri-Büros zu bündeln und zu koordinieren und um den kenntnisreichen Mitarbeitern vor Ort mehr Kompetenzen in der Projektarbeit einzuräumen, entstand ebenfalls in Indien als Treuhänder für die Andheri-Hilfe der eingetragene, staatlich anerkannte Andheri-Trust unter der Leitung von Father Kulandai Raj. Er hat einen eigenen Vorstand, eigene Aufgaben und Zuständigkeiten und ist durch einen detaillierten Vertrag eng mit der Andheri-Hilfe Bonn verbunden. Inzwischen gibt es in Bangladesch ebenfalls eine Andheri-Hilfe-Vertretung, und auch diese wird von Einheimischen geleitet.

Die Andheri-Hilfe wurde zu meinem Leben. Aber weil sie über meine Lebenszeit hinaus existieren und wachsen soll, fühlte ich mich für ihre Zukunft verantwortlich. Dem irgendwann notwendig werdenden Generationenwechsel in der Leitung sah ich offen entgegen. Bereits seit Mitte der achtziger Jahre stellte ich bei unseren Mitgliederversammlungen immer wieder die Frage nach meiner Nachfolge und bezog dadurch Vorstand und Mitglieder in meine auf die Zukunft gerichteten Überlegungen mit ein.

Im Jahr 2001 war es so weit. Meine Wunschkandidatin für die Nachfolge war Elvira Greiner, die bereits mehr als zwanzig Jahre – erst ehrenamtlich, dann als Angestellte und später auch im Vorstand der Andheri-Hilfe – mit mir zusammengearbeitet hatte. Die Vision, das Anliegen und die Arbeitsweise der Andheri-Hilfe waren ihr bestens vertraut; sie hatte sie verinnerlicht wie kaum ein anderer und war für unsere Ziele hochmotiviert. Elvira Greiner wurde als neue Vorsitzende der Andheri-Hilfe gewählt, ich wurde Ehrenvorsitzende und blieb weiterhin aktives Vorstandsmitglied.

Das war ein überaus wichtiger Schritt – wenn auch weder für Elvira Greiner noch für mich ganz einfach. Wir brauchten beide eine gewisse Zeit, um uns in unsere neuen Rollen einzugewöhnen. Ich musste lernen loszulassen und Elvira, in die volle Verantwortung hineinzuwachsen. Sie weiß das »gute Alte«, die wertvollen Erfahrungen, zu bewahren und gleichzeitig eigene

Unserer guten Sache eng verbunden: die Rosi-Gollmann-Grundschule in Tiefenbach, Östringen

Wege zu beschreiten. Sie meistert das alles bestens und prägt nun schon seit über zehn Jahren die Arbeit der Andheri-Hilfe mit ihren vielen Fähigkeiten und ihrem großen Einsatz auf entscheidende Weise.

Ich selbst habe mich allerdings keineswegs in den Ruhestand zurückgezogen, denn es gibt noch viel zu tun. Mein Arbeitspensum ist nicht kleiner geworden, nur die Aufgaben, die ich in enger Zusammenarbeit mit der neuen Leitung und dem Team erfülle, haben sich zum Teil verlagert: Ich pflege immer noch den Kontakt zu Partnern dort und zu Menschen und Einrichtungen hier. Ich halte Vorträge – sei es in Schulen oder Organisationen –, predige in Kirchen, arbeite aktiv in Seminaren, Arbeitsgruppen, bei Kongressen und in Fachkreisen mit. Gern bin ich dort, wo man sich bereits seit vielen Jahren unserer guten Sache eng verbunden weiß. Das gilt besonders für die »Rosi-Gollmann-Grundschule« in Tiefenbach, Östringen: Die stets neuen Ideen und Aktivitäten der Kinder und Lehrer wirken ansteckend auf manche Schulen im Umkreis und nicht zuletzt auf den Baden Golf & Country Club. Jahr für Jahr schwingen die Sportler dort den Golfschläger für blinde Menschen in Bangladesch, und zwar mit gutem sportlichen Erfolg und großem Spendenergebnis.

Ein weiteres großes Aufgabengebiet sind für mich die Basarveranstaltungen in Schulen und kirchlichen Gemeinden. Bei mir laufen die Fäden der Organisation und Durchführung zusammen. An jedem Tag kommen neue Anfragen und Aufgaben auf meinen Schreibtisch, die mich oft bis in die Nacht hinein beschäftigen. Und auch für meine Pfarrgemeinde St. Hedwig in Bonn bin ich gerne da, wann immer ich gebraucht werde.

Damit das Engagement der Andheri-Hilfe weiterhin finanziell gewährleistet ist, auch über meine Lebenszeit hinaus, haben wir unserer Organisation ein »zweites Standbein« geschaffen: Am 23. April 2002 wurde die »Rosi-Gollmann-Andheri-Stiftung« ins Leben gerufen. Ihr Leitgedanke war mir überaus wichtig: »Damit Menschlichkeit Zukunft hat« – stand doch der Mensch immer im Mittelpunkt meines Denkens und Handelns, so auch heute noch. Die Zeile »Am Menschen orientiert« war viele Jahre hindurch programmatisch auf jeden Briefbogen der Andheri-Hilfe gedruckt. Später wurde in der Formulierung »Gemeinsam für mehr Menschlichkeit« der Gedanke des Miteinanders betont. Was lag also näher, als auch der neuen Stiftung diese klare Ausrichtung auf Menschlichkeit zu geben – und zwar langfristig und nachhaltig?

Unsere Stiftung stellt sich immer neuen Herausforderungen.

Denn eine Gesellschaft, der es ausschließlich um Gewinnmaximierung geht, wird eines Tages nicht mehr funktionieren. Reine Profitorientierung hat keine Zukunft. Was wir brauchen, ist eine humane Marktwirtschaft – ganz in der ursprünglichen

Verbundenheit mit alten Freunden

Bedeutung des Wortes »Wirtschaft«. Ein Wirt »bedient« seine Kunden. Gern erinnere ich mich an einen guten alten Freund, einen Großunternehmer, der seine Kunden stets mit der Frage empfing: »Womit kann ich dienen?«

Um das »Dienen« geht es mir auch gegenüber dem »nächsten Nächsten«. Oft werde ich gefragt, warum wir im fernen Indien helfen, wo doch auch in Deutschland die Not oft groß ist. Ich weiß sehr wohl darum, vor allem um die Einsamkeit vieler alter und kranker Menschen. Darum sind Maryann und ich fast an jedem Wochenende mit Kaffee und Kuchen im »Rotkäppchenkorb« unterwegs zu Weggefährten und langjährigen Mitarbeitern und Spendern. Viele haben über Jahre hinweg die Sache der Andheri-Hilfe treu unterstützt. Ich vergesse keinen von ihnen. Und auch am Telefon habe ich für Andheri-Freunde oder Menschen, die mit Fragen auf mich zukommen, immer Zeit.

Den Ärmsten bei ihrer eigenen Entwicklung dienend zur Seite zu stehen, habe ich stets als meine Aufgabe gesehen. Nur so können wir beitragen, dass unsere Welt ein wenig menschlicher wird.

Ein reiches Leben liegt hinter mir, das mich unbeschreiblich glücklich gemacht hat. Ich darf auf eine Vergangenheit zurückschauen, die untrennbar auf die Gegenwart ausgerichtet ist, weil sie in die Zukunft weist: in eine künftige Welt – das ist meine große Hoffnung –, in der mehr Menschlichkeit und Gerechtigkeit das Leben aller Menschen bestimmen.

»Was haben Sie eigentlich davon, dass Sie sich ein ganzes Leben lang für andere Menschen eingesetzt haben?« Die Frage stand am Anfang dieses Buches. Und ich kann es nur noch einmal bestätigen: Ich bin letztlich die am meisten Beschenkte. Hätte ich mein Leben noch einmal zu leben, ich würde den gleichen Weg noch einmal gehen: den Weg des Wagnisses und der Bereitschaft für die Herausforderungen, die Not und Elend, Ungerechtigkeit und Unmenschlichkeit mir in den Weg legen, denn: »Niemand lebt für sich allein!«

Letztendlich geht es um die Würde, die jeder Mensch von seiner Empfängnis bis zu seinem Tod besitzt. Diese Würde kann ihm nicht genommen werden, wohl aber kann man ihn »würdelos« behandeln, das heißt: seine Würde nicht anerkennen. Für mich liegt der tiefste Grund für die Würde des Menschen in seiner Gott-Ebenbildlichkeit: »Gott schuf den Menschen nach seinem Bild.« In der Menschwerdung Gottes, dieser kaum vorstellbaren Zuwendung zum Menschen, sehe ich eine große Herausforderung: »Mach es wie Gott: Werde Mensch«, sagte Bischof Kamphaus von Limburg.

Ich fühle mich als einfacher Mensch den Menschen verbunden, empfinde keine trennenden Unterschiede, gleich, ob einer arm ist oder reich, ob an den Rand gedrängt oder in hoher Po-

Nur die Hoffnung bleibt

sition. Ich habe keine Hemmungen bei der Begegnung mit prominenten Menschen, kann mich aber auch den Allerärmsten ohne Berührungsangst nähern – auch dem schmutzigsten Straßenjungen, dem von Wunden und Entstellungen gezeichneten Leprakranken, dem AIDS-Infizierten. Aus dieser unmittelbaren Nähe zum Menschen ergibt sich mein Wunsch: Sie alle sollen glücklich sein. Wie viele Menschen durfte ich auf ihrem Weg in ein menschenwürdiges, glücklicheres Leben begleiten! Wen wundert es, dass ich selbst ein glücklicher Mensch bin, weil dieses Hinführen anderer zum Glück keine Einbahnstraße ist, sondern als Glück zu mir zurückkehrt.

Die Fernsehmoderatorin Bärbel Schäfer fragte mich einmal in einem Interview zu ihrem Buch »Die besten Jahre« nach meiner Einstellung zu Alter und Tod. Damals antwortete ich ihr: »Ich bin überzeugt, wenn ich einmal sterbe, dann als ein Mensch, der wirklich gelebt hat, ein volles, erfülltes und glückliches – wenn auch nicht immer leichtes Leben. Der Tod ist mächtig, aber nicht allmächtig. Das gelebte Leben kann er nicht antasten. Ich sorge mich nicht um meine Zukunft. Warum soll ich nicht auch noch für den letzten Teil meines Lebens Gott vertrauen?«

Mein Leben wird bis zum letzten Atemzug den Menschen gehören, besonders den Armen, denen man Würde und Recht abspricht. Und wenn ich eines Tages gehen muss, dann wird von dem, was ich hier auf Erden tun durfte, auch über meinen Tod hinaus etwas zurückbleiben. Diese Gewissheit und jene, dass auch mein Leben mit dem Tod nicht enden wird, lassen mich gelassen der Zukunft entgegensehen – als ein glücklicher Mensch, der oft das Unmögliche gewagt hat für unsere *eine* Welt für alle.

# Dank

Das Reifwerden eines Menschen
ist ein immer tieferes Dankbarwerden.
*Anonym*

Dankbarkeit
nimmt einen sehr wichtigen Platz in meinem langen Leben ein:

DANKBAR bin ich meinen Eltern, Lehrern und Erziehern, die in politisch und wirtschaftlich schwierigsten Zeiten einen guten Samen in die offene Kinderseele legten.

DANKBAR bin ich den vielen Schülerinnen und Schülern, die sich meinen Wertvorstellungen als junge Religionslehrerin bereitwillig öffneten: Keine Gottesbeziehung ohne tätige Nächstenliebe.

DANKBAR bin ich den ungezählten Menschen, die helfend und stützend an meiner Seite standen, als Indiens arme Menschen zu meinem Lebensinhalt wurden.

DANKBAR bin ich den Partnern in Indien und Bangladesch: Sie waren und sind für mich nicht »Geldempfänger«, sondern Lehrer, Wegweiser und Freunde in der »einen Welt für alle«.

DANKBAR bin ich den Mitgliedern unserer Gremien, die von Anfang an bis heute in uneigennützigem Einsatz von Zeit und Kompetenz das große Wagnis mitgetragen haben.

DANKBAR bin ich den hauptamtlichen Mitarbeitern und den vielen ehrenamtlichen Helfern; ohne sie würde unsere Andheri-Hilfe und die Rosi-Gollmann-Andheri-Stiftung nicht einen so respektierten Platz in der entwicklungspolitischen Szene einnehmen.

DANKBAR bin ich den vielen tausend Förderern unserer Arbeit, die mit ihren kleinen und großen Beiträgen unterprivilegierten Menschen in Indien und Bangladesch Hilfe zur Selbsthilfe leisten.

DANKBAR bin ich nicht zuletzt den Freunden, die nicht nachließen, mich zu dieser Autobiografie zu ermutigen: nicht zu einem Fachbuch, sondern zu einem erzählenden Lebensbericht aus den Quellen meiner Erinnerung, aus alten Tagebüchern, Berichten und Briefen.

DANKBAR bin ich für die gute Zusammenarbeit mit den Verantwortlichen des Verlags und besonders der Schriftstellerin Beate Rygiert für ihre hervorragende Leistung als meine Co-Autorin. Nur durch ihre Erfahrung und vor allem ihre Geduld konnte dieses Buch entstehen. Mein Dank gilt auch meinen Freunden und Beratern, die mir bei dieser großen Herausforderung des Rückblicks auf ein so langes und erfülltes Leben beratend und helfend zur Seite standen.

DANKBAR bin ich aber vor allem dem guten Gott, von dem ich mich ein langes und nicht immer leichtes Leben lang getragen fühlte, dessen Nähe und Liebe mir stets eine unentbehrliche Kraftquelle war.

DANKBAR bin ich Ihnen, meinen Lesern, dass Sie mir »zuhörten«, dass Sie mit mir fühlten und erlebten, was es heißt, *Ein-*

*fach Mensch* zu sein, und das Unmögliche zu wagen für unsere eine Welt.

Und mein guter Rat: Probieren Sie es selbst! Sie werden so glücklich sein, wie ich es bin!

# Anhang

# Stationen im Leben von Rosi Gollmann

| | |
|---|---|
| 9. Juni 1927 | Rosi Gollmann wird in Bonn geboren |
| 1941 | Volksschulabschluss |
| 2. Juni 1942 | Ihr ältester Bruder Karl-Heinz fällt im Afrikafeldzug |
| 1943 | Abschluss der Höheren Handelsschule Bonn |
| 1944 - 1945 | Tätigkeit als Sprechstundenhelferin |
| 1945 | Evakuierung mit den Eltern nach Altenstadt/Schongau, Oberbayern |
| 1946 - 1948 | Rosi Gollmann studiert als einzige Frau unter männlichen Studenten an der Universität Bonn Theologie; der Studienabschluss ist für sie als Frau nicht möglich; während des Studiums Einsatz im sozialen Brennpunkt »Lindenhof« in Bonn und in der Bonner Heimstattbewegung |
| 1950 - 1951 | Studium in Beuron, Ausbildungsabschluss als Religionslehrerin (Katechetin) |
| 1951 - 1954 | Rosi Gollmann arbeitet als Pfarrhelferin und Religionslehrerin in Bonner Volksschulen |
| Ab 1954 | Religionslehrerin an verschiedenen Berufs- und Berufsfachschulen – kurzfristig in Königswinter, dann in Festanstellung in Köln und später in Bonn; Rosi Gollmann engagiert sich gemeinsam mit ihren Schülern in sozialen Projekten: alte, kranke, verarmte Bewohner in Köln sowie jugendliche Strafgefangene |
| 1959 | Im *stern* erscheint ein Artikel über das Waisenhaus St. Catherine's Home in Andheri/Bombay, Indien |
| 1960 - 1961 | Erste Päckchenaktionen für das St. Catherine's Home mit Kölner Berufsschülern; beginnender Kontakt mit Schwester Anna Huberta Roggendorf, Oberin des St. Catherine's Home |

| | |
|---|---|
| Sommer 1962 | Rosi Gollmann unternimmt ihre erste Indienreise nach Andheri per Schiff |
| 5. Mai 1967 | Mit 16 Mitstreitern gründet Rosi Gollmann die Andheri-Hilfe Bonn e.V. |
| 1971 | Das Andheri-Hilfe-Haus wird in Bonn – von speziellen Bauspenden finanziert – gebaut und bezogen |
| 1973 | Tod von Schwester Anna Huberta Roggendorf in Andheri |
| Dezember 1973 | Erste Reise nach Bangladesch, Beginn der Aktion Blindenhilfe |
| 1979 | Rosi Gollmann wird mit dem Bundesverdienstkreuz am Bande geehrt |
| 1979 | Erste Hilfsprogramme für Leprakranke |
| 1980 | Auszeichnung mit dem päpstlichen Orden »Pro Ecclesia et Pontifice« |
| 1983 | Adoption der Inderin Maryann Fernandes;<br>in Chittagong, Bangladesch, wird ein Augenhospital mit Ausbildungsmöglichkeiten für Fachpersonal eröffnet |
| 1986 | Bundespräsident Richard von Weizsäcker besucht mit Rosi Gollmann ein Eye-Camp der Blindenhilfe in Bangladesch |
| 1986 | Verstärkter Einsatz für unterprivilegierte Frauen in Indien |
| 1987 | Bundesverdienstkreuz 1. Klasse, überreicht von Bundespräsident Richard von Weizsäcker |
| 1990 | 500 000ste Augenoperation in Bangladesch |
| 1994 | Die Andheri-Hilfe Bonn erhält erstmalig – und in Folge jedes Jahr – das Spendensiegel des Deutschen Zentralinstituts für soziale Fragen |
| 1995 | Erste Umweltprojekte der Andheri-Hilfe und Projekte für indische Ureinwohner |
| 1997 | Erster TV-Film von Franz Alt über Blindenhilfe Bangladesch, in der Folge sechs weitere Dokumentarfilme mit Franz Alt über Andheri-Projekte in Indien und Bangladesch in Begleitung von Rosi Gollmann |
| 1998 | Gründung einer Andheri-Hilfe-Zentrale in Indien (Andheri-Trust) mit vier regionalen Büros |

| | |
|---|---|
| 1999 | Intensivierung der Projekte gegen Kinderarbeit und Straßenkinderdasein in Indien ebenso wie Förderprogramme für Kinder mit Behinderungen; wichtig werden Dorfentwicklungsprogramme mit Schwerpunkt »Ressourcenschutz« |
| 2001 | Rosi Gollmann übergibt den 1. Vorsitz der Andheri-Hilfe an Elvira Greiner; Rosi Gollmann bleibt aktive Ehrenvorsitzende des Vereins |
| 2002 | Rosi Gollmann gründet mit fünf Mitstiftern die Rosi-Gollmann-Andheri-Stiftung |
| 14. Dez. 2002 | Rosi Gollmann erhält von BILD HILFT »Das goldene Herz« mit einem Scheck in Höhe von 150 000 €; eingesetzt für berufliche Ausbildung von Straßenkindern und Kinderarbeitern |
| Januar 2003 | 1 000 000ste Augenoperation in Bangladesch |
| 2003 | Rosi Gollmann erhält in München den Luise-Rinser-Preis |
| 2004 | Rosi Gollmann erlebt in Indien den Tsunami; Aufbauhilfe für Tsunami-Opfer als Beginn von Entwicklungsprozessen |
| 2005 | Verleihung des großen Bundesverdienstkreuzes in Bonn »Change the World Award« vom Club of Budapest; Rosi Gollmann veröffentlicht zusammen mit Franz Alt und Rupert Neudeck das Buch »Eine bessere Welt ist möglich« |
| 2009 | Rosi Gollmann erhält das Caritas-Ehrenzeichen in Gold |
| 4. Nov. 2010 | Rosi Gollmann wird zur Ehrensenatorin des Senats der Wirtschaft ernannt (mit Hans-Dietrich Genscher) |
| 2011 | In Bangladesch wird ein eigenes Andheri-Büro gegründet |
| 9. Juni 2012 | Rosi Gollmann feiert ihren 85. Geburtstag – gleichzeitig das 45-jährige Bestehen der Andheri-Hilfe; die Jubilarin trägt sich ins Goldene Buch der Stadt Bonn ein |

# Die Rosi-Gollmann-Andheri-Stiftung

Das einzig Wichtige im Leben sind die Spuren der Liebe, die wir hinterlassen.
*Albert Schweitzer*

Am Weihnachtsfest 2001 habe ich einige ältere alleinstehende Andheri-Freunde zu mir zum Kaffee eingeladen. Wir sitzen in fröhlicher Stimmung zusammen, erzählen, hören einander zu, und da erwähne ich irgendwann ganz ohne Hintergedanken die Überlegungen des Andheri-Hilfe-Vorstandes, eine eigene Stiftung zu gründen.

»Eine Stiftung?«, fragt einer meiner Gäste interessiert nach, »das halte ich für eine gute Idee. Wie könnte so etwas denn aussehen?«

Auch meine anderen Besucher stellen Frage um Frage. Sie haben bereits aus den Medien erfahren, dass in Deutschland immer mehr Stiftungen entstehen.

»Ich glaube«, sagt eine aus der Runde, »viele Bundesbürger suchen ernsthaft nach Wegen, ihr oft mühsam erarbeitetes und gespartes Kapital sinnvoll und nachhaltig anzulegen!«

»Ja«, wirft eine andere Freundin ein, »und kaum jemand weiß, dass schon im Grundgesetz steht: ›Eigentum verpflichtet. Sein Gebrauch soll zugleich dem Wohle der Allgemeinheit dienen.‹«

Aus dem weihnachtlichen Kaffeetreffen wird unversehens eine angeregte Diskussionsrunde. Und als sich meine Besucher verabschieden, lässt mich eine Dame zu meiner großen Überraschung wissen: »Bei der Stiftung mache ich mit! Sie können mit mir rechnen.«

Bis es dann aber endlich so weit war, gab es noch viele Überlegungen und Diskussionen. Gesetze und Vorschriften wurden studiert, dazu die Erfahrungen anderer Stiftungen eingeholt. Ich hielt mich bewusst zurück: vor allem, weil ich gerade eine große Verantwortung – den ersten Vorsitz der Andheri-Hilfe – abgegeben hatte. Sollte ich gleich wieder eine große neue Aufgabe übernehmen?

»Die Stiftung«, so insistierte der Vorstand, »muss Rosi-Gollmann-Stiftung heißen. Ihr Name ist über die vielen Jahre zu einem Markenzeichen geworden.«

»Gut«, willigte ich schließlich ein. »Aber mit ›Andheri‹ im Namen und dem Zusatz: ›eine Stiftung der Freunde und Förderer der Andheri-Hilfe Bonn‹.«

Dass in kürzester Zeit sechs Stiftungsgründer mit einem Stiftungskapital von rund 456 000 Euro zeichnen würden, hatte ich nicht erwartet. Die Satzung war ausgearbeitet, die Genehmigung seitens der Bezirksregierung Köln und die Freistellung durch das Finanzamt Bonn wurden eingeholt.

Am 23. April 2002 stand sie dann, die neue »Rosi-Gollmann-Andheri-Stiftung« mit dem klar definierten Stiftungszweck: »Beschaffung von Mitteln für die Andheri-Hilfe Bonn e.V.«, und zwar zur »materiellen und finanziellen Unterstützung hilfsbedürftiger Menschen in unterentwickelten Gebieten Südasiens durch Durchführung von Projekten der Sozialarbeit, der landwirtschaftlichen und dörflichen Entwicklung sowie des Gesundheitswesens«. Da der Mensch immer im Mittelpunkt meines Denkens und Handelns stand, war mir der Leitgedanke der neuen Stiftung besonders wichtig: »Damit Menschlichkeit Zukunft hat.«

Bald waren motivierte Mitglieder für den Stiftungsvorstand und den Stiftungsrat gefunden. Sie brachten Fachwissen aus dem Rechts- und Finanzwesen und wertvolle Erfahrungen mit. Gemeinsam packten wir diese neue Aufgabe an, und wir sind stolz, dass diese so erstaunlich schnell gewachsene Stiftung immer noch nur mit ehrenamtlichen Kräften geleitet und verwaltet wird. Auf kostspieliges Werbematerial konnten wir verzichten, galt doch die Andheri-Hilfe Bonn seit ihrer Gründung im Jahre 1967 als zuverlässige Adresse. Eine einfache Kurzinformation, die wir vervielfältigten, reichte aus, bis wir nach fünf Jahren der stärkeren Nachfrage wegen einen Flyer mit den nötigen Angaben zu unserer Stiftung in Druck gaben. Und einige Jahre später war eine eigene Homepage notwendig geworden.

Dass wir mit dieser unspektakulären und sparsamen Weise des Auftretens richtig lagen, bewies das kontinuierliche Anwachsen unserer Stiftung, das alle Erwartungen übertraf. Inzwischen dürfen wir uns mit rund vier Millionen Euro Stiftungskapital einschließlich der sogenannten Stiftungsdarlehen – dies ist der Stand im April 2012 – zu den fünf Prozent der größten Stiftungen Deutschlands zählen.

Was unsere Stifterfreunde sehr begrüßen und honorieren, ist die Tatsache, dass die Rosi-Gollmann-Andheri-Stiftung bei der Anlage der Gelder größten Wert auf ethische Grundsätze legt. Hinter manchen Wertpapieren, die für eine Anlage grundsätzlich in Frage kämen, verstecken sich nämlich Unternehmen beispielsweise zur Herstellung und zum Export von Waffen – ist Deutschland doch nach den USA und Russland der drittgrößte Waffenlieferant der Welt. Solche Anlagen würde die Rosi-Gollmann-Andheri-Stiftung nicht zeichnen.

Warum sich immer mehr Menschen zum Stiften anstiften lassen, formulierte einer unserer Förderer in seinem Brief an mich folgendermaßen. Er lobt die »… Projekte mit Hand und Fuß, die Pragmatismus und Visionen zielgerichtet vereinen und damit beispielhaft über sich hinausweisen; Projekte, die den Menschen als Partner in den Mittelpunkt stellen und ihn damit in die gemeinsame Verantwortung einbinden; Projekte, die so angelegt sind, dass sie ihre Wirkung auch in der Zukunft entfalten«. Was nach seinen eigenen Worten »genau seiner Wellenlänge entspricht«.

Tatsächlich stehen viele Menschen den Strategien mancher Investmentbanken sehr kritisch gegenüber, die das Guthaben ihrer Sparer nutzen, um beispielsweise mit Agrar-Rohstoffen zu spekulieren. Die daraus resultierenden katastrophalen Fehlentwicklungen an den internationalen Märkten haben verheerende Folgen – so wird Hunger künstlich produziert. Von den starken Preisschwankungen auf den globalen Nahrungsmittelmärkten sind besonders die Armen in den Entwicklungsländern betroffen. In Indien müssen sie zum Beispiel 85 Prozent ihres Einkommens für Nahrungsmittel aufwenden – in Deutschland sind es nur 18 Prozent. Vor diesem Hintergrund ist es zu begrüßen, dass immer mehr Menschen in Deutschland kritisch überprüfen, wem sie ihr Kapital anvertrauen. Sicher ist das auch ein Grund dafür, dass es immer wieder zu Zustiftungen kommt, von denen ich oft erst auf dem Postweg durch einen aktuellen Kontoauszug erfahre, also meistens ohne vorige Anmeldung.

Als einen besonderen Vertrauensbeweis empfinden wir die Treuhandstiftungen, auch Unterstiftungen genannt. Die Rosi-Gollmann-Andheri-Stiftung war kaum zwei Jahre alt, als unter dem Namen »Licht für Bangladesch« die erste Treuhandstiftung dieser Art entstand. Inzwischen haben sich acht eigene Stiftungen unter die Treuhand der Rosi-Gollmann-Andheri-Stiftung gestellt. Diese Stifter bestimmen außer der Höhe des Gründungskapitals den Namen ihrer Stiftung selbst, ebenso den Zweck, wie etwa Gesundheitsmaßnahmen, Verhütung und Heilung von Blindheit, Frauenförderung, Ausbildung für junge Menschen oder Dorfentwicklung. Eine Stiftung hat zum Beispiel den Schwerpunkt »Wasser ist Leben«. Zweifellos ist damit für mich und unser Team manche administrative Aufgabe verbunden: Der Stiftungszweck muss abgesprochen, die Satzung erstellt und die steuerliche Freistellung seitens des Finanzamtes eingeholt werden. Dann gilt es, die Gelder möglichst sicher und doch ertragreich anzulegen und die erzielten Erträge für den individuellen Satzungszweck einzusetzen, getrennte Abrechnungen zu erstellen, den Kontakt mit dem jeweiligen Projektpartner zu pflegen und natürlich den Stifter über seine Stiftung zu informieren.

Aber was zählen diese Aufgaben, die wir als Treuhänder dem Stifter abnehmen, im Vergleich zu den erzielten Erfolgen?

Auch die persönliche Verbindung zu den Stiftern entschädigt: »Ich bin jetzt so glücklich«, ließ mich kürzlich ein Treuhandstifter wissen. In Erinnerung an seine verstorbene Frau hatte er sein gesamtes Wertpapierdepot der Stiftung zur Verfügung gestellt: »In den unterprivilegierten Menschen, denen dadurch geholfen wird, lebt jetzt meine geliebte Frau weiter!«

Mitunter bleiben diese Treuhandstifter nicht bei der Gründung einer eigenen Stiftung stehen. Der Erfolg lässt sie neue Wege gehen, um ihren jeweiligen Stiftungszweck dem Ziel noch näherzubringen. So wirbt zum Beispiel eine Treuhandstifterin in ihrem Hotel für »ihr« Projekt zur Reduzierung der extremen Kinder- und Müttersterblichkeit in hundert Dörfern in Andhra Pradesh. Eine andere Treuhandstifterin hat uns ihr Haus geschenkt, deren Mieterträge wir für bestimmte Projekte nutzen können.

Kürzlich lud mich eine alleinstehende Lehrerin, die seit Jahren die Andheri-Hilfe Bonn unterstützt, zu einem persönlichen Gespräch zu sich nach Westfalen ein. Sie stand kurz vor ihrer Pensionierung und plante die Errichtung ihres Testaments. Nach unseren gemeinsamen Überlegungen ist es inzwischen verfasst. Darin hat sie den Erben auferlegt, für den Erlös ihres wunderschönen Hauses eine eigene Treuhandstiftung unter ihrem Namen zu gründen. Auch den Stiftungszweck legte sie bereits fest: Es geht ihr um Bildungs-Chancen für junge Menschen, besonders für Mädchen. In diesem Beispiel wird also die Möglichkeit des Stiftens durch letztwillige Verfügung verwirklicht.

»Ich verfüge über eine gute Geldreserve. Noch kann ich mich nicht endgültig von ihr trennen, denn ich könnte durch Unfall, Krankheit oder Alter einmal auf diese Rücklage angewiesen sein. Kann ich Ihrer Stiftung ›leihweise‹ Geld zur Verfügung stellen, das ich im Notfall wieder abrufen kann?«

Diese Anfrage eines Andheri-Freundes führte im Jahre 2007 zu einer neuen Form der Stiftungsförderung, nämlich zum Stiftungsdarlehen. Inzwischen ist diese Möglichkeit oft genutzt worden. Der Stifter übergibt der Rosi-Gollmann-Andheri-Stiftung ein Darlehen, das Eigentum des Gebenden bleibt. Eine Globalbürgschaft unserer Bank garantiert ihm urkundlich, dass er jederzeit diesen Betrag in voller Höhe zurückrufen kann. Für den Darlehensgeber entfällt die Sorge um die Anlage des Geldes, dazu um die steuerlichen Belange. Für die steuerfreie Stiftung aber bringen diese Darlehen wertvolle Zinserträge zu Gunsten der Förderung armer Menschen ein. Allein im Jahr 2011 erbrachten die Stiftungsdarlehen insgesamt über 12000 Euro an Zinserträgen.

Frau B. aus M. hatte unserer Stiftung ein Darlehen in Höhe von 40000 Euro zur Verfügung gestellt. Nur wenige Tage danach verunglückte ihr Mann tödlich. Ich bot ihr die sofortige Rücküberweisung ihres Darlehens an. Tags darauf rief mich Frau B. an: »Ich muss dauernd daran denken, in welche kaum vorstellbare Situation eine indische Witwe geworfen wird, ohne Rücklage, ohne Versicherung. Behalten Sie mein Darlehen, und nutzen Sie die anfallenden Zinsen weiterhin, damit Menschlichkeit auch für indische Witwen in auswegloser Not Zukunft hat.«

Und noch eine neue Anregung wurde von außen an uns herangetragen: die Einzahlung in einen Stiftungsfonds. Der Stifter wird über die Erträge seiner Einlage informiert und entscheidet, wofür sie verwendet werden.

Die Flexibilität unserer Stiftung hat sich bewährt. Zum Beispiel waren es die Erträge aus den Stiftungsgeldern, die den Aufbau eines Dorfes für Leprakranke ermöglicht haben. Abgesehen von der Errichtung menschenwürdiger Wohnungen konnte für ihre Heilung gesorgt werden. Einkommen schaffende Maßnahmen wurden umgesetzt, damit sie nicht mehr betteln mussten. Im Moment stehen noch sechs weitere Projekte unter der Förderung der Stiftung: Da geht es beispielsweise um HIV/AIDS-infizierte Menschen in indischen Slums oder um die Verbesserung der Lebensbedingungen armer ländlicher Haushalte durch alternative und erneuerbare Energien.

Unsere Stiftung stellt sich immer neuen Herausforderungen. Sie ist eine wunderbare Chance für Menschen hier in Europa, ihre Solidarität mit den Armen in Indien und Bangladesch unter Beweis zu stellen. Gleichzeitig wird der Stifter mit einer tiefen Zufriedenheit beschenkt, etwas zu schaffen, was über sein eigenes Leben hinaus Bestand haben wird.

# Die Andheri-Hilfe

Die Andheri-Hilfe wächst kontinuierlich. Immer mehr Menschen erfahren Starthilfe in ein menschenwürdiges Leben. Allein im Jahr 2011 konnte die Andheri-Hilfe in Indien und Bangladesch 17 235 Dörfer und 588 städtische Slumgebiete erreichen. 268 015 Kinder und 208 896 Frauen nahmen an Förderungsmaßnahmen teil sowie 137 974 Dalit und 360 196 Adivasi – um nur einige wenige Bereiche der Projektarbeit zu nennen. Das bedeutet mehr Menschlichkeit für so viele, und jeder Einzelne zählt.

Seit ihrer Gründung 1967 ist die Andheri-Hilfe Bonn e.V. eine zuverlässige Adresse für spendenbereite Privatpersonen, Institutionen und Firmen. Die mehr als 40-jährige Erfahrung dieser Organisation der Entwicklungszusammenarbeit bietet die Garantie, dass Spenden wirklich dort ankommen, wo sie als »Hilfe zur Selbsthilfe« das Leben ärmster, an den Rand gedrängter Menschen im indischen Subkontinent verändern. Die Vision der Andheri-Hilfe ist eine Welt, die für alle lebenswerter geworden ist; eine Welt, in der Fortschritt ein Mehr an Gerechtigkeit und Menschlichkeit bedeutet; eine Welt, in der heutigen und zukünftigen Generationen Zukunftschancen gesichert werden.

Das Ziel der Andheri-Hilfe ist die Verbesserung der wirtschaftlichen, sozialen und ökologischen Lage sowie die Wahrung der Menschenrechte armer Menschen in Indien und Bangladesch, ungeachtet ihrer Religion und Kaste. Zurzeit fördert die Andheri-Hilfe etwa 150 Projekte der Sozialarbeit, des Bildungs- und Gesundheitswesens sowie der landwirtschaftlichen und dörflichen Entwicklung. Der Schutz der natürlichen Ressourcen und die Bewahrung von wertvollem traditionellem Wissen spielen dabei eine wichtige Rolle. Darüber hinaus geht es darum, die Menschen über ihre Rechte aufzuklären und sie zu stärken, diese erfolgreich einzufordern.

Im Mittelpunkt jeder Förderung steht immer der Mensch mit seinen ganz eigenen Potenzialen. Die besonderen Zielgruppen der Andheri-Hilfe sind Kinder, Frauen, sozial benachteiligte Familien und Dorfgemeinschaften, indigene Gruppen sowie Menschen, die durch eine Behinderung – vor allem Blindheit – am Rand der Gesellschaft stehen.

Die Andheri-Hilfe arbeitet in Bonn mit einem kleinen professionellen und engagierten Team. Vor Ort kooperiert sie partnerschaftlich mit einheimischen Organisationen und Selbsthilfeinitiativen der Zielgruppen. Bewusst wird auf einen großen »Verwaltungsapparat« verzichtet. Dank des Einsatzes vieler ehrenamtlicher Mitarbeiter und des sparsamen Umgangs mit Spendenmitteln werden die Verwaltungskosten vom DZI (Deutsches Zentralinstitut für soziale Fragen) als niedrig eingestuft. Die Arbeit der Andheri-Hilfe wird von einem Freundeskreis aus etwa 20 000 privaten Spendern, Gruppen und Firmen getragen. Hinzu kommen öffentliche Mittel des Bundesministeriums für wirtschaftliche Zusammenarbeit und Entwicklung. Auch verschiedene Stiftungen unterstützen die Arbeit, besonders die Rosi-Gollmann-Andheri-Stiftung.

Nur wenig ist nötig, um armen Menschen eine Zukunft zu bieten: 40 Euro für eine Blindenoperation, 100 Euro für den Aufbau eines Kleinunternehmens, 370 Euro für die Berufsausbildung eines Jugendlichen. Das Spendenkonto der Andheri-Hilfe Bonn e.V.: Sparkasse KölnBonn, Kontonr. 40006, BLZ 370 501 98. Das Spendenkonto der Rosi-Gollmann-Andheri-Stiftung: Pax-Bank eG Köln, Kontonr. 28 941 013, BLZ 370 601 93.

Nähere Informationen erhalten Sie auf den Websites *www.andheri-hilfe.de* und *www.rosi-gollmann-andheri-stiftung.de* beziehungsweise können angefordert werden über *info@andheri-hilfe.org* und *info@rosi-gollmann-andheri-stiftung.de*. Persönlich und telefonisch erreichen Sie die Andheri-Hilfe Bonn und die Rosi-Gollmann-Andheri-Stiftung unter derselben Adresse:

Mackestraße 53
53119 Bonn
Telefon: 0228 / 92 65 25 0
Telefax: 0228/ 92 65 25 99

# Bildnachweis

Alle Fotos stammen aus Privatbesitz und aus dem Archiv der Andheri-Hilfe.

Ausnahmen im Textteil:

| | |
|---|---|
| Bigi und Caren Alt: | Seite 195, 207, 209, 232, 250, 275, 337, 339 |
| Roger Richter: | Seite 218, 313 |
| Christian Spreitz: | Seite 258, 323 |

Ausnahmen im Bildteil:

| | |
|---|---|
| *stern* | Seite 1 oben |
| Bigi und Caren Alt: | Seite 2 unten |
| Roger Richter: | Seite 1 unten, 2 oben, 3 oben, 5 Mitte |